数智赋能传统产业转型升级研究

李玉军 ◎ 著

中国商业出版社

图书在版编目（CIP）数据

数智赋能传统产业转型升级研究 / 李玉军著. 北京 : 中国商业出版社, 2025. 6. -- ISBN 978-7-5208-3479-7

Ⅰ. F269.24

中国国家版本馆CIP数据核字第2025K60U01号

责任编辑：蔡　凯

中国商业出版社出版发行

（www.zgsycb.com　100053　北京广安门内报国寺 1 号）

总编室：010-63180647　编辑室：010-83114579

发行部：010-83120835/8286

新华书店经销

天津鑫旭阳印刷有限公司印刷

*

787 毫米 ×1092 毫米　16 开　19 印张　250 千字

2025 年 6 月第 1 版　2025 年 6 月第 1 次印刷

定价：48.00 元

*　*　*　*

（如有印装质量问题可更换）

前　言

当今世界，数字化浪潮正以前所未有的速度深刻改变着人类社会的运行方式。数字智能技术（简称“数智技术”）作为信息技术与智能技术融合发展的产物，正迅速渗透到经济社会的各个层面，推动传统产业迎来一场深刻的结构性变革与范式跃迁。《数智赋能传统产业转型升级研究》正是在这一宏观背景下撰写而成，系统性探讨了数智技术与传统产业融合的路径、实践与未来趋势，旨在为我国传统产业实现高质量、可持续发展提供理论支持与建议。

传统产业涵盖农业、制造业、服务业等多个领域，在保障就业、稳定增长、促进城乡协调发展方面扮演着不可替代的重要角色。随着经济结构的不断优化升级，传统产业暴露出一系列亟待解决的问题，如生产效率偏低、资源利用粗放、创新能力不足、环境污染严重等。面对全球新一轮科技革命与产业变革的浪潮，传统产业如果不能实现及时的自我革新与战略转型，将面临被边缘化乃至淘汰的风险。

数智技术的崛起为传统产业破解发展瓶颈、重塑竞争优势提供了新工具、新思维与新动力。本书明确了数智技术的核心内涵，即以数据为关键生产要素，通过先进的算法、计算能力与泛在连接技术，推动生产与管理方式从经验驱动向数据驱动、从线性模式向智能优化转变。其基本特征包括数据驱动、自动化决策、实时响应与智能优化，体现了系统论、控制论与信息论的深度融合。

在与传统产业的融合过程中，数智技术展现出极强的适应性与赋能价值。从第一产业的智慧农业、智慧林业，到第二产业的智能制造、绿色制造，再到第三产业的金融、物流、教育、医疗等领域，数智技术不仅提高了资源配置效率，也推动了价值链的重构。书中详细分析了数智技术在这些行业的典型应用模式及其效果，并指出通过构建全链条、全生命周期的数据系统和技术生态，可以有效实现“生产方式的智能化重构”和“产业组织形式的系统性优化”。

本书第二章着重分析了数智技术产业化进程中的时代背景与政策环境，指出全球数字经济正在步入智能化发展的新阶段。我国正在积极构建数据要素市场，推动“东数西算”等国家战略。政府、企业与科研机构在基础设施建设、数据治理、技术研发等方面协同推进，正加快构建“技术—产业—市场”一体化的创新生态。

在产业转型路径层面，书中提出了“强技术链、延数据链、拉产业链、优人才链、建生态链”的五链协同策略。其中，技术链的突破强调基础研究与核心技术攻关的重要性；数据链的完善强调数据采集、存储、分析与价值挖掘的全流程建设；产业链的优化强调上下游协同与跨界融合发展；人才链的培育聚焦数字化人才的系统培养与激励机制；生态链的构建则重在创新平台与资源整合，旨在打造包容开放的技术发展环境。

书中还详尽分析了当前传统产业在数智转型过程中所面临的风险与挑战，包括技术融合难度大、数据安全与隐私保护压力、人才供需错配、政策法规滞后等。对此，作者提出了以“系统评估—精准赋能—动态优化”为主线的策略体系，力求实现从局部试点向整体推进的跃迁。本研究特别关注国际经验与本土化路径的有机结合。书中选取了美国、德国、日本等国家在智能制造、智慧农业等领域的典型案例，深入分析其技术路径、政策机制与产业生态，进而提出适用于中国国情的本土化创新模型和技术转化路径。这一国际视野与本土实践相结合的研究方式，增强了研究的广度、深度与指导价值。

最后，本书展望了数智技术未来的发展趋势，认为人工智能、区块链、数字孪生等前沿技术将在传统产业深度融合中扮演更加关键的角色。产业生态系统将呈现出更加平台化、网络化、绿色化的特征，消费者需求也将日益向个性化、定制化、低碳化方向演进。在这一大趋势下，数智技术不仅是传统产业的“助推器”，更是中国式现代化发展道路上不可或缺的战略性支撑。

《数智赋能传统产业转型升级研究》是一部理论与实践并重、宏观与微观兼顾的研究成果，为了解当前中国传统产业数智化转型的历史机遇与现实挑战提供了参考。我们必须以更加开放的心态和系统的思维，拥抱数智革命，推动传统产业实现从“跟跑”到“并跑”乃至“领跑”的战略跃升。

目录

CONTENTS

CHAPTER ONE

第一章

引 言

1.1 数字智能技术的概念与内涵

1.1.1 数字智能技术的定义

数字智能技术，简称数智技术，是指以数据为核心，借助先进的计算能力、算法模型和网络技术，实现智能化决策与精准控制的一系列技术的集合。数智技术是当代科技革命的核心驱动力之一，其本质是一个以数据为基础性战略资源与核心生产要素，深度融合并协同运用先进计算能力、复杂算法模型及泛在网络技术的复杂技术体系。该体系旨在通过对海量、多源、异构数据的系统性采集、高效能存储、分布式处理、智能化分析与价值化应用，最终实现对物理世界与社会经济系统的精准映射、深度洞察、智能决策与优化控制。它涵盖了大数据、云计算、人工智能、物联网、区块链[1]等多个前沿领域，旨在通过对数据的采集、存储、处理和应用，推动经济社会各个领域的数字化、智能化转型。

数智技术的终极目标，即推动经济社会各个领域的“数字化、智能化转型”，其实质是利用数据驱动的智能，重塑生产函数、优化资源配置、创新商业模式与治理范式，从而在根本上提高系统运行的效率、韧性与创造力。这不仅关乎生产力的提升，更预示着生产关系、社会结构乃至人类认知方式

[1] 陈晓红，任剑，余绍黔，等. 区块链技术及应用发展 [M]. 北京：清华大学出版社，2020:280.

的深刻变革。

数智技术的核心在于数据驱动。数据是数智技术的灵魂，也是其价值创造的关键所在。通过对海量数据的收集与分析，数智技术能够为企业提供精准的市场洞察、优化的运营方案以及个性化的客户服务。电子商务平台通过对用户浏览记录、购买行为等数据的深度挖掘，可以实现商品推荐的个性化定制，极大地提高了用户体验和转化率。

数智技术具备自动化决策的能力。传统的决策往往依赖人工经验，而数智技术则可以通过预设的算法模型，根据实时数据的变化自动调整策略。这种自动化决策不仅提高了决策效率，还降低了人为失误的可能性。在金融领域，信用风险评估系统可以通过分析客户的财务状况、消费行为等多种数据，快速生成风险评估报告，为贷款审批提供科学依据。

数智技术能实现实时响应。在当今瞬息万变的市场环境中，及时获取并处理信息变得尤为重要。数智技术通过高速的数据传输和处理能力，能够实现对市场动态的即时感知和反应。在供应链管理中，物联网传感器可以实时监测货物的状态和位置，一旦发现问题，系统会立即发出警报，帮助企业迅速采取应对措施。

数智技术还强调智能优化。通过对复杂系统的建模与仿真，数智技术可以帮助企业找到最优的资源配置方案，从而提高企业的整体效益。在制造业中，智能排产系统可以根据生产设备的状态、订单需求等因素，自动生成最优的生产计划，有效缩短生产周期和避免资源浪费。

数智技术是一个以数据为核心，集成了多种先进技术和方法的综合性技术体系。它不仅能够为企业提供强大的数据处理能力和智能化决策支持，还能够帮助企业实现更加高效、灵活和可持续的发展。数智技术的发展与应用深刻体现了系统论、控制论与信息论的交叉影响。它不仅是技术的简单叠加，更是一种全新的认知范式与方法论。其核心逻辑在于构建一个“数据—信息—知识—决策—行动”的闭环反馈系统。在这个闭环中，数据是起点，通过算法模型将其转化为具有指导意义的信息与知识；基于这些知识，系统能够生成优化的决策方案，进而驱动行动（无论是自动化控制还是人类干预），行动的结果又会产生新的数据，再次进入循环，形成持续学习、迭代优化的自适应智能系统。

1.1.2 数字智能技术的特征

数智技术作为一种新兴的技术范式，具有以下几个鲜明的特征。

一是数据驱动的范式确立。数智技术的核心要义在于其对数据资源的深度挖掘与价值萃取能力，它突破了传统技术处理能力的边界，能够高效地采集、存储、管理并分析涵盖结构化、半结构化乃至非结构化的海量异构数据。这一范式转变的理论基础在于将数据视为关键生产要素和战略性资产，通过先进的数据处理技术赋能认知与决策。依托分布式计算、流处理、数据仓库、数据湖等大数据基础设施，企业得以有效整合源自内部运营系统、外部市场环境、物联网传感器、社交媒体等多维渠道的数据流，打破“数据孤岛”现象，构建起统一、全面的企业级数据资产视图，形成数据中枢或数据池。这个过程不仅是数据的简单汇聚，更涉及数据的清洗、转换、标准化和关联分析，旨在提高数据的质量和可用性。基于此整合后的高质量数据集，结合机器学习、深度学习、自然语言处理等人工智能算法，能够揭示隐藏在复杂现象背后的深层关联、趋势模式与潜在规律。在零售行业的情境下，通过融合线上电商平台的交易记录、用户浏览行为、评价反馈与线下实体店的 POS 流水、客流统计、会员信息等多源数据，运用用户画像、关联规则挖掘、预测模型等分析手段，企业能够精准洞察消费者的个体需求、购物偏好演变轨迹以及跨场景的行为模式，从而实现从经验驱动向数据驱动的决策模式转型，为商品智能推荐、库存动态优化、营销策略精准投放以及供应链协同管理提供强有力的、基于实证的数据支撑与智能决策依据。这种以数据为基础、算法为引擎的运作机制，正是数智技术驱动传统产业实现模式创新与效率变革的根本逻辑之一。

二是自动化决策的重塑。基于精密构建的算法模型与持续涌入的实时数据流，数智系统能够实现决策过程的高度自主化，依据预设的逻辑框架与优化目标，动态调整运营策略。这种由数据驱动的自动化决策模式，不仅极大地压缩了决策周期，提高了运营效率，更关键还在于，它通过规避人类认知局限与主观偏误，显著降低了决策失误的风险，增强了决策的客观性与一致性。在高度波动的金融市场中，算法驱动的高频交易系统能够瞬时捕捉并利用微小的价格差异执行交易指令，这种决策速度与精度，正是自动化决策价值的集中体现。此模式已超越金融领域，在智能制造的产线调度、供应链管理的库存控制及自动驾驶系统的路径规划中展现出广泛的适应性与优越性。

三是实时响应能力的提高。在当今市场环境复杂性与不确定性日益加剧的背景下，对外部环境动态变化的敏锐感知与快速反应，已成为企业生存与发展的关键。数智技术凭借其在高速数据采集、传输（如 5G[1]、物联网）与分布式处理（如云计算、边缘计算）方面的突破，构建了一个能够即时捕获、分析并理解环境信号的“数字神经系统”。这使组织能够实现对市场需求波动、供应链扰动、生产设备异常等状况近乎同步的感知，并迅速触发相应的应对机制。在现代物流体系中，集成 GPS、传感器与大数据分析平台能够实时监控货物状态与运输路径，一旦偏离预定参数或遭遇突发事件，系统便能自动预警并辅助调度中心进行应急处置，显著提升了物流网络的韧性与服务的时效性。这种实时响应能力，在本质上缩短了从信息获取到行动执行

[1] 中国信息通信研究院.《中国“5G+ 工业互联网”发展报告》[R]. 北京：中国信通院，2021.

的“OODA 循环”（观察—判断—决策—行动），极大地增强了组织的适应性与市场竞争力。

四是智能优化。面对日益复杂的生产、运营与管理系统，传统经验或简单模型往往难以找到全局最优解。数智技术通过引入系统建模、数字孪生[1]、仿真推演以及先进的优化算法（涵盖运筹学、机器学习、深度学习等），能够对包含海量变量、多重约束与非线性关系的复杂系统进行深度解析与模拟。在此基础上，智能优化引擎能够探索巨大的解空间，寻找资源配置、流程设计、生产计划或投资组合的最优或近优方案，从而驱动系统整体效能的跃升。在先进制造业中，智能排产系统综合考虑订单优先级、物料约束、设备健康状况、能源消耗等多重因素，动态生成并优化生产作业计划，以实现生产周期最短、资源利用率最高、成本最低等多重目标的平衡。这种基于全局视角与数据驱动的智能优化能力，不仅限于生产制造领域，在城市交通管理、能源网络调度、金融风险控制、新药研发等众多复杂决策场景中，均展现出突破性的应用潜力，成为推动产业实现精益化、高效化与可持续发展的关键引擎。

数智技术以其数据驱动、自动化决策、实时响应和智能优化等特征，正在成为推动传统产业转型升级的重要力量。随着技术的不断发展和完善，数智技术将在更多领域得到应用，为企业和社会带来更大的价值。

1.1.3 数字智能技术的发展历程

数智技术的发展经历了漫长的历史进程，从最初的萌芽阶段到如今的广泛应用，经历了多个重要的发展阶段。这一过程不仅反映了技术本身的演进，也体现了人类社会对数据处理和智能化需求的不断深化。

数智技术的起源可以追溯到 20 世纪中期。当时，随着计算机技术的兴

[1] 陆剑峰，张浩，赵荣泳. 数字孪生技术与工程实践 [M]. 北京：机械工业出版社，2022:288.

起，人们开始尝试利用电子计算机进行数值计算和数据处理。早期的计算机主要被用于科学计算和军事应用，但随着硬件性能的不断提升和软件技术的日益成熟，计算机逐渐进入了商业领域，为数智技术的发展奠定了基础。20世纪50年代末期，IBM公司推出了第一台商用大型计算机，标志着计算机技术正式进入企业市场，开启了数据处理的新纪元。

20世纪六七十年代，数据库管理系统（DBMS）的出现为数智技术的发展注入了新的活力。DBMS使大规模数据的存储和管理成为可能，为后续的数据分析和应用提供了坚实的基础。同时，这一时期还出现了诸如SQL（Structured Query Language）的标准化查询语言，进一步促进了数据处理的规范化和便捷化。Oracle公司在1979年推出了第一个商用关系型数据库管理系统，极大地方便了企业和组织对数据的管理和查询。

20世纪八九十年代，随着互联网的普及和个人电脑的广泛应用，数智技术迎来了新的发展机遇。一方面，互联网的出现打破了“信息孤岛”，使数据可以在全球范围内自由流动，为大数据技术的发展创造了条件；另一方面，个人电脑的普及降低了数据处理的成本，使更多的企业和个人能够参与数据处理和分析工作。这一时期，搜索引擎、在线广告等基于大数据的应用开始崭露头角，逐渐改变了人们的生产和生活方式。

自21世纪以来，数智技术进入了一个全新的发展阶段。随着移动互联网、云计算、物联网等技术的迅猛发展，数智技术的应用范围得到了极大的扩展。特别是在近几年，人工智能技术取得了突破性进展，使数智技术在图像识别、语音识别、自然语言处理等方面展现出了强大的应用潜力。例如，AlphaGo在围棋比赛中击败世界冠军李世石，展示了人工智能的强大计算能力和学习能力；而自动驾驶汽车的研发则表明了物联网技术与人工智能相结合后的巨大应用前景。

近年来，生成式人工智能（Generative AI）成为人工智能领域最引人注目的发展方向之一。这类模型能够理解并生成文本、图像、音频、视频等多种类型的数据，为内容创作、设计、研发等领域带来了革命性的变革。

尤其值得关注的是，国内人工智能企业 DeepSeek 在过去一年中在生成式大模型领域取得了令人瞩目的成就。DeepSeek 持续深耕基础模型研发，推出了具有领先水平的通用大语言模型。这些模型在文本生成、代码编写、知识问答、创意性写作等方面展现出强大的能力，并在多个权威评测中名列前茅。DeepSeek 近期发布的 DeepSeek-R1，通过更大规模的参数、更高效的训练方法、更加创新的模型架构等，在特定任务上的精度提升、更流畅自然的文本生成能力等方面取得了显著进步。此外，DeepSeek 还积极推动生成式人工智能在各行业的应用落地。例如，DeepSeek 生成式 AI 在金融、教育、制造等传统产业的应用，DeepSeek 的模型能够自动化生成营销文案、辅助教学内容创作、优化产品设计流程等等。

DeepSeek 在生成式人工智能领域的快速发展，不仅体现了中国在该技术方向上的强大实力，也为传统产业的数字化转型提供了新的动能和可能性。随着技术的不断成熟和应用场景的不断拓展，我们有理由相信，以 DeepSeek 为代表的中国人工智能将在全球数字智能领域发挥越来越重要的作用。

当前，数智技术正朝着更加智能化、泛在化和生态化方向发展。一方面，人工智能技术不断进步，使机器学习、深度学习等算法模型更加成熟，应用场景也更加广泛；另一方面，物联网技术的普及使万物互联成为现实，数智技术的应用场景从单一的企业内部扩展到了整个社会层面。

随着云计算技术的发展，数智技术的部署和应用变得更加便捷高效，企业无须再自行搭建复杂的 IT 基础设施，只需租用云服务即可轻松实现数智化转型。

数智技术的发展是一个持续演进的过程，从最初的计算机辅助设计、人工智能萌芽阶段，到现代的大数据分析、物联网、云计算等技术的成熟应用，数智技术已经成为推动传统产业转型升级的重要力量。未来，随着新兴技术的不断涌现，数智技术将继续保持蓬勃发展的态势，为企业和社会带来更多意想不到的价值和变革。

1.2 数字智能技术与传统产业的关系

1.2.1 传统产业的主要特征

传统产业作为国民经济的重要组成部分，一直以来在推动经济社会发展中发挥了不可替代的作用。然而，随着时代的发展，传统产业也面临着诸多挑战，如生产效率低下、创新能力不足、资源浪费严重等问题。这些特征使传统产业亟须转型升级以适应新时代的要求。

传统产业的一个显著特征是规模较大。尤其是在重工业与大规模制造领域，是其普遍存在的规模经济效应与资本密集属性。许多传统产业的企业实体，在其历史发展过程中，往往积累了庞大的物质资本存量，形成了包括大型厂房、重型机械设备、复杂生产线及附属基础设施在内的庞大固定资产体系。这些企业通常也雇用了规模庞大的员工队伍，其组织结构与人力资源管理模式往往带有深刻的工业时代烙印，如层级结构深厚、专业分工精细等特征。然而，这种宏大的物理规模与组织体量，在赋予企业强大生产能力、市场覆盖能力以及一定程度进入壁垒的同时，也内生性地带来了高度的管理复杂性。从组织理论的视角审视，大规模企业组织内部的协调成本、信息传递成本以及决策制定成本往往随着规模的扩大而呈非线性增长。例如，一家典型的大型钢铁联合企业，不仅可能拥有数千乃至上万名分属于不同专业序列的工人，更管理着从原料处理、冶炼、轧制到精加工等一系列技术关联紧密、工艺流程复杂的生产单元与设备集群。其日常运营管理，实质上是一个涉及生产计划调度、设备维护保障、质量控制体系、安全生产规程、环境保护合规、能源优化利用、物料采购仓储、产品销售物流等多个职能子系统的复杂系统工程。有效地运作这样的庞大系统，需要实现跨部门、跨层级的高度协同，确保信息流、物质流、能量流的顺畅与匹配。这不仅对企业内部的组织架构设计、业务流程标准化与优化、信息系统集成度与智能化水平提出了极高的要求，更对管理团队的战略规划能力、资源整合能力、风险管控能力以及应对内外部环境变化的组织韧性构成了严峻的考验。这种由规模衍生的管理复杂性，是传统产业在面临市场快速变化和新兴技术冲击时，进行敏捷调整和战略转型所必须克服的结构性障碍之一。

传统产业的另一个显著特征体现在其技术体系的相对滞后性与创新动力的内在不足。从技术哲学的视角审视，许多传统产业的技术演进轨迹呈现出典型的路径依赖（Path Dependence）特征，长期固守于成熟但效率边际递减的生产工艺与操作范式，缺乏向新兴技术范式跃迁的内在动力与外在压力。这种技术惯性不仅体现在硬件设备的陈旧或自动化水平不足，更深层次地表现为生产组织方式、过程控制逻辑以及质量管理理念未能与现代信息技术、数据科学及智能算法实现有效融合。以纺织业为例进行剖析，尽管近年来部分领先企业在自动化、数字化方面有所突破，引入了诸如自动络筒机、高速织机及部分智能化染整设备，但产业整体的技术图谱依然呈现出显著的异质性。相当一部分企业，特别是中小规模的企业，其生产模式仍停留在半机械化甚至依赖大量手工艺的阶段。这不仅直接导致了劳动生产率的低下，形成了与现代制造业标准相去甚远的效率鸿沟，更使产品质量的稳定性和一致性难以得到有效保障，表现为批次间差异大、次品率高等，难以满足现代市场对高质量、快响应、个性化产品的需求。这种技术体系的相对封闭性和更新迭代速率的迟缓，使传统产业在面对以人工智能、大数据、工业互联网[1]为代表的新一轮技术革命浪潮时，往往表现出较低的技术吸收能力（Absorptive Capacity）和战略适应性。它们难以快速、有效地甄别、引进、消化并整合新兴数字智能技术，无法及时将外部技术势能转化为内生增长动能，从而在产业结构升级和价值链攀升的进程中显得步履维艰，容易陷入“技术锁定”（Technological Lock-in）的困境，难以跟上以数字化、智能化为核心驱动力的时代发展步伐，其在全球产业分工体系中的竞争力亦面临严峻挑战。

此外，传统产业还表现出较强的依赖人力密集型生产的特性，即表现出鲜明的人力密集型生产模式。在诸多传统制造领域，尤其是在如服装制造、电子产品组装、基础零部件加工等行业价值链的特定环节，劳动力成本，特别是直接人工成本，在总成本结构中占据了支配性地位，是企业运营成本的主要组成部分。这种高度依赖劳动力的成本结构，在全球化背景下劳动力要素价格持续攀升（受人口结构变迁、最低工资标准上调、社会保障体系完善等多重因素驱动）的宏观环境中，日益暴露出其脆弱性。不断上涨的人工成本直接侵蚀了企业的利润空间，削弱了其在价格竞争中的优势，使基于低成本劳动力的传统比较优势难以为继，进而威胁企业的长期市场生存能力与可持续竞争优势的构建。更深层次的问题在于，过度倚重人力进行生产作业，天然地内嵌了较高的运营风险与效率瓶颈。人类操作者固有的生理与认知局限性（如疲劳、注意力分散、技能熟练度差异等）不可避免地导致生产过程中人为错误的发生频率相对较高，这不仅直接关联产品质量的均一性与稳定性难以得到可靠保障，批次间差异增大，质量控制的难度与成本也随之上升，同时也增加了过程管理的复杂性。同时，以人力为主导的生产线往往难以实现标准化、流程化的精密控制，生产节拍受限，整体生产效率（Productivity）

[1] 中国工业互联网研究院.《中国工业互联网产业经济发展报告（2024）》[R]. 北京：202412.

和设备综合效率（OEE）普遍偏低，难以满足市场对于大规模、快节奏、高质量交付的严苛要求，制约了企业应对市场需求波动的敏捷性与柔性。对单一生产要素——劳动力的过度依赖，也使企业在面对劳动力市场波动、用工短缺、劳资关系紧张等外部冲击时，表现出较低的系统韧性与抗风险能力。这种以人力资本投入为核心驱动的增长模式，在要素成本刚性上涨和市场竞争范式转变的双重压力下，其固有的局限性日益凸显，构成了传统产业寻求数智技术赋能、实现生产方式变革与价值链升级的内在驱动力和现实紧迫性。

传统产业在其发展历程中，还普遍显现出资源配置效率低下及浪费现象显著的问题，构成了其向可持续发展模式转型的关键制约因素。深究其根源，这种现象往往与传统工业体系中长期存在的粗放式增长范式、线性经济思维（“获取—制造—处置”模式）以及相对滞后的资源全生命周期管理理念与技术手段密切相关。在缺乏精细化、动态化资源监测、计量、评估与优化调控机制的背景下，众多传统产业的企业在复杂的生产运作流程中，不可避免地产生了数量庞大的工业废弃物、污染物排放及能源损耗。这些不仅构成了对宝贵自然资源的直接浪费，降低了要素生产率，同时也形成了严峻的环境负外部性，对区域乃至全球生态系统的承载能力形成了持续性压力。以造纸行业为例，该行业固有的高耗水、高污染特性，叠加部分企业在废水处理环节投资不足、技术应用不完善或运行管理不到位等问题，导致每年有巨量的，含有高浓度悬浮物、有机物及化学药剂的工业废水被排入自然水体。这种排放行为不仅直接污染了河流、湖泊等水资源，破坏了水生生物的栖息环境，引发水体富营养化等次生灾害，更通过水循环系统间接影响土壤质量与周边居民的健康福祉，对区域生态环境造成了难以估量的长期损害与巨大的治理压力。能源利用效率低下是传统产业面临的另一项普遍性难题。相当一部分企业受困于设备陈旧老化带来的性能衰减、核心生产工艺迭代缓慢或优化不足以及缺乏先进的能源梯级利用和余热余压回收技术等因素，导致其单位产品能耗远高于先进水平。这种低下的能源效率不仅直接推高了企业的运营成本，在能源价格波动时显著侵蚀其利润空间，削弱企业的市场竞争力，更在宏观层面加剧了国家能源供应的紧张局面，与国家“双碳”目标及全球可持续发展议程形成了深刻矛盾。解决资源浪费与能源效率低下问题，已成为传统产业实现内涵式增长、提升核心竞争力并履行环境社会责任的迫切需求。

传统产业的主要特征决定了其在转型升级过程中需要克服诸多困难，而数字智能技术正是解决这些问题的关键所在。通过引入先进的自动化设备、优化生产流程、减少人为错误等方式，数智技术可以帮助传统产业显著提高生产效率，降低运营成本。同时，数智技术还可以帮助企业更好地管理和利用资源，实现节能减排的目标，为可持续发展奠定坚实的基础。

1.2.2 数字智能技术与传统产业的契合点

数字智能技术与传统产业的契合点在于它们共同追求的目标——提高生产效率、增强创新能力、推动绿色发展。

数智技术可以通过数据驱动的方式提高传统产业的生产效率。在传统生产模式下，企业的生产决策往往基于经验和直觉，这种方式容易受到主观因素的影响，导致决策失误。而数智技术则能够通过收集和分析大量数据，为企业提供科学合理的决策依据。在制造业中，通过安装传感器来实时监测生产设备的状态，可以及时发现潜在故障并进行预防性维护，从而减少停机时间，提高设备利用率。通过对生产过程中的各项参数进行实时监控和调整，可以优化生产流程，减少浪费，提高产量。

数智技术可以通过智能化手段增强传统产业的创新能力。传统的创新活动往往局限于产品本身的设计和改进，而忽视了整个产业链条上的各个环节。数智技术则可以通过大数据分析、机器学习等手段，帮助企业发现新的市场需求，开发出更具竞争力的产品和服务。在零售业中，通过分析消费者的购买行为和偏好，企业可以精准地推荐相关产品，提高销售转化率；通过分析供应链上下游的信息，企业可以优化库存管理，降低库存成本。这些创新活动不仅有助于提高企业的盈利能力，也为整个行业带来了新的发展机遇。

数智技术通过优化资源配置推动传统产业的绿色发展。随着全球对环境保护的关注度不断提高，越来越多的企业开始意识到绿色发展的重要性。数智技术可以通过引入绿色制造理念、推广循环经济模式、减少能源消耗和环境污染等方式，帮助企业实现可持续发展目标。在建筑行业中，通过使用建筑信息模型（BIM）技术，可以在设计阶段就对建筑物进行全面模拟，提前发现潜在的设计缺陷，避免后期修改带来的浪费；通过使用智能照明系统，可以根据实际需求自动调节灯光亮度，节约用电。这些措施不仅有助于降低企业的运营成本，也为社会创造了更大的价值。

数智技术通过数据驱动、智能赋能和资源优化，与传统产业在提升生产效率、强化创新能力和促进绿色发展这三大核心诉求上实现了完美契合，为传统产业的转型升级提供了坚实的理论基础和实践路径。

1.2.3 数字智能技术与传统产业融合的必要性

在全球经济一体化不断深化与新一轮科技革命加速演进的宏观背景下，以数据、算力、算法为核心驱动力的数字智能技术正以前所未有的广度与深度重塑着全球产业的格局与竞争范式。传统产业，作为国民经济体系的重要基石，其固有的发展模式、生产链条及价值创造路径正面临严峻挑战。随着全球经济的快速发展，传统产业如果不进行深刻的转型升级，突破既有技术轨道与市场边界的束缚，将普遍面临增长动能衰减、边际效益递减、环境资源约束趋紧等多重困境，其在全球价值链中的地位与长期竞争力将难以维系。这种转型的迫切性源于传统产业模式在应对市场需求快速迭代、个性化定制趋势增强、全球供应链复杂多变以及可持续发展要求日益提升等方面的内在局限性。

在此背景下，数智技术展现出其不可或缺的赋能价值。数智技术不仅可以作为一种外生变量，精准有效地介入并帮助传统产业破解其长期积累的、依靠内生要素难以根本解决的现存问题，如生产效率低下、资源配置不优、创新周期冗长、环境负外部性显著等结构性与运营性瓶颈。通过引入物联网实现生产要素的全面感知与互联，运用大数据分析洞察运营规律与市场趋势，借助人工智能优化决策模型与自动化控制流程，以及利用云计算提供弹性可扩展的算力支持，数智技术能够系统性地提高传统产业的运营效率、资源利用率和风险管理水平。数智技术还能为其注入全新的内生增长动力，催生新的价值创造模式与商业生态。它通过对数据要素的深度挖掘与价值化应用，推动产品向智能化、服务化延伸，促进商业模式从传统的以产品为中心向以用户为中心、以数据为驱动的模式转变，开拓新的市场空间与利润增长点，实现价值链的重构与跃升。

数智技术与传统产业的融合（简称“数智融合”）并非简单的技术叠加或局部优化，而是一场涉及发展理念、组织形态、生产方式乃至文化基因的系统性变革。数智融合不仅是传统产业突破发展瓶颈、重塑竞争优势、适应未来经济社会发展要求的战略性选择，更是其迈向更高质量、更高效率、可持续发展阶段的必由之路。数智融合的必然性体现在，它不仅关乎企业个体的生存与发展，更关系国家产业体系的现代化水平与整体竞争力。唯有主动拥抱数智技术，实现深度融合，传统产业才能在日趋激烈的全球竞争中保持韧性与活力，并有效应对资源环境的约束，最终实现经济效益、社会效益与生态效益的协同统一与可持续发展。

数字智能技术与传统产业的融合，其必要性不仅体现在对现有问题的有效纾解上，更深层次地构成了传统产业在新的历史条件下寻求生存、发展与范式跃迁的内在逻辑与时代要求。目前，众多传统产业普遍面临着生产函数边际效益递减、创新动能衰减、资源环境约束趋紧等多重困境。诸如生产效率低下、自主创新能力薄弱、能源资源消耗高企、环境污染负荷沉重等痼疾，已不再仅仅是影响企业个体经济效益的局部问题，而是演变为制约产业整体健康发展、削弱国家核心竞争力的系统性风险。这些问题的根源往往在于传统发展模式下的技术路径依赖、组织结构僵化以及对市场动态响应迟缓。在此背景下，数智技术凭借其颠覆性的技术特性与赋能潜力，为破解上述难题提供了关键路径。通过深度嵌入传统产业的价值链各环节，数智技术能够引发深刻的生产力变革与生产关系重塑，其融合的必要性首先体现在对传统产业固有矛盾的克服与超越上。

在提高生产效率层面，数智技术可以帮助传统产业突破要素投入驱动增长的瓶颈。通过引入基于物联网的智能传感系统、先进的自动化与机器人技术以及集成人工智能算法的制造执行系统（MES），能够实现生产过程的实时监控、精准控制与动态优化。这不仅大幅减少了对传统劳动力要素的依赖，降低了因人为操作失误引致的次品率与生产事故，更重要的是，它优化了生产节拍，压缩了制造周期，从而显著提高了全要素生产率（TFP）与资本回报率。例如，在精细化要求极高的纺织行业中，引入具备机器视觉与自适应学习能力的自动化纺织机械，不仅能够大幅提高生产速度，更能确保产品质量的稳定性和一致性，满足高端化、定制化的市场需求。

在应对资源浪费与环境压力方面，数智技术同样展现出其不可或缺的价值。大数据分析技术能够精准洞察能源消耗与物料流转中的瓶颈与浪费点，为精益化管理提供数据支撑。在纺织行业，引入自动化的纺织机械与智能排产系统，不仅提高了生产速度与产品质量一致性，更能通过优化染整工艺参数，减少水、电、染料的消耗。智能仓储管理系统则利用射频识别（RFID）、机器视觉等技术，实现库存的实时盘点、精准定位与先进先出管理，有效减少了库存积压与物料过期损耗，降低了仓储运营成本。更进一步地，数智技术赋能的绿色制造与循环经济模式，能够帮助企业建立能源管理中心，实现能源的梯级利用与高效回收；构建产品全生命周期追溯体系，推动废弃物的资源化利用，从而达成节能减排的战略目标，为产业的可持续发展奠定坚实的生态基础。这不仅是对企业经济效益的直接提升，更是履行社会责任的必然要求。

从产业创新角度看，传统产业往往受困于固有的技术范式和市场认知，创新活动多呈现渐进式改良，缺乏颠覆性突破。数智技术的融入，特别是大数据分析对市场需求的深度洞察、人工智能在研发设计中的辅助生成与优化能力，能够极大地拓宽传统产业的创新边界，激发新的产品、服务与商业模式创新，从而有效破解创新能力弱的困局。数字智能技术与传统产业的深度融合，并非锦上添花的选项，而是应对内外部挑战、重塑竞争优势、实现可持续发展的必然选择与战略基石。

在上述诸多必要性之外，数智技术对传统产业实现可持续发展同样具有至关重要的意义。面对日益严峻的资源约束、环境污染和气候变化等全球性挑战，传统产业必须摒弃高消耗、高污染的粗放式发展模式，转向更加绿色、环保、高效的可持续发展道路。而数智技术的广泛应用，恰恰为传统产业的这一转型提供了强大的技术支撑。

具体而言，数智技术有助于传统产业在以下几个方面实现可持续发展。

提高资源利用效率，实现精益化生产　传统产业往往存在资源浪费、能源消耗高等问题。通过引入物联网、大数据分析等数智技术，企业可以实现对生产过程的全面感知和实时监控。在制造业中，利用传感器收集设备运行数据，结合人工智能算法进行分析，可以预测设备故障，实现预防性维护，避免因设备故障导致的停机和资源浪费。同时，通过对生产流程的优化，可以减少原材料的消耗，提高产品良品率，从而实现资源的精益化利用。在农业领域，精准农业技术利用传感器、无人机等设备收集土壤、气候、作物生长等数据，结合大数据分析，可以实现精准施肥、精准灌溉，大幅提高水、肥等资源的利用效率，减少对环境的负面影响。

优化能源管理，降低能源消耗 能源消耗是传统产业重要的运营成本和环境负担。数智技术可以帮助企业实现能源的智能化管理和优化。在建筑行业，智能楼宇管理系统可以根据室内外环境变化和人员活动情况，自动调节照明、空调等设备的运行，降低能源消耗。在工业领域，通过对生产设备的能耗数据进行实时监测和分析，可以发现能源浪费环节，并采取相应的优化措施，如调整设备运行参数、优化工艺流程等，从而降低整体能耗。此外，利用人工智能算法还可以预测能源需求，实现能源的智能调度，提高能源利用效率。

强化环境监测与治理，减少环境污染 传统产业在生产过程中往往会产生废水、废气、固体废物等污染物，对环境造成不利影响。数智技术可以提升企业对环境的监测和治理能力。利用物联网传感器可以实时监测污染物排放情况，一旦超标立即发出预警，为企业及时采取治理措施提供数据支撑。大数据分析技术可以对历史排放数据进行分析，找出污染规律和潜在风险点，为制定更有效的环保措施提供科学依据。人工智能技术还可以应用于污染治理设备的优化控制，提高治理效率，降低治理成本。在污水处理厂，利用人工智能算法可以优化曝气、加药等环节的控制参数，提高污水处理效率，减少能源消耗和二次污染。

推动循环经济发展，实现资源再利用 传统的线性经济模式“开采—生产—消费—废弃”给企业带来了巨大的资源浪费和环境压力。数智技术可以促进传统产业向循环经济模式转变。通过物联网技术可以实现对废弃物的智能分类和回收，提高资源回收率。大数据分析可以帮助企业分析产品的使用寿命和潜在的回收价值，为产品的再设计和再制造提供数据支持。区块链技术可以构建透明可追溯的回收体系，提高消费者参与资源回收的积极性。在制造业中，通过对生产过程中的边角料、废料等进行智能化管理和再利用，可以减少资源消耗和废弃物排放。

综上所述，数智技术不仅能够提高传统产业的生产效率和经济效益，更重要的是，它为传统产业实现可持续发展提供了强有力的技术支撑，助力企业在追求经济增长的同时，最大限度地减少对环境的负面影响，实现经济、社会和环境效益的协调统一。这对于构建资源节约型、环境友好型社会，推动全球可持续发展具有重要的战略意义。

1.3 数字智能技术赋能传统产业的意义

1.3.1 数字智能技术能提高传统产业生产效率

数字智能技术的引入，显著提高了传统产业的生产效率。传统的生产方式往往依赖人力密集型作业，生产流程复杂且烦琐，容易受到人为因素的影响，导致生产效率低下。而数字智能技术通过引入自动化设备、优化生产流程、减少人为错误，实现了生产效率的大幅提高。

自动化设备的应用是提高生产效率的关键之一。其内在逻辑在于通过资本深化与技术替代，重塑生产函数，突破传统生产方式依赖人类生理与认知局限的生产力边界。以典型的制造业为例，工业机器人、自动化生产线、智能传感与控制系统等先进装备的广泛部署，构成了生产力跃升的核心物质基础。这些自动化系统能够以远超人力操作的速度、精度和稳定性执行预定任务，使整个生产过程展现出前所未有的高效性与精准性。在汽车制造这一高度复杂的产业体系中，通过引入工业机器人承担焊接、涂装、装配等关键工序，不仅极大地压缩了单车生产节奏，显著提高了生产线速度与整体产出率，更为关键的是，它通过消除人工操作中固有的不一致性、疲劳效应以及潜在的失误风险，从根本上提高了产品质量的均一性与可靠性，减少了因质量瑕疵导致的返工、报废与后续维护成本，从而在多个维度上强化了生产效率。此外，自动化设备的持续作业能力，打破了传统生产模式受人类工作时间与生理需求的限制。自动化系统理论上可以实现全天候、不间断运行，即“24 小时连续作业”，这极大地延长了有效生产时间，提高了设备的利用率，使企业能够在既定的厂房空间与设备基础上，实现产能的指数级增长与规模经济效益的最大化。这种由自动化驱动的生产模式变革，本质上是通过优化资源配置、提升操作精度、加快作业节拍及延长作业时间，系统性地提高了全要素生产率。

生产流程的优化构成了提高传统产业生产效率的核心机制与关键路径。在传统生产模式下，流程设计往往基于经验积累与静态分析，难以实时适应动态变化，易于形成隐性浪费与效率瓶颈。数字智能技术的深度介入，为生产流程的系统性优化提供了前所未有的可能性与方法论支撑。其核心在于通过部署先进的传感技术、物联网架构以及制造执行系统等，实现对生产全过程数据的实时、高精度、多维度采集与汇聚。这些涵盖设备状态、物料流转、工艺参数、质量检测、能耗指标等多源异构的数据流，构成了对物理生产过程的精细化数字镜像。基于此数据基础，运用大数据分析、机器学习、过程挖掘（Process Mining）等智能化分析工具，能够对复杂的生产流程进行深度解构与诊断。这不仅能够精准识别出传统方法难以发现的瓶颈环节（如特定设备的加工等待、工序间的协调不畅、物料搬运的迂回路径等），更能揭示流程中存在的非增值活动、异常波动源头以及潜在的优化空间。通过对设备运行数据的时序分析与关联性挖掘，可以预测瓶颈设备的潜在故障，触发预防性维护，避免非计划停机对流程连续性的破坏。

数字智能技术不仅止于诊断，更关键的是在于其赋能了流程的动态调整与持续改进能力。基于实时监控数据与分析模型得出的洞察，系统能够支持甚至自动执行流程优化决策。通过物联网技术连接并整合各个生产单元（设备、工位、物料载具等），构建起生产流程的可视化管理平台乃至数字孪生体（Digital Twin）。这种高度的透明度与实时性，使管理者能够清晰掌握各环节的运行状态与相互依赖关系，从而实现更优的作业排序、资源调度与协同控制。当监测到某个环节出现延迟或拥堵时，智能调度系统可以动态调整后续工序的生产节奏或重新分配资源，最大限度地减少因等待、空闲或切换而产生的无效时间。这种基于数据的闭环反馈与智能决策机制，显著提高了设备综合效率与整体产线利用率，通过消除流程内部的摩擦与冗余，有力地推动了生产效率的本质性提高。数字智能技术驱动的生产流程优化，其本质是运用数据智能重塑生产系统的运行逻辑，实现从被动响应到主动预测、从局部优化到全局协同的深刻转变，进而构成了提高传统产业生产效率的根本性手段之一。

在生产效率提高的多元驱动因素中，通过数字智能技术可以显著降低甚至消除人为错误，构成了其赋能传统产业不可或缺的重要维度。传统生产模式高度依赖人工操作与经验判断，其内在的生理与认知局限性，如疲劳累积、注意力分散、技能熟练度差异、信息处理能力瓶颈以及决策过程中的主观偏见，是导致操作失误、工艺执行偏差及产品质量波动的根本原因之一。

这些错误不仅直接导致资源浪费（如原材料损耗、能源过度消耗）、生产周期延长（如返工、停机）、产品合格率下降，更可能会引发安全事故，对企业造成严重的经济损失与声誉损害。从系统工程与人因工程学的视角审视，优化人机交互界面、改进作业流程固然能部分缓解问题，但要从根本上提高生产系统的稳定性和效率，就需要借助技术手段超越人类操作的固有局限性。

数字智能技术恰恰通过引入高度自动化控制系统与智能化管理范式，为破解这一难题提供了系统性解决方案。自动化控制系统，例如基于精密传感器、执行器与先进控制算法的自动化生产线或机器人工作站，能够以远超人类的精度、速度和稳定性执行重复性、高风险或精细化的操作任务，从物理层面替代了易出错的人工环节。更进一步地，智能化管理系统借助物联网实现对生产全流程数据的实时采集与监控，结合大数据分析与人工智能模型，能够即时识别偏离标准规程的操作或异常状态，并触发自动校正机制或向操作人员发出精准预警，形成闭环反馈控制，有效预防错误的发生或在萌芽状态即予以纠正。这种由机器执行的标准化、精确化作业，以及基于数据驱动的智能监控与干预，极大地减少了因人为疏忽、误判或操作不当引发的生产事故、次品废品产生以及流程中断，从而直接提升了产品质量的一致性与可靠性，提高了生产线的整体产出效率（Throughput）与设备综合效率。以智能仓储系统为例，其依据预设算法与实时订单数据自动规划最优存储路径与拣选策略，并通过自动化导引车（AGV）或机器人执行作业，不仅避免了人工拣选可能出现的错拣、漏拣或货物损坏，更显著提高了仓储周转效率与空间利用率，确保了供应链环节的精准高效运作。数字智能技术在消减人为错误方面的赋能作用，是其推动传统产业生产力跃升、实现精益化与高质量发展的关键机制之一。

数字智能技术通过引入自动化设备、优化生产流程、减少人为错误等多种方式，显著提高了传统产业的生产效率，降低了运营成本，增强了企业的市场竞争力。

1.3.2 数字智能技术能增强传统产业创新能力

数字智能技术不仅能够提高传统产业的生产效率，还能够极大地增强其创新能力。通过大数据分析、机器学习等手段，数字智能技术可以帮助传统产业发现新的市场需求，开发出更具竞争力的产品或服务，从而推动整个产业向更高层次发展。

大数据分析构成了增强传统产业创新能力的核心技术手段与关键赋能工具。传统产业在其漫长的生产经营历史进程中，并非缺乏数据，而是沉淀积累了体量浩瀚、类型多样的数据资源，这些数据广泛分布于生产制造、供应链管理、市场营销、客户服务及内部运营等各个环节。然而，在缺乏有效分析工具与方法的时代，这些数据往往呈现出分散、沉寂、低价值密度的状态，其内含的丰富市场信息、潜在商业价值与深刻行业洞察未能得到充分揭示与利用。大数据分析技术的引入，本质上提供了一种全新的认知范式与分析框架，它运用先进的算法模型（如机器学习、深度学习、关联规则挖掘、预测性建模等）与强大的计算能力（依托云计算、分布式计算等基础设施），能够对这些海量、多源、异构的数据进行系统性的采集、整合、清洗、处理与深度挖掘。

这一过程超越了传统统计分析的局限性，旨在从看似杂乱无章的数据海洋中，穿透表象，识别复杂模式、揭示深层关联、预测未来趋势，从而将原始数据转化为具有战略意义的信息与指导行动的知识。在零售行业的情境下，企业不再仅仅满足于了解销售额等宏观指标，而是能够通过对消费者个体层面的购买行为、浏览路径、评价反馈、社交互动等多维度数据的精细化分析，构建精准的用户画像，深刻理解其显性及潜在的偏好变迁、需求演化轨迹以及不同场景下的行为模式。这种基于大数据的深度洞察，使企业能够更为敏锐地捕捉市场需求的微妙变化与新兴趋势，为新产品概念的形成、功能的设计、特性的优化及市场定位提供坚实的实证基础，从而显著提高新产品研发的成功率与市场契合度，驱动以市场需求为导向的精准创新。

大数据分析的应用价值远不止于此，它还能有效支撑企业在更宏观层面上进行创新决策。通过对行业数据、竞争对手数据、宏观经济数据等多源信息的整合分析，企业能够更为精准地识别新兴的市场机会、评估潜在的市场风险、预测未来相当长一段时期内的市场需求容量与结构变化。这种前瞻性的市场洞察力，为企业制定中长期发展战略、规划创新投入方向、优化研发资源配置提供了前所未有的、基于数据驱动的科学决策依据，极大地增强了企业战略创新的前瞻性、系统性与有效性，从而为传统产业在激烈的市场竞争中实现创新驱动发展提供了强有力的支撑。

机器学习技术作为数字智能技术谱系中的关键组成部分，亦为传统产业创新能力的系统性提升注入了强大的理论支撑与实践动能。机器学习算法的核心优势在于其能够超越基于规则的确定性逻辑，通过对大规模历史数据的深度学习与模式识别，自主构建、迭代优化预测或决策模型。这一过程模拟了某种形式的归纳推理与经验积累，使计算机系统能够在无须显式编程的情况下，从数据中自动“学习”并提炼出隐藏在复杂现象背后的潜在规律、非线性关联以及动态演化趋势。这种从数据中发现知识的能力，为传统产业突破既有认知边界、激发创新思维提供了全新的视角与方法论基础。

在高度依赖实验试错与专家经验的制药行业，机器学习技术的应用正深刻改变着药物的发现与研发流程。通过训练复杂的预测模型分析海量的化合物结构数据、生物活性数据以及临床试验数据，机器学习能够显著加速候选药物分子的筛选与优化过程，预测药物的有效性与安全性，从而大幅缩短研发周期，降低巨额的研发投入与失败风险，这不仅是效率的提高，更是创新成功率的根本性提高。

同样，在风险高度集中的金融行业，机器学习驱动的风险评估与欺诈检测模型，通过对多维度、高频率交易数据与用户行为数据的实时分析，能够实现对信用风险、市场风险甚至操作风险的精准量化与动态预警，并能有效识别传统手段难以捕捉的复杂欺诈模式。这种能力的提升，不仅保障了金融服务的安全性和可靠性，更为金融机构推出创新性金融产品（如基于动态风险定价的信贷产品、个性化保险方案等）、拓宽服务边界（如服务小微企业、新兴领域）提供了必要的风控基础与技术可行性，从而促进了金融服务模式的创新。

机器学习在优化生产流程、提高产品质量控制精度方面的应用，间接、有力地支撑了产业创新。通过对生产过程中传感器数据、工艺参数、质量检测结果等进行建模分析，机器学习可以实现预测性维护、智能质量控制以及工艺参数的自适应优化。这不仅提高了生产效率与产品一致性，更重要的是，它为开发更高复杂度、更高精度、更高可靠性的新产品奠定了坚实的制造基础，并通过释放资源、降低试错成本，为企业将更多精力投入突破性创新活动中创造了条件，最终转化为持续的商业价值与市场竞争优势。机器学习技术通过其独特的数据驱动学习与预测能力，在加速知识发现、赋能风险管理、优化运营基础等多个维度上，为传统产业创新能力的跃迁提供了强大的引擎。

作为数字智能技术谱系中的重要组成部分，虚拟现实（VR）技术与增强现实（AR）技术为传统产业的创新活动开辟了具有深刻变革意义的新路径与新思路。这两种技术的核心价值在于其能够突破物理世界的时空限制，通过构建沉浸式或信息增强型的交互环境，为创新过程中的关键环节——尤其是产品研发、设计验证与测试迭代——提供前所未有的模拟、交互与认知增强能力。

VR 技术通过创建完全沉浸式的、高保真度的三维虚拟环境，使用户能够脱离物理实体，在数字空间中对产品概念、设计方案或复杂系统进行直观的感知、交互与评估。这种能力极大地降低了在传统创新流程中对物理样机制造与实地测试的依赖，从而显著缩短了研发周期，降低了试错成本，并加速了创新理念的迭代与优化。在建筑设计领域，传统依赖二维图纸或物理模型的沟通与评审方式，往往存在信息传递不完整、空间想象偏差等固有局限。而 VR 技术的应用，则允许设计师、工程师、客户及最终用户共同“置身于”一个按比例精确构建的、具有高度视觉与空间真实感的虚拟建筑模型之中。在此环境中，各方不仅能够进行多角度的漫游观察，更能进行深度的交互操作，如模拟光照变化、体验空间布局、评估材料质感，甚至进行虚拟的家具摆放与流线分析。这种沉浸式的协同评审方式，使潜在的设计缺陷、功能冲突或用户体验不佳之处能够在设计早期阶段就直观地暴露出来并被加以识别，极大地促进了设计方案的快速优化与完善，提高了设计创新的质量与效率。

AR 技术则侧重于将虚拟信息（如三维模型、文本注释、操作指令、实时数据等）精准地叠加到用户所处的真实物理环境之上，实现数字世界与物理世界的无缝融合与实时交互。这种“虚实结合”的特性，为制造业等传统产业的生产、运维、培训等环节注入了强大的创新动能。在制造业的实际生产过程中，AR 技术可以为一线工人提供情境化的、即时的操作指导与信息支持。通过 AR 眼镜或手持设备，工人可以在观察实际部件的同时，看到叠加其上的虚拟装配步骤、关键参数、扭矩要求或质量检测标准。这种直观的信息增强方式，不仅显著降低了复杂任务的操作难度与出错率，缩短了新员工的培训周期，提高了整体的生产作业效率与产品质量，更重要的是，它为实现柔性生产、个性化定制以及远程专家指导等新型制造模式创新提供了关键的技术支撑，推动了制造过程本身的智能化升级。

VR 与 AR 技术通过其独特的模拟仿真与虚实融合能力，正在重塑传统产业的创新范式，使其从依赖物理实体向基于数字模型的虚拟化、协同化、智能化创新加速演进。

传统产业的创新能力是其保持市场竞争力、实现可持续发展的核心驱动力。数字智能技术，特别是近年来飞速发展的生成式人工智能，正以前所未有的方式渗透到传统产业的各个环节，为其创新能力的提升注入了强大的新动能。这不仅体现在对现有流程的优化上，更体现在对创新范式本身的深刻变革上。

生成式人工智能的崛起，将数字智能技术对传统产业创新能力的增强推向了一个全新的高度。与主要进行分析、预测、分类的传统人工智能不同，生成式人工智能的核心能力在于“创造”——基于学习到的模式和知识，生成全新的、原创性的内容，如文本、图像、音频、视频、代码、设计方案、分子结构、工艺流程等。这种“创造”能力，正在深刻改变着传统产业的创新面貌。

研发设计作为产业创新的核心策源地与价值链的起点，其效率、质量与突破性直接决定了产业升级的潜能与方向。在此关键环节中，生成式人工智能的渗透与应用，正引发一场深刻的范式变革，其核心价值体现于对传统创新边界的系统性拓展以及从抽象概念到具象产品转化效率的显著加速。

与传统主要执行分析、预测或分类任务的人工智能不同，生成式人工智能的内在机理在于其强大的“创造”能力——它能够基于从海量数据（涵盖历史设计方案、科学文献、工程规范、市场反馈及艺术风格等多元信息）中学习到的深层模式、结构与关联性，依据用户设定的目标、约束条件（如功能需求、性能指标、成本限制、材料特性、美学偏好等）以及交互式指令，自主生成全新的、具有原创性的且往往超越人类直觉或经验范围的设计内容，表现形式可涵盖概念草图、二维工程图、三维几何模型、参数化设计脚本、仿真优化方案，以及新材料分子结构、新工艺流程等。这种基于算法驱动的创造性生成能力，极大地突破了传统研发设计流程中高度依赖设计师或工程师个体知识储备、思维定式与有限探索能力的瓶颈。它能够以指数级的速度探索广阔的设计空间，产生数量庞大、形态各异，甚至反直觉的潜在解决方案，从而将创新的可能性边界推向更远的未知领域。

生成式人工智能能够自动化或半自动化地执行设计迭代、参数优化、性能仿真评估等一系列耗时且复杂的任务，显著压缩了从初步构想到详细设计，再到虚拟验证的周期，减少了对物理样机试错的依赖，从而在根本上加速了创新成果从实验室走向市场的转化进程，为传统产业注入了前所未有的创新活力与敏捷性。

生成式人工智能的介入，为传统产业在创新过程的前端——概念生成与方案探索阶段提供了革命性的加速机制。传统的设计创新流程，在很大程度上受限于人类设计师个体的知识边界、经验积累以及不可避免的认知偏误（Cognitive Biases），如设计定势（Design Fixation）和路径依赖。设计师往往在既有的设计范式内进行探索，其能够构思和评估的方案数量和多样性受到时间和认知资源的严格约束，对于庞大且复杂的潜在设计空间（Design Space）的探索往往是局部且有限的。

生成式人工智能的理论基础在于其强大的模式学习与内容生成能力，它能够通过对海量、多模态数据（涵盖历史设计档案、技术专利文献、科学研究报告、材料性能数据库、用户反馈文本、市场趋势分析等）进行深度学习，构建高维度的潜在表征空间（Latent Space），从而捕捉并内化复杂的设计原理、美学规范、功能逻辑以及市场偏好之间的隐含关系。基于此，当给定一组明确的、多维度的设计约束条件（性能指标阈值、制造成本上限、目标用户画像、特定美学风格描述、材料环境友好性要求等）时，生成式人工智能能够超越人类设计师的穷举能力和思维惯性，在极短的时间内，通过在习得的潜在空间中进行高效采样、插值或优化搜索，系统性地、大规模地生成大量新颖且多样的初步设计概念。

这些概念可以表现为形式各异的设计草图、参数化的三维几何模型、初步的功能架构方案，甚至是全新的产品形态组合。这种由算法驱动的、高通量的概念生成能力，极大地扩展了创新探索的广度与深度，使企业能够接触远超传统方法所能触及的设计的可能性，其中不乏突破常规、具有颠覆性潜力的创新方案。这不仅显著提高了早期设计阶段的效率，降低了因探索方向错误而导致的沉没成本，更重要的是，它极大地丰富了创新的源头活水，为设计师提供了更为广阔的创意激发平台和更加坚实的决策起点，从而在根本上增强了传统产业应对快速变化市场、驱动产品与服务创新的核心能力。

生成式人工智能在工程设计与性能仿真领域的渗透，标志着从传统基于经验与迭代试错的设计范式向数据驱动、智能生成与高效验证的设计新范式的深刻转型。其核心价值并非仅仅在于自动化生成几何形态（“形”），更在于其深度介入并优化结构与系统的功能性能（“能”），从而在根本上提高工程创新的效率与质量。

在航空航天、高端装备制造、精密机械等对性能指标要求极为严苛的领域，生成式人工智能展现出突破性的潜力。它超越了传统计算机辅助设计（CAD）工具主要侧重于几何建模与表示的局限，能够将复杂的物理约束、性能目标函数以及制造可行性规则内嵌于其生成模型之中。通过学习海量的工程数据、仿真结果与物理实验数据，生成式模型（如基于深度学习的生成对抗网络 GANs、变分自编码器 VAEs 或扩散模型等）能够理解并掌握设计空间中潜在的物理规律与性能关联。这使其在执行拓扑优化等任务时，不仅是基于预设算法进行材料移除或分布，更能根据多物理场耦合效应（如力—热耦合、流—固耦合）和动态载荷条件，探索并生成具有非直观、仿生特征的，理论上最优化的轻量化承载结构。这种优化过程往往能突破人类设计师受限于经验、认知偏见或计算工具能力的性能边界，实现材料利用效率与结构性能（如刚度、强度、稳定性、抗疲劳性）的显著提高。

生成式人工智能与先进的计算机辅助工程（CAE）仿真软件形成了强大的协同效应，构建了一个高效的“设计—仿真—评估—优化”闭环迭代系统。在传统工程设计流程中，性能仿真验证环节往往是时间与计算资源的瓶颈。生成式人工智能的应用极大地加速了这一过程。一方面，它可以快速生成大量符合基本约束条件且具有显著差异性的候选设计方案，极大地扩展了设计探索的广度与深度。另一方面，通过与仿真软件的紧密集成（通过参数化接口或直接生成仿真输入文件），这些候选设计可以被自动、并行地提交并进行性能评估。更进一步，生成式人工智能还可以学习构建高精度的“代理模型”（Surrogate Models）来进行复杂的、计算成本高昂的物理仿真过程（如计算流体动力学CFD模拟、有限元分析FEA）。这意味着在设计迭代的早期阶段，可以通过快速查询AI代理模型来初步评估大量设计变体的性能表现，筛选出最有潜力的方案进入精细化仿真验证，从而极大地压缩了虚拟测试与迭代优化的周期。这种在虚拟环境中进行大规模、快速试错的能力，显著降低了对昂贵的物理样机制备与实验测试的依赖程度，不仅缩短了从概念设计到产品验证的整体研发时间，降低了研发成本，而且通过更全面的设计空间探索与性能优化，有力地推动了如航空发动机涡轮叶片、风力发电机翼型等关键部件的气动效率、结构可靠性与能量转换效率达到新的高度，从而构成了数智技术增强传统产业核心竞争力的重要体现。

在化学工程、药物化学、材料科学等以分子或组分创新为核心驱动力的传统产业领域，生成式人工智能正展现出重塑基础研发范式的革命性潜力，尤其在“加速新材料发现与新配方设计”这一关键创新环节。传统上，此类创新活动高度依赖科研人员的经验直觉、文献检索以及大规模、高通量的实验筛选（High-Throughput Screening, HTS），这一过程不仅周期漫长、成本高昂，而且往往在浩瀚如烟的可能分子结构或配方组合空间中效率低下，成功率受限。生成式人工智能的介入，并非简单地优化现有流程，而是引入了一种基于数据驱动的、从“搜索”到“创造”的根本性转变。

这类先进的AI模型，如基于深度学习的生成对抗网络（GANs）、变分自编码器（VAEs）以及针对分子图或序列（如SMILES表示法）优化的Transformer架构等，能够通过对海量结构化与非结构化数据的学习——涵盖已知的分子数据库（如ZINC、PubChem）、材料性能数据库、已发表的实验结果，乃至科学文献中的文本信息（通过自然语言处理技术提取）——构建起对化学空间或配方空间的深层、高维度的潜在表征（Latent Representation）。这种表征不仅编码了原子连接规则、官能团特性、分子几何构型等基础信息，更重要的是，它捕捉了复杂的、非线性的结构—性质/活性关系（Quantitative Structure-Property/Activity Relationships, QSPR/QSAR）的内在规律。基于此深度理解，生成式人工智能能够执行“逆向设计”（Inverse Design）或“目标导向生成”（Goal-Directed Generation）任务，即给定一组期望的性能指标或功能要求（特定的药物靶点亲和力、预设的材料硬度与导电性、特定的乳液稳定性或风味特征），模型能够自主地、创造性地生成满足这些约束条件的全新分子结构或配方组分。

这一过程极大地扩展了创新探索的边界，能够发现超越人类化学家直觉范围的新颖结构，或者在已有的配方体系内找到非显而易见的优化组合。通过在庞大的虚拟化学或配方空间中进行高效的、有导向性的“计算实验”，生成式人工智能显著减少了需要进行物理合成与测试验证的候选对象数量，从而极大地缩短了研发周期，降低了实验成本，提高了发现突破性新材料或优化配方的效率与概率。这不仅为化工、医药、新材料等传统产业的基础科学研究提供了前所未有的强大计算工具，更为其应用技术的快速迭代与产业升级注入了关键的创新动能。

数字智能技术并非单一工具的简单叠加，而是以大数据分析的深度洞察、机器学习的模式识别与预测能力、虚拟/增强现实的沉浸式交互仿真以及生成式人工智能的创造性生成潜力为代表的多元技术手段的系统性集成。这种集成从根本上重塑了传统产业的创新逻辑与过程，极大地增强了传统产业的创新能力，通过数据驱动、智能优化与虚拟验证，显著提高了创新活动的效率、精准度与突破性，从而为企业开辟了前所未有的价值创造空间与战略发展机遇。

1.3.3 数字智能技术能推动传统产业升级与绿色发展

数字智能技术不仅能够提高生产效率、增强创新能力，还能够推动传统产业升级与绿色发展。通过引入绿色制造理念、推广循环经济模式、减少能源消耗和环境污染，数字智能技术可以帮助传统产业实现可持续发展目标。

绿色制造理念，作为推动传统产业实现根本性升级与可持续发展的核心指导思想，其内涵远超简单的环保合规或末端治理。它标志着一种深刻的制造哲学范式转型，它要求将环境影响最小化与资源效率最大化的原则系统性地、前瞻性地融入产品从概念设计、原材料获取、生产加工、包装运输、使用维护直至废弃回收与处置的全生命周期（Life Cycle）之中。

绿色制造理念的理论基石在于生态效率（Eco-efficiency）与工业生态学（Industrial Ecology）思想，强调在追求经济产出的同时，必须同步考量并优化生态绩效与社会福祉，实现经济、环境、社会三大维度效益的协同增效与长期均衡，即践行“三重底线”（Triple Bottom Line）原则。绿色制造并非仅仅关注生产过程本身的清洁化，而是要求从源头出发，通过采用绿色设计（Design for Environment, DfE）方法论，在产品设计阶段就预先考虑材料的可再生性、可拆解性、可回收性，以及产品在使用和废弃阶段的能耗与环境足迹，力求从根本上减少对环境的潜在负荷。它倡导构建闭环的物质流与能量流系统，模仿自然生态系统的循环再生机制，推动资源在产业系统内部乃至跨产业生态系统间的循环利用，如发展再制造（Remanufacturing）、推动工业共生（Industrial Symbiosis）等模式，从而最大限度地降低对原生资源的依赖与废弃物的产生。绿色制造不仅是一种技术选择或管理手段的集合，更是一种战略层面的价值取向与发展模式的根本性重塑，它要求企业将环境责任内化为核心竞争力的一部分，通过系统性的绿色创新驱动产业结构的优化升级，最终实现工业文明与自然生态的和谐共生。

而数字智能技术可以通过优化生产流程、提高能源利用效率、减少废弃物排放等方式，可以有效推动绿色制造的实施。智能工厂可以通过实时监测和调控生产设备的能耗，确保其在最佳状态下运行，从而降低能源消耗。数字智能技术还可以帮助企业实现废弃物的回收和再利用，减少对自然资源的依赖，促进循环经济的发展。循环经济模式是推动传统产业绿色发展的重要途径。循环经济强调资源的循环利用，减少资源浪费和环境污染。数字智能技术通过建立完善的资源回收和再利用系统，可以有效推动循环经济的发展。废旧电子产品中含有大量有价值的金属材料，通过数字智能技术可以实现对这些材料的高效回收和再利用。数字智能技术还可以帮助企业实现废弃物的分类处理和资源化利用，减少对环境的影响。

减少能源消耗和环境污染是推动传统产业绿色发展的重要目标。数字智能技术通过优化能源管理和污染控制，可以有效减少能源消耗和环境污染。智能电网可以通过实时监测和调控电力供应，确保电力系统的稳定运行，减少能源浪费。此外，数字智能技术还可以帮助企业实现污染物的实时监测和处理，减少对环境的污染。

数字智能技术通过整合制造全链条数据，构建生产过程的数字映射，支持环境绩效的预测性分析与工艺参数的自适应优化，确保绿色设计、清洁生产及资源循环策略的精准实施，构筑绿色制造的坚实技术支撑。

数字智能技术在提高传统产业生产效率、增强创新能力、推动传统产业升级与绿色发展等方面具有重要意义。它不仅能够帮助传统产业解决现存问题，还能为其带来新的增长动力，推动传统产业向更高层次发展。因此，数字智能技术已经成为推动传统产业转型升级的重要力量，值得我们高度重视和深入研究。

CHAPTER TWO
第二章

数智技术融合应用的时代大势

2.1 全球数字经济发展趋势

2.1.1 全球数字经济发展现状

随着信息技术的飞速发展，数字经济已成为全球经济发展的新引擎。2022 年 12 月召开的第 14 届国际电信联盟（ITU）Kaleidoscope 会议披露，截至 2022 年年底，全球数字经济规模已突破 11.5 万亿美元，占全球 GDP 比重接近 15.5%[1]。数字经济不仅涵盖了传统的互联网经济，还包括了新兴的数字技术领域，如人工智能、大数据、物联网等。这些技术的广泛应用正在深刻改变着人们的生产和生活方式。

在全球范围内，发达国家和地区在数字经济领域处于领先地位。美国作为全球最大的经济体之一，其数字经济规模已经超过 13 万亿美元，约占全球数字经济总量的一半。欧洲地区则以德国、法国、英国等为代表的国家，通过大力投资数字基础设施建设和技术创新，在数字经济领域取得了显著的成绩。亚洲地区的中国和印度，凭借庞大的人口基数和快速发展的信息技术产业，也成了全球数字经济的重要参与者。

从具体领域来看，数字基础设施建设是数字经济发展的基石。目前，全

[1] ITU. Measuring Digital Development: Facts and Figures 2024[M/OL]. Geneva: International Telecommunication Union, 2024. ISBN 9789261398712.

球范围内已经有超过 50 亿人接入互联网，移动宽带用户数更是达到了数十亿级别。云计算作为现代信息技术的重要组成部分，已经成为企业和个人存储、处理数据的主要方式之一。根据市场调研机构 IDC[1] 的数据，2022 年全球公有云市场规模达到了约 4 500 亿美元，预计到 2025 年将达到约 8 000 亿美元。此外，电子商务在全球范围内也得到了迅猛发展。根据联合国贸易和发展会议（UNCTAD）[2] 的数据，2021 年全球电子商务销售额达到了 4.9 万亿美元，同比增长了 16%。其中，亚太地区是全球最大的电子商务市场，占据了全球电子商务市场的近 60%。

在中国，数字经济同样呈现出蓬勃发展的态势。根据中国信息通信研究院发布的《中国数字经济发展白皮书》[3]，2021 年中国数字经济规模达到了 45.5 万亿元人民币，同比增长 16.2%，占 GDP 比重达到了 39.8%。其中，数字产业化规模达到了 7.5 万亿元，产业数字化规模达到了 37.2 万亿元。数字产业化主要涉及电子信息制造业、软件和信息技术服务业、互联网及相关服务等领域。

近年来，中国在数字基础设施建设方面取得了显著进展，5G 网络建设走在世界前列，截至 2022 年年底，全国累计开通 5G 基站数量超过 230 万个，5G 用户数突破 5 亿户。此外，中国还在积极推进工业互联网、智能制造等领域的应用，助力传统产业实现数字化转型。

产业数字化是指传统产业通过应用数字技术实现转型升级的过程。作为数字经济发展的核心构成要素与关键驱动引擎之一，其理论内涵指向传统产业部门——涵盖农业、工业及服务业——主动拥抱并深度融合新一代数字与

[1] IDC. Worldwide semiannual public cloud services spending guide[R]. [IDC], 2018.
[2] UNCTAD. Digital Economy Report 2021: Cross-border Data Flows and Development—For Whom the Data Flow[R]. New York: United Nations, 2021.
[3] 中国信息通信研究院. 中国数字经济发展白皮书 [R]. 北京：信息通信研究院，2024.

智能技术（诸如大数据、人工智能、物联网、云计算、工业互联网等），以此为核心动力机制，触发并实现自身生产函数、组织形态、商业模式乃至价值创造逻辑的系统性变革与跃迁，即所谓的转型升级过程。这绝非仅限于信息技术的表层采纳或自动化设备的简单替换，而是数智技术作为一种赋能性的通用目的技术（General Purpose Technology），全方位、深层次地渗透并内嵌于传统产业的研发设计、生产制造、运营管理、市场营销、供应链协同等全价值链环节。产业数字化的实践路径表现为对传统业务流程的数字化改造、基于数据洞察的智能化决策优化以及催生以数据驱动服务为特征的新型商业模式与业态创新。这一转型过程旨在根本性地提高传统产业的资源配置效率、全要素生产率、市场响应速度与核心竞争力，是区别于数字技术自身产业化（数字产业化）更为广泛的经济结构优化升级范式，是传统产业适应数字时代发展要求、实现高质量与可持续发展的必然路径。

数字经济的发展不仅带来了经济效益的增长，还促进了社会的全面进步。数字技术的应用使人们的生活更加便捷高效，同时也为社会治理提供了新的工具和手段。数字技术还在教育、医疗、交通等多个领域发挥了重要作用，提高了公共服务的质量和效率。

2.1.2 全球数字经济趋势预测

展望未来，数字经济将继续保持快速增长的态势，并在全球范围内产生深远的影响。根据多家权威机构的预测，在 2025 年，全球数字经济规模有望突破 50 万亿美元，占全球 GDP 比重将进一步提高。

以下将从几个关键领域对未来发展趋势进行预测。

一是新兴技术的进一步普及。随着人工智能、物联网、区块链等新兴技术的不断发展和完善，它们将在更多的行业中得到应用。特别是在制造业、医疗健康、金融服务等领域，这些技术的应用将极大地提高生产效率和服务质量。在制造业中，工业互联网将实现设备间的互联互通，通过数据分析能够优化生产流程，降低能耗和成本。在医疗健康领域，人工智能技术可以帮助医生更准确地诊断疾病，提高治疗效率。在金融服务领域，区块链技术可以提升交易的安全性和透明度，降低欺诈风险。

在制造业领域，工业互联网的普及正推动传统生产模式朝着高度智能化的方向迈进。通过设备间的互联互通，工业互联网不仅实现了生产设备的实时监控和数据共享，还使企业能够精准地捕捉生产环节中的细微变化。人工智能技术的深度应用也在助力制造业实现从“传统制造”到“智能制造”的跨越。通过机器学习算法对生产数据的分析，企业可以预测设备故障的发生概率，并提前制订预防性维护计划。例如，某电子元件制造企业引入了基于人工智能的预测性维护系统，该系统能够实时分析设备的运行状态，并在问题出现前发出预警。这一技术的应用使设备故障率降低了 35%，同时也大幅延长了设备的使用寿命。这种智能化维护方式不仅减少了企业的维修支出，还显著提高了生产效率，为企业的可持续发展奠定了坚实的基础。

在医疗健康领域，人工智能技术的应用正在重塑医疗服务的模式。在传统医疗中，医生往往依赖经验进行诊断，而人工智能技术的介入改变了这一现状。通过深度学习算法，医疗系统能够从海量的病例数据中提炼出疾病特征，为医生提供更加精准的诊断建议。人工智能技术还能够优化医疗资源的配置。通过大数据分析，医院可以合理安排医生和护士的工作时间，避免资源浪费。同时，基于人工智能的手术机器人也正在逐渐普及。这些机器人能够在微创手术中实现高精度操作，降低了手术风险和术后并发症的发生率。

在金融服务领域，区块链技术的应用正逐步改变行业的运作方式。传统的金融服务模式往往依赖中介机构，这不仅增加了交易成本，还可能因人为干预而引发欺诈风险。而区块链技术的去中心化特性，使交易过程更加透明和安全。区块链技术在金融创新中的应用还体现在数字证券的发行上。通过区块链技术，证券的发行和交易过程可以实现全程透明化，提高了资本市场的流动性和透明度。区块链技术的应用使金融交易更加高效、可靠，同时也为中小企业融资提供了更多选择。

新兴技术的普及不仅仅局限于制造业、医疗健康和金融服务等领域，在其他行业的应用前景同样广阔。在农业领域，智能传感技术和物联网平台的结合使农业生产更加精准和高效。通过安装在农田中的传感器，可以实时监测土壤湿度、光照强度等环境参数，并根据监测结果自动调节灌溉和施肥方案。这种精准农业模式不仅提高了农作物的产量和质量，还大幅降低了水资源和化肥的浪费。

在教育领域，人工智能技术的应用正在推动教学模式的革新。通过自然语言处理技术，智能教学助手可以为学生提供个性化的学习建议和辅导。个性化的教学方式不仅提高了学生的学习效率，还增强了学生的学习兴趣。此外，虚拟现实技术也在教育领域发挥了重要作用。通过虚拟现实设备，学生可以模拟真实的实验场景，体验沉浸式的学习过程。这种技术的应用不仅丰富了教学形式，还提高了学生的实践能力和创新能力。

智慧城市作为新兴技术系统集成与应用创新的核心载体，其发展已成为全球数字经济演进的重要预测方向。物联网的泛在感知、海量城市数据的深度挖掘以及人工智能的决策支持能力之间的深度融合与协同效应日益凸显，预示着城市治理体系、基础设施运行效率与公共服务供给模式将迎来根本性的范式转型。数智技术将驱动城市管理从被动响应向主动预测、从局部优化向全局智能演化，提高资源配置效率、增强城市运行韧性，并最终促进城市的可持续发展与居民生活品质的实质性提升，成为衡量国家数字经济综合实力的关键维度之一。

智慧城市建设深刻推动了城市能源管理体系向智能化范式转型，其核心在于运用数智技术实现能源流的精细化感知、预测与优化调控。这不仅体现于单一建筑内部的能效提升，更在于构建覆盖全城的、基于物联网泛在连接与大数据分析的综合能源管理平台。该平台能够整合电网运行状态、分布式能源（如光伏、储能）接入、交通流量、气象变化以及用户侧能耗等多源异构数据流，通过先进的人工智能算法进行深度学习与建模，实现对城市整体能源需求的精准预测、供需动态平衡的智能调度以及能源输配损耗的有效控制。智能电网技术与需求侧响应机制的深度融合，进一步提高了电网的运行效率、可靠性与对可再生能源波动的适应能力，最终促进城市整体能源利用效率的系统性提高与碳排放强度的显著降低，构成了数字经济驱动下城市可持续发展的关键技术支撑与重要实现路径。

新兴技术之间并非孤立存在的，而是相互协同、共同作用，为传统产业带来更大的价值。在智能制造领域，工业互联网和人工智能的结合使设备间的互联互通和数据的智能化分析成为可能。这种协同效应不仅提高了生产效率，还优化了资源配置，降低了能源消耗。在医疗健康领域，人工智能和大数据技术的结合则使疾病预测和精准治疗成为现实。通过分析患者的基因数据和历史病历，医生可以制订个性化的治疗方案，从而提高治疗效率。在金融服务领域，区块链与人工智能的结合则为行业带来了革命性的变化。区块链技术确保了交易的安全性和透明度，而人工智能技术则能够实时分析交易数据，预测潜在的欺诈行为。这种协同应用不仅提高了金融服务的安全性，还提高了其效率和可靠性。

二是数字基础设施的不断完善。数字基础设施体系的持续演进与能级跃迁，构成了驱动全球数字经济深化发展的核心基石与关键预测趋势。这种演进并非简单的线性增长，而是体现为网络连接能力、数据处理能力与泛在感知能力的结构性优化与协同进化，其背后蕴含着深刻的技术经济范式变革与理论意涵。在未来数年乃至更长的时期内，全球范围内对新一代数字基础设施的战略性投资将持续加码，这不仅体现在对现有技术的规模化部署与迭代升级，更体现在对前沿技术领域的探索突破与前瞻性布局，其核心目标在于构建一个更为高速、泛在、智能、安全、绿色的数字底座，以支撑日益复杂多元的数字经济活动与社会应用场景。

在网络连接层面，第五代移动通信技术（5G）的商业化部署正从初期的热点覆盖向广域纵深拓展，其用户规模的持续扩大仅仅是表象，更深层次的意义在于其技术特性所催生的新型应用范式。5G 所定义的三大应用场景——增强移动宽带（eMBB）、超高可靠低时延通信（URLLC）和海量机器类通信（mMTC）——正逐步从理论走向实践，深刻赋能各行各业。eMBB 场景持续提升用户体验，驱动高清视频、虚拟现实、增强现实等高带宽应用的普及；URLLC 场景凭借其毫秒级的时延与近乎 100% 的可靠性，为工业自动化精密控制、远程医疗手术、车联网协同驾驶等对实时性与安全性要求极高的领域打开了技术可能性之门，这在控制论与系统可靠性理论层面具有里程碑意义；mMTC 场景则为物联网（Internet of Things, IoT）设备的指数级增长提供了网络支撑，理论上每平方千米可连接百万级别的设备，为构建万物互联的智能世界奠定了连接基础。

面向 2030 年及未来的第六代移动通信技术（6G）的研发竞赛已在全球范围内激烈展开。6G 的愿景远超传统通信范畴，它旨在构建一个整合通信、计算、感知、智能乃至定位能力的融合性网络基础设施。其技术探索方向涵盖太赫兹（THz）频段通信以实现 Tbps 级的峰值速率、空天地海一体化网络以实现全球无缝覆盖、内生智能网络以实现网络资源的自优化与自维护、通感算一体化以提供超越连接的服务能力。6G 的理论突破与技术实现，将进一步模糊物理世界与数字世界的界限，为元宇宙、全息通信、深度智能交互等未来数字经济形态提供基础支撑。除了移动通信技术的代际跃迁，固定宽带网络的光纤化进程（如 FTTH/FTTB）以及低轨卫星互联网星座（如 Starlink、OneWeb）的建设也在加速推进，共同致力于消除数字鸿沟，提升全球数字基础设施的普惠性与覆盖韧性，这体现了网络外部性理论（Network Externality Theory）在实践中的深化，即网络价值随用户规模与连接范围的扩大而呈现指数级增长。

在数据处理与存储层面，数据中心（Data Center）作为数字经济的“算力引擎”与“数据粮仓”，其建设模式与技术架构正经历着深刻变革。一方面，超大规模数据中心（Hyperscale Data Center）凭借其极致的规模经济效应、先进的能源管理技术（如追求更低的电源使用效率 PUE 值）以及高度自动化的运维能力，继续成为全球算力供给的主力。其建设与扩张反映了云计算服务（如 IaaS, PaaS, SaaS）的持续渗透与市场需求的旺盛，也体现了中心化计算模式在处理海量数据与复杂模型训练方面的优势。随着物联网设备数量的爆炸式增长（预计将突破数百亿乃至数千亿台）以及实时智能应用（如自动驾驶、工业控制）对低时延处理需求的激增，单一依赖中心化数据中心的模式暴露出其局限性，如网络传输瓶颈、数据隐私风险以及服务响应滞后等。因此，与中心化云计算相辅相成的边缘计算（Edge Computing）范式应运而生并加速崛起。边缘计算的核心思想是将计算和数据存储能力推向网络边缘，靠近数据产生的源头或用户终端，从而实现数据的本地化、实时化处理。这不仅显著降低了数据传输对核心网络带宽的压力，缩短了服务响应时延，提升了用户体验，还为数据隐私保护提供了新的技术路径（如在本地进行数据脱敏处理）。数据中心的建设呈现出从“集中式”向“中心—边缘协同”的分布式架构演进趋势。这种“云边协同”的架构，在理论上体现了计算资源配置的最优化思想，即根据任务特性（如计算密集度、时延敏感度、数据本地性要求）动态地将工作负载分配到最合适的计算节点（云端或边缘端），形成一个弹性的、高效的、具有韧性的算力网络。据 Gartner[1] 等

---

[1] CARVALHO G, TRONCOSO-PASTORIZA J R, CURADO M, et al. Edge computing: current trends, research challenges and future directions[J]. Computing, 2021, 103(5): 993 - 1023.

市场研究机构的预测，未来几年边缘计算在数据处理总量中的占比将持续快速提升，数据中心市场规模的增长将更多地由边缘基础设施的投资所驱动，整体市场规模有望在 2025 年达到 2 500 亿美元乃至更高水平。这一趋势不仅推动了边缘服务器、边缘网关、边缘 AI 芯片等硬件产业的发展，也催生了边缘计算平台、边缘数据管理、边缘安全防护等软件与服务市场的繁荣。

在全球数字经济发展趋势中，数字基础设施的不断完善是一个核心且持续的进程。它不仅体现在 5G 向 6G 的代际演进、数据中心从云到边的架构拓展、物联网设备的爆炸式增长等具体技术层面的突破，更深层次地反映了信息通信技术（ICT）作为通用目的技术（General Purpose Technology）对经济社会体系的深层渗透与重塑。这一趋势的理论意义在于，它通过降低信息获取与处理成本、提高连接效率与扩大范围、增强计算与智能能力，持续优化资源配置效率，激发创新活力，重构产业价值链，并最终推动数字经济的规模扩张与结构升级。

在未来几年内，围绕数字基础设施的全球投资、技术竞赛与标准制定将愈发激烈，其发展水平将直接决定一个国家或地区在全球数字经济格局中的核心竞争力与未来发展潜力。传统产业的转型升级，也必须建立在对这一基础设施演进趋势的深刻理解与积极适应之上，通过有效利用日益完善的数字底座能力，实现自身的数智赋能与价值跃升。一个高速泛在、云边协同、智能敏捷、绿色安全、普惠共享的数字基础设施体系的形成，将为全球数字经济的持续繁荣与创新发展奠定坚实的基础。

三是数字消费的持续增长。在全球数字经济的宏观演进图景中，数字消费（Digital Consumption）的持续性、结构性增长不仅是一个显著的表征现象，更构成了驱动经济形态深刻变迁的内在动力机制。这一增长趋势并非仅仅源于人均可支配收入的普遍提升或传统消费模式向线上渠道的简单迁移，其背后蕴含着更为复杂的经济学、社会学与哲学。

数字消费的持续增长反映了在以数据为核心生产要素的经济范式下，价值创造与价值实现方式的根本性重塑，以及消费者行为模式、偏好结构甚至生活方式范式的系统性转型。数字消费的增长动力机制呈现出多元复合的特征。技术基础设施的迭代升级与普惠化构成了基础性支撑。高速泛在的网络连接（如5G、光纤宽带的普及）、智能移动终端的广泛渗透以及云计算、边缘计算提供的强大算力支持，极大地降低了数字产品与服务的获取门槛与使用成本，拓展了数字消费的边界与深度，使以往受时空限制的消费活动得以突破物理约束，实现全天候、全场景的即时满足。供给侧的持续创新与丰富化是关键驱动力。数字技术的赋能催生了海量、多样化的新型数字产品与服务形态。除了传统意义上的电子硬件产品迭代升级，以流媒体服务、在线游戏、社交媒体、知识付费平台为代表的数字内容产业也蓬勃发展，它们提供的沉浸式体验、社交互动价值与个性化内容满足了消费者日益增长的精神文化需求与社交归属需求。特别值得关注的是，虚拟现实、增强现实、混合现实（MR）等沉浸式技术的逐步成熟与商业化落地，正开启全新的数字消费维度。这些技术通过构建虚实融合的交互环境，不仅在游戏娱乐领域展现出巨大潜力，更在虚拟购物、远程协作、在线教育[1]、虚拟旅游等场景中孕育着颠覆性的消费体验变革。可穿戴设备，作为人体感官的延伸与数据采集的入口，其功能的日益丰富（从健康监测到移动支付、信息交互）也使其成为数字消费新的增长点，推动着消费电子市场从功能驱动向体验驱动、从单一产品向生态系统服务的转型。为消费者行为模式的结构性变迁提供了内在动力。数字原住民（Digital Natives）群体逐渐成为消费主力，他们的成长环境天然带有数字化的烙印，其消费习惯、信息获取方式、社交模式与价值观念均呈现出鲜明的网络化、个性化特征。这促使企业必须转向以用户为中心、以数

[1] 张立国，王国华. 在线教育的理论与实践 [M]. 北京：科学出版社，2018:229.

据为驱动的运营模式，通过精细化的用户画像与行为分析，提供高度个性化、定制化的产品与服务。这种由数据智能驱动的供需精准匹配，极大地提高了消费效率与消费者满意度，反过来又刺激了数字消费需求的进一步释放。

从经济学理论视角审视，数字消费的增长体现了边际成本趋近于零的特性对供需关系的影响。许多数字产品（如软件、数字内容）一旦被完成开发，其复制与分发的边际成本极低，这使供应商能够以较低的价格提供服务，并通过网络效应（Network Effects）实现规模经济，即平台或服务的价值随着用户数量的增加而呈现指数级增长，吸引更多用户加入，形成正反馈循环，进一步推动数字消费市场的扩张。同时，数字消费的体验经济（Experience Economy）属性日益凸显。消费者购买的不仅是产品或服务本身的功能属性，还是其带来的独特体验、情感价值与身份认同。在线游戏提供的沉浸式互动体验、社交媒体平台构建的虚拟社群归属感、知识付费产品带来的认知提升与焦虑缓解，这些都超越了传统商品的使用价值范畴，构成了数字消费吸引力的核心来源。

展望未来，全球数字消费的增长将呈现出向更深层次、更广大领域渗透的趋势。一方面，随着物联网技术的深化应用，物理世界与数字世界的边界将进一步模糊，智能家居、智能汽车、智慧城市等场景将催生更多基于“物”的数字消费需求，形成“万物皆媒”“万物皆服务”的新格局。另一方面，人工智能，特别是生成式人工智能的发展，将为数字内容的生产与消费带来革命性变化。AI 生成内容（AIGC）不仅能极大地丰富数字内容的供给，更能实现高度个性化的内容创作与交互体验，可能重塑在线娱乐、广告营销、创意设计等多个领域的消费模式。未来这些模式将继续深入渗透到人们的日常生活中。

四是跨境数字贸易的发展。随着国际贸易环境的变化，跨境数字贸易将成为推动全球经济复苏的重要力量。根据世界贸易组织（WTO）的统计，

2021 年全球跨境电商交易额达到了约 4.9 万亿美元，同比增长 16%。在未来几年内，跨境电商将继续保持高速增长的态势。为了促进跨境数字贸易的发展，各国政府纷纷出台了相关政策支持措施。欧盟推出了《数字市场法案》和《数字服务法案》，旨在建立更加开放、公平的数字市场环境。中国也在积极推动跨境电商综合试验区建设，为中小企业参与全球市场竞争创造条件。数字支付技术的进步也为跨境数字贸易提供了便利。根据市场调研机构 eMarketer[1] 的数据，2022 年全球移动支付交易额达到了约 2.3 万亿美元，同比增长 14%。未来，随着更多国家加入数字支付体系，跨境数字贸易将变得更加便捷高效。

2.2 数智技术产业化应用过程

2.2.1 数智技术从研发到市场应用路径

数智技术的研发与市场化应用是一个复杂而系统的过程，它涉及多个环节和技术转化的关键节点。从实验室阶段到最终进入市场，数智技术需要经历一系列严谨的步骤，才能实现从概念到产品的完整蜕变。

本节将依循数智技术从研发端迈向市场终端的完整路径，逐层剖析其间所涉及的关键环节与阶段性特征，并着重解析在产业化应用深化的过程中，数智技术所必然遭遇的内生性挑战以及由此衍生的战略性机遇。

技术研发阶段　技术研发是数智技术产业化应用的第一步，也是最为关

[1] YAKIMOVA E, ERSHOVA I. Analysis of global trends in the development of retail payment services in the global economy[C]//SHS Web of Conferences. Vol. 92. EDP Sciences, 2021.

键的一步。在这个阶段，科研团队会针对特定领域的需求，开展前沿技术的研究与开发工作。在人工智能领域，研究人员可能会致力于开发更高效的算法模型，以提高机器学习的效率；在物联网领域，则会专注于传感器网络的优化设计，以实现设备间的高效通信。此外，针对不同的应用场景，还需要进行定制化的技术研发，确保数智技术能够满足特定行业的实际需求。在技术研发阶段，科研人员不仅要具备扎实的专业知识，还需要有敏锐的市场洞察力，能够准确把握行业发展趋势，预判未来的市场需求。只有这样，才能确保研发出来的技术真正具有实用价值，而不是仅仅停留在理论层面。技术研发还需要投入大量的资金和资源，包括先进的实验设备、专业的研发团队以及充足的经费支持。政府和企业往往会在这一阶段给予大力支持，通过设立专项基金或提供优惠政策等方式，鼓励创新型企业积极开展数智技术研发工作。

原型设计阶段 当技术研发取得一定成果后，便进入了原型设计阶段。在这个阶段，研发团队会根据前期的研究成果，设计出初步的产品原型。这个过程不仅是简单地将技术转化为实物，更重要的是要考虑用户体验、操作便捷性以及成本控制等因素。因此，在原型设计阶段，研发人员需要与市场部门密切合作，听取用户的反馈意见，不断调整和完善设计方案。

原型设计阶段的一个重要特点是注重用户体验。随着消费者对产品体验的要求越来越高，如何让产品更加人性化、易于使用成为产品研发过程中不可忽视的一个方面。为此，研发团队往往会采用多种方法来测试用户体验，比如邀请潜在用户参与试用，收集他们的使用感受和改进建议；或者通过虚拟现实等技术手段，模拟真实使用场景，观察用户的行为反应。在设计过程中还要充分考虑成本控制问题，既要保证产品质量，又要尽可能降低成本，提高产品的性价比，以提高市场竞争力。

测试验证阶段 原型设计完成后，接下来便进入测试验证阶段。这是确保产品性能稳定可靠、功能完善至关重要的一步。在这个阶段，研发团队会对产品进行全面而细致的测试，包括但不限于功能测试、性能测试、兼容性测试等多个方面。通过这些测试可以发现并解决产品中存在的各种问题，如软件漏洞、硬件故障、接口不兼容等，从而保证产品能够在正式推向市场之前达到最佳状态。

为了提高测试效率和准确性，通常还会引入自动化测试工具和技术。这些工具可以帮助研发人员快速定位问题所在，并自动生成详细的测试报告。在测试过程中也需要特别注意用户体验方面的细节，确保产品不仅功能强大，而且操作简便、界面友好。此外，还需要考虑到不同地区、不同文化背景下用户的特殊需求，确保产品在全球范围内都能得到顺利推广。

试点推广阶段　经过严格的测试验证之后，产品便可以进入试点推广阶段。在这个阶段，研发团队会选择一些特定的目标客户群体，让他们先行试用新产品。这样做不仅可以检验产品的实际效果，还可以收集更多来自一线用户的反馈意见，为进一步改进产品提供宝贵的数据支持。通过试点推广还可以积累一定的市场口碑，为后续的大规模推广打下良好基础。在试点推广期间，研发团队需要密切关注用户反馈，及时调整产品策略。如果发现某些功能存在缺陷或者用户体验不佳，应及时进行修复和完善。同时也要积极倾听用户的意见和建议，了解他们的真实需求，以便更好地满足市场需求。通过建立有效的沟通机制，保持与试点客户的密切联系，确保他们能够顺利使用新产品，并为其提供必要的技术支持和服务保障。

规模化生产阶段　一旦试点推广取得成功，产品便可以进入规模化生产阶段。此时，企业需要建立完善的生产管理体系，确保产品质量稳定可靠，生产效率不断提高。同时，还需要制定合理的销售策略，通过多种渠道将产品推向市场，扩大市场份额。还要加大对售后服务的支持力度，建立完善的售后服务体系，及时响应客户需求，解决他们在使用过程中遇到的各种问题。

在规模化生产阶段，企业面临着诸多挑战，其中之一就是如何确保产品质量始终如一。这就需要企业建立健全质量管理体系，引入先进的质量管理工具和技术，如六西格玛管理法、精益生产等，以减少生产过程中的浪费和错误，提高产品质量。

此外，还需要加强对供应链的管理，确保原材料供应充足且质量可靠，避免因供应链中断而导致生产停滞，进而采取有效措施减少生产过程中的环境污染，提高资源利用率，实现可持续发展目标。

数智技术从技术研发到市场应用的路径，不仅是技术本身演进的过程，更是企业、政府和社会多方协同的过程。通过自主研发与引进消化吸收相结合，技术得以不断优化和完善；通过原型设计和测试验证，技术的市场适用性得到验证；通过试点推广和规模化生产，技术最终被转化为实际生产力，为社会创造价值。这一路径的成功实施，不仅需要强大的技术支撑，还需要健全的政策环境、充足的资金投入以及高素质的人才队伍。随着技术的不断进步和应用场景的不断拓展，这条路径将为传统产业的转型升级提供更有力的支持，推动经济社会的高质量发展。

2.2.2 数智技术商业化关键节点的阐释

数智技术的商业化过程并非一帆风顺，而是充满了各种挑战与机遇。为了确保数智技术能够顺利进入市场并取得成功，企业需要重点关注以下几个关键节点，这些节点对于数智技术的商业化进程至关重要。

技术成熟度评估　在数智技术进入商业化阶段之前，要对其进行技术成熟度评估。这项评估旨在确定技术是否已经达到了可以应用于实际生产或服务的程度。评估的内容主要包括技术的功能完整性、稳定性、安全性等方面。只有技术经过充分验证，证明其能够稳定运行且不存在重大安全隐患，才能被认定为是成熟的技术，进而考虑将其推向市场。技术成熟度评估是一项专业性很强的工作，通常由具备丰富经验和专业知识的技术专家来进行。他们会采用一系列科学的方法和工具，对技术的各项指标进行全面评测。在评估人工智能技术时，可能会对其算法精度、模型泛化能力、抗干扰能力等进行综合考量；而在评估物联网技术时，则会关注传感器的灵敏度、数据传输的可靠性、网络安全防护水平等因素。通过这样的评估，可以有效地筛选出那些真正具有商业价值的技术，避免盲目投资于尚未成熟的项目。

商业模式设计 一旦技术被认为成熟，接下来就需要为其设计合适的商业模式。商业模式是指企业在创造、传递和获取价值的过程中采用的一整套方法论。对于数智技术而言，其商业模式的设计尤为重要，因为它直接决定了技术能否在市场上获得成功。一个好的商业模式应该能够清晰地回答以下几个问题：谁是我们的客户？我们为客户提供了什么价值？我们如何盈利？在设计商业模式时，企业需要充分考虑自身的资源优势、市场需求特点以及竞争对手状况等因素。在智能家居领域，一些企业选择了硬件销售作为主要收入来源，而另一些则侧重于提供增值服务，如远程监控、安防报警等。又如，在共享经济模式下，共享单车企业通过收取骑行费用实现了盈利；而共享办公空间则依靠租金差价来获取利润。由此可见，不同的商业模式适用于不同的业务场景，企业需要根据自身实际情况选择最适合自己的发展模式。

市场进入策略 选定合适的商业模式后，下一步便是制定有效的市场进入策略。这一步骤对于数智技术的成功商业化同样至关重要。市场进入策略涉及如何吸引目标客户群体、建立品牌形象、拓宽销售渠道等多个方面。为了确保数智技术能够在激烈的市场竞争中脱颖而出，企业需要精心策划每一个环节。在吸引目标客户方面，企业可以通过举办产品发布会、参加行业展会、开展线上营销活动等多种形式，向潜在客户展示新技术的优势和独特之处。同时，还可以借助社交媒体平台的力量，利用 KOL（关键意见领袖）的影响力来扩大宣传范围。此外，在建立品牌形象方面，企业需要注意塑造一个正面、积极的品牌形象，让人们对企业及其产品产生信任感。最后，在拓宽销售渠道方面，除了传统的线下渠道，还可以积极探索线上销售的新途径，如电商平台、社交电商等，以拓宽市场覆盖面。

用户接受度测试 在数智技术正式推向市场之前，还需要进行用户接受度测试。这项测试的目的在于了解目标用户对该技术的认知程度、兴趣水平以及使用意愿等方面的信息。通过这种方式，企业可以提前发现问题并加以改进，从而提高产品的市场接受度。用户接受度测试通常采用问卷调查、焦点小组访谈等形式进行。在问卷调查中，研究人员会设计一系列问题，询问受访者对新技术的看法、期望值以及可能存在的顾虑等。而在焦点小组访谈中，则会邀请一组具有代表性的用户参与讨论，深入了解他们的真实想法和感受。此外，还可以通过 A/B 测试等方式，比较不同版本产品的表现差异，找出最能打动用户的版本。总之，通过这些测试手段，企业可以获得宝贵的用户反馈，为产品的最终定型提供有力支持。

后期维护与升级 数智技术的成功商业化不仅依赖前期的努力，后期的维护与升级同样不容忽视。随着时间的推移和技术的进步，原有的数智技术可能会逐渐落后于时代潮流，无法满足日益增长的需求。因此，企业需要定期对技术进行更新换代，推出新的版本或功能模块，以保持其竞争力。同时，在日常运营过程中，还需要做好技术支持和服务保障工作，确保用户能够顺畅地使用产品，并能享受到优质的用户体验。后期维护与升级工作涉及多个方面，包括但不限于软件更新、硬件维修、技术支持等内容。为了确保这些工作的顺利开展，企业应当建立一支专业的售后服务团队，随时待命处理各类问题。此外，还可以利用大数据分析等手段，实时监测用户行为数据，及时发现潜在问题并采取相应措施。通过不断完善后期维护与升级机制，企业可以让用户始终保持对产品的信心，增强品牌的忠诚度。

数智技术的产业化应用是一个复杂且充满挑战的过程，其中从技术研发到市场应用路径以及商业化关键节点都是不可或缺的组成部分。只有全面把握好这些环节，才能确保数智技术顺利进入市场并取得预期效果。

2.3 我国数智技术发展政策环境

2.3.1 我国数智技术主要政策分析

近年来，随着信息技术的迅猛发展，数智技术已成为推动我国经济高质量发展的重要引擎。为了更好地把握这一历史机遇，我国政府出台了一系列政策措施，从战略规划到具体执行层面，全方位支持数智技术的发展与应用。这些政策不仅为数智技术的创新提供了强有力的保障，也为传统产业的转型升级注入了新的活力。

国家层面的战略规划为数智技术的发展指明了方向。2015 年，国务院发布了《中国制造 2025》[1]，明确提出要加快新一代信息技术与制造业的深度融合，推进智能制造、工业互联网等领域的创新应用。这一战略规划不仅为数智技术的发展设定了明确的目标，还为相关领域的技术研发和产业化应用提供了政策支持。随后，2016 年发布的《"十三五"国家信息化规划》[2] 进一步强调了数字基础设施建设的重要性，提出了建设高速宽带网络、推进云计算和大数据中心建设等具体措施。此外，2017 年《新一代人工智能发展规划》[3]

[1] 国务院 . 中国制造 2025[EB/OL].(2015-05-19)[2025-03-20].https://www.gov.cn/zhengce/content/2015-05/19/content_9784.htm.

[2] "十三五"国家信息化规划 [N]. 人民邮电 ,2016-12-30(005).

[3] 国务院 . 新一代人工智能发展规划 [EB/OL].(2017-07-20)[2025-03-20].https://www.gov.cn/zhengce/content/2017-07/20/content_5211996.htm.

的发布，更是为人工智能技术的发展提供了政策保障，明确了发展目标和具体任务。

地方政府也在积极行动，推出了一系列支持数智技术发展的政策措施。许多省份和地区都制订了相应的行动计划，加大对数智技术企业的支持力度。上海市出台了《上海市人工智能产业发展三年行动计划（2018—2020年）》[1]，明确提出要加快人工智能技术在交通、医疗、金融等领域的应用，推动产业集聚发展。北京市推出了《北京人工智能创新发展行动计划》[2]，提出要建设一批人工智能产业园区，打造全国领先的人工智能创新高地。这些地方政策不仅为企业提供了资金支持，还通过税收优惠、土地供应等方式降低了企业的运营成本，促进了数智技术的快速发展。

除了战略规划和地方政策，我国还制定了一系列法律法规，为数智技术的发展提供了法律保障。2017年，《中华人民共和国网络安全法》[3]正式施行，明确规定了网络运营者的安全义务和法律责任，为数据安全和个人隐私保护提供了法律依据。2018年，《中华人民共和国电子商务法》[4]的颁布，则为电子商务领域的健康发展提供了法律支持，明确了电商平台的责任和义务。此外，2019年《中华人民共和国密码法》[5]的出台，进一步加强了密码技术的管理和应用，为数智技术的安全发展提供了法律保障。

这些政策和法律法规的出台不仅为数智技术的发展提供了有力的支持，也为传统产业的转型升级创造了良好的政策和法治环境。通过政策引导和资

[1] 上海市人民政府办公厅 . 上海市推进新一代信息基础设施建设助力提升城市能级和核心竞争力年行动计划（2018—2020年）[EB/OL].(2018-11-09)[2025-03-20].https://www.shanghai.gov.cn/nw12344/20200813/0001-12344_57317.html.

[2] 北京市科学技术委员会 . 北京人工智能创新发展行动计划 [R]. 北京：北京市科委，2019.

[3] 张启浩，谢力 .《中华人民共和国网络安全法》解读 [J]. 智能建筑，2017(9):12-16.

[4] 全国人民代表大会 . 中华人民共和国电子商务法 [EB/OL].(2018-08-31)[2025-03-20].https://www.gov.cn/xinwen/2018-08/31/content_5318220.htm.

[5]《中华人民共和国密码法》解读 [J]. 网信军民融合，2019(12):50-52.

金支持，数智技术在多个领域得到了广泛应用，推动了传统产业的数字化转型。在制造业领域，数智技术的应用使生产效率大幅提高，产品质量得到改善，企业竞争力显著增强。在农业领域，数智技术的应用使农业生产更加精准高效，农产品质量得到提高，农民收入也有所增加。在服务业领域，数智技术的应用使服务更加便捷高效，用户体验得到了极大的改善。

2.3.2 数智技术与产业集群发展

数智技术的发展不仅需要政策支持，还需要与产业集群相结合，以真正发挥其优势。产业集群是指在一定区域内，由若干具有密切联系的企业及相关机构组成的群体，它们共同构成了一个完整的产业链条。通过数智技术与产业集群的结合，可以实现资源共享、协同发展，形成区域性的竞争优势。

数智技术的应用可以提升产业集群的整体竞争力。通过引入先进的信息技术，企业可以实现生产过程的自动化、智能化，从而提高生产效率，降低生产成本。同时，数智技术还可以帮助企业更好地管理供应链，优化资源配置，提高供应链的响应速度和灵活性。在汽车制造产业集群中，通过引入工业互联网技术，企业可以实现生产设备的互联互通，实时监控生产状态，及时调整生产计划，从而提高了生产效率和产品质量。在纺织服装产业集群中，通过引入物联网技术，企业可以实现原材料的溯源管理，保证产品的质量和安全性，提升了品牌的知名度和美誉度。

数智技术的深度应用正在重塑产业集群的竞争格局，通过技术赋能实现生产流程重构、资源优化配置和生态协同创新，成为推动产业集群整体竞争力跃升的核心动力。在汽车制造、纺织服装、电子信息等典型产业集群中，数智技术通过自动化、智能化与网络化的深度融合，不仅显著提升了单一企业的运营效率，更通过产业链上下游的协同优化，释放出集群化发展的规模效应和创新活力。

在传统产业集群中，生产流程的碎片化和“信息孤岛”现象普遍存在。以汽车制造产业集群为例，工业互联网技术的引入彻底改变了这一局面。通过在生产设备中部署智能传感器和边缘计算模块，企业能够实时采集设备运行数据、能耗状态及工艺参数，并通过 5G 网络实现毫秒级的数据传输。例如，某头部汽车制造基地通过构建“设备—车间—工厂—集群”四级互联的工业互联网平台，将冲压、焊接、涂装、总装四大工艺环节的 3 000 余台设备接入统一的管理系统。系统基于机器学习算法对生产数据进行动态分析，可提前 48 小时预测设备故障概率，并自动生成预防性维护方案。这一技术的应用使设备综合效率提高了 18%，单位产品能耗降低了 12%，同时通过工艺参数实时优化，车身焊接合格率从 98.3% 提高至 99.6%。

在纺织服装产业集群中，物联网技术的应用则聚焦于全流程质量追溯。例如，某纺织重镇通过为每批原材料赋予 RFID 电子标签，实现从纺纱、织造、印染到成衣制造的全程数据追踪。当检测到某批次面料色牢度异常时，系统可自动追溯至上游印染环节的工艺参数，精准定位问题根源并触发工艺调整指令。这种“数据闭环”管理模式使产品不良率降低了 25%，客户投诉率下降了 40%，同时通过区块链技术将溯源数据开放给下游品牌商，显著提升了集群内企业的市场信誉。

产业集群的竞争力不仅取决于单个企业的技术能力，更依赖供应链网络的响应速度和资源配置效率。在电子信息产业集群中，以数字孪生技术为核心的供应链协同平台正在发挥关键作用。例如，某手机制造集群通过构建覆盖 500 余家供应商的虚拟供应链模型，实时模拟市场需求波动、物流瓶颈和产能约束。当某型号芯片突发短缺时，系统可在 10 分钟内生成替代方案，综合考虑供应商交货周期、成本浮动及质量等级，自动匹配最优替代供应商并调整生产排程。这种动态优化能力使集群整体订单交付周期缩短了 30%，库存周转率提高了 22%。

在农业食品加工集群中，大数据与人工智能技术的应用则聚焦于供需精准匹配。例如，某乳制品产业集群通过整合牧场奶牛健康监测数据、区域气象数据及终端零售数据，构建了覆盖“牧场—加工—物流—零售”全链路的智能决策系统。系统可预测未来 15 天的鲜奶产量波动，并联动冷链物流系统动态调整配送路线。

产业集群的可持续发展需要突破企业间的技术壁垒，形成知识共享与协同创新的生态系统。在传统纺织集群向时尚设计集群转型的过程中，生成式人工智能技术成为重要推手。例如，某服装设计平台通过训练包含 50 万款历史设计数据的 AI 模型，可根据流行趋势报告自动生成数百款设计草图。设计师在此基础上进行二次创作，使新品开发效率提高了 3 倍。更关键的是，平台打通了设计数据与集群内面料供应商的库存数据，确保设计方案可立即匹配可用面料资源，实现“设计即生产”的敏捷制造模式。

数智技术的应用在促进产业集群内部合作与创新方面展现出显著的潜力和价值。通过引入先进的信息技术手段，企业不仅能够实现信息的高效互通，还能通过数据共享和协同机制，打破传统意义上的“信息孤岛”，从而推动整个产业集群的协同发展。在电子产业集群中，通过建立公共研发平台，企业可以共享研发资源，开展联合攻关，加快新技术的开发和应用。这种资源共享模式不仅降低了单个企业的研发成本，还提高了整体的研发效率，使得集群内的企业能够更快地响应市场变化和技术革新。

数智技术的应用还能够促进集群内部的协同创新。通过构建创意资源共享平台，文化创意产业集群中的企业可以共享创意资源，开展合作创作，推动文化产品的创新和发展。例如，某文创园区通过引入数智技术，搭建了一个涵盖设计、制作、营销等环节的全流程协作平台。在这个平台上，不同企业可以实时交流创意灵感，共同完成项目开发，不仅提高了创作效率，还增强了产品的市场竞争力。这种创新模式不仅促进了企业的成长，也为整个产业集群注入了新的活力。

数智技术的应用还能够通过数据驱动的方式，帮助集群内的企业更好地进行市场分析和需求预测。通过大数据分析，企业可以更精准地把握市场需求变化，及时调整产品策略，避免资源浪费。例如，某服装产业集群通过引入数智技术，建立了消费者行为分析系统。该系统能够实时收集和分析消费者的购买偏好、流行趋势等数据，为企业提供个性化的市场建议。基于这些数据，企业可以优化产品设计和生产计划，提高产品的市场适配度，从而增强整体竞争力。

在供应链管理方面，数智技术的应用也极大地促进了产业集群内部的协同创新。通过建立统一的数据平台，企业可以实时共享供应链信息，实现从原材料采购到成品销售的全流程透明化管理。

数智技术的应用通过信息共享、资源共享和协同管理等方式，极大地促进了产业集群内部的合作与创新。这种技术驱动的合作模式不仅提升了企业的创新能力，还增强了整个产业集群的竞争力和可持续发展能力。

数智技术的应用不仅局限于产业集群内部，其扩散效应还能够显著带动周边地区的经济发展。通过数智技术的辐射作用，产业集群周边地区在基础设施建设、资源利用效率、就业机会创造等方面均得以提高，从而形成了区域经济的良性循环。这种扩散效应主要体现在数智技术在交通、物流、能源、教育和医疗等多个领域的广泛应用上。数智技术通过优化能源管理，提高了区域整体的能源利用效率，降低了能源成本，为周边地区创造了更大的经济活动空间。

数智技术在资源利用方面的优化作用为产业集群周边地区带来了显著的经济效益。通过物联网技术，可以实现对农田、矿山等资源的实时监控和管理，从而提高资源的利用效率。在农业领域，数智技术的应用使灌溉、施肥和病虫害防治更加精准，减少了水资源和化肥的浪费，提高了农作物的产量和质量。在矿业领域，通过智能传感器和数据分析技术，可以优化矿产资源的开采和运输流程，降低生产成本，同时减少对环境的破坏。这些技术的应用不仅提高了资源的利用效率，还降低了周边地区的资源开发成本，促进了经济的可持续发展。

数智技术的应用为产业集群周边地区创造了大量的就业机会。随着数智技术的普及，相关产业链得到了延伸和扩展，从而带动了上下游产业的发展。数智技术在智能制造领域的应用催生了对工业机器人、自动化设备和智能软件的需求，这些需求直接推动了相关制造业的发展，从而创造了大量就业岗位。此外，数智技术还促进了服务业的转型升级，如智能物流、智能客服和智能零售等，这些新兴服务业也为周边地区提供了更多的就业机会。通过创造就业机会，数智技术不仅改善了当地居民的生活水平，还提高了区域的整体经济活力。

数智技术的应用促进了产业集群与周边地区的协同效应。通过建立统一的数智平台，可以实现产业集群与周边地区的信息共享和资源整合。通过大数据分析，可以实时监测市场需求变化，优化供应链管理，确保产业集群与周边地区的生产、销售和服务能够高效协同。此外，数智技术还通过智能物流系统，实现了货物的快速配送和精准追踪，缩短了生产周期，提高了市场响应速度。这种协同效应不仅提高了产业集群的整体竞争力，也增强了周边地区的经济韧性，使其能够更好地应对市场变化和外部冲击。

数智技术的应用不仅推动了产业集群周边地区的经济发展，还助力了区域的可持续发展。通过引入绿色制造理念和环保技术，数智技术帮助企业实现了节能减排的目标，减少了对环境的负面影响。通过智能能源管理系统，可以实时监测和调整工厂的能源消耗，减少碳排放。在农业领域，数智技术的应用也促进了绿色农业的发展，如精准农业技术的应用减少了化肥和农药的使用，保护了土壤和水源。这些环保措施不仅提高了区域的环境质量，也为周边地区创造了更健康的生活和工作环境。

数智技术的应用还促进了产业集群周边地区的创新生态建设。通过建立数智技术孵化中心和创新实验室，可以吸引更多的科研机构和创新型企业入驻，形成集聚效应。这些创新主体通过合作研发和资源共享，推动了新技术、新产品和新服务的诞生，为区域经济注入了持续的创新动力。此外，数智技术还通过在线教育和远程培训，提高了本地劳动力的技术水平和创新能力，为区域经济的长远发展奠定了坚实的人才基础。

数智技术的应用能够提升产业集群的可持续发展能力。通过引入绿色技术，企业可以实现节能减排，减少环境污染，提高资源利用效率。数智技术还可以帮助企业更好地管理生态环境，推动绿色生产。在化工产业集群中，通过引入环保技术，企业可以实现废水、废气的达标排放，减少环境污染，提高资源利用效率。在建筑产业集群中，通过引入绿色建筑技术，企业可以实现建筑节能、节水、节材，提升建筑的舒适性和美观性。

我们应该充分利用数智技术的优势，深刻把握数智技术与产业集群深度融合的战略意义至关重要。数智技术与产业集群融合并非简单的技术赋能，而是数智逻辑与集群内生发展动力的系统性耦合与协同演化。通过优化集群内数据要素流动效率、促进网络化协同创新、重塑资源配置与价值创造模式，可实现集群整体能力的系统性提升和核心竞争力的重构，进而形成独特的区域竞争优势，为我国的经济高质量发展奠定坚实基础。

CHAPTER THREE

第三章

数智技术与传统产业的深度融合

3.1 数智技术在第一产业的创新应用

3.1.1 数智技术在农业产业中的应用

农业作为第一产业的基础，是传统产业转型升级的重要领域之一。随着信息技术和人工智能的快速发展，数智技术正在深刻改变着农业生产的各个环节，从种植、养殖到农产品加工和销售，均展现出巨大的潜力。

在此背景下，本节旨在具体阐释数智技术如何被渗透到农业生产的各个关键环节，并通过实例分析其在提高效率、优化管理、促进可持续发展等方面发挥的作用，进而揭示其作为核心驱动力推动农业现代化转型的内在机制与现实路径。

1. 精准农业与智能灌溉

精准农业是利用现代信息技术，实现农田耕作和管理的精准化、智能化的一种现代农业模式。其核心理念在于通过科学管理水、光照、湿度和温度等环境参数，提高生产的质量和数量。精准农业不仅关注作物的生长状况，还注重对土壤肥力、气候条件等环境因素的实时监测，从而实现资源的高效利用。这种模式的引入，不仅能够显著提高农业生产的效率，还能有效避免资源浪费，减少对环境的影响。

智能灌溉系统是精准农业的重要组成部分，其核心功能在于通过传感器和物联网技术，实时监测土壤湿度、温度等环境参数，并根据作物的需求自动调节灌溉量。智能灌溉系统不仅能够精确控制灌溉时间和水量，还能根据天气预报和土壤状况动态调整灌溉计划，从而实现水资源的最优化利用。

在实践中，智能灌溉技术的应用已经取得了显著成效。例如，某农业科技公司通过部署智能灌溉系统，实现了对农田的全天候监控。系统配备了多种传感器，可以实时采集土壤湿度、温度、pH 值等数据，并通过无线网络将数据传输到云端进行分析。基于这些数据，系统能够自动调节灌溉设备的工作状态，确保每一块农田都能获得最适宜的水分供应。此外，该系统还具备预警功能，一旦发现土壤湿度低于设定阈值，系统会立即发出警报，并自动启动灌溉设备。这种智能化的管理方式不仅提高了灌溉效率，还减少了人工干预的频率，降低了运营成本。

从经济角度看，智能灌溉技术的应用显著降低了农业生产成本。通过精确控制灌溉量，减少了水资源浪费，降低了电费和人工成本。智能灌溉技术还提高了作物的产量和质量，增加了农民的收入。据统计，采用智能灌溉系统的农场，作物产量平均提高了 15% ~ 20%，产品质量也得到了显著提高，市场竞争力明显增强。

从环境角度看，智能灌溉技术的应用有助于保护生态环境。通过减少水资源浪费，降低了地下水和地表水的过度开采，保护了水资源的可持续利用。同时，精确的灌溉方式减少了化肥和农药的流失，减少了对土壤和水体的污染。

随着科学技术的不断进步，智能灌溉技术的未来发展趋势将更加智能化和集成化。一方面，物联网技术的普及将进一步提高系统的智能化水平。通过将传感器、摄像头和无人机等设备与智能灌溉系统集成，可以实现对农田的全方位监控和管理。另一方面，人工智能技术的应用将进一步提升系统的决策能力。通过深度学习算法，智能灌溉系统可以分析历史数据和实时数据，预测未来的灌溉需求，并自动调整灌溉计划。

尽管智能灌溉技术带来了诸多好处，但在实际推广过程中仍面临一些挑战。技术成本高是中小企业面临的一大难题。智能灌溉系统的初期投入大，包括传感器、无线网络设备和云端服务器等硬件设施的采购和安装费用。技术人才短缺也是一个制约因素。智能灌溉系统需要由专业人员进行安装、调试和维护，而这类人才相对稀缺。对此，企业应加强内部培训，同时与高校和职业院校合作，培养更多符合市场需求的复合型人才。

智能灌溉系统需要收集和处理大量的农田数据，这些数据的安全性和隐私性至关重要。企业应建立健全数据安全防护体系，采用先进的加密技术和访问控制机制，确保数据的安全性和隐私性。

智能灌溉技术在农业产业中的应用不仅提高了生产效率和产品质量，还优化了资源利用，保护了生态环境。通过精准控制灌溉量和时间，智能灌溉系统实现了水资源的最优化利用，降低了生产成本，提高了作物产量和质量。同时，智能灌溉技术的应用还促进了农业的可持续发展，减少了对环境的影响，为农业的转型升级提供了有力支持。智能灌溉技术作为精准农业的重要组成部分，正在深刻改变着农业生产的面貌。通过实时监测和智能控制，智能灌溉技术实现了水资源的高效利用，提高了农业生产效率和产品质量。

2. 无人机植保

无人机植保技术是指利用无人机设备搭载喷洒装置，通过精确控制喷洒量和覆盖范围，对农作物进行病虫害防治、施肥、播种等作业的现代化农业技术。这一技术的实现基于无人机平台的高精度导航、智能控制、环境感知及数据采集等核心模块。无人机植保技术的核心组件包括飞行控制系统、喷洒系统、传感器模块以及数据处理平台。飞行控制系统负责无人机的稳定飞行和精准定位，确保喷洒作业的高效性和安全性；喷洒系统则通过高压泵、雾化喷嘴和储药箱等设备，实现对药剂的精准喷洒；传感器模块则用于实时监测环境参数，如风速、温度、湿度等，为飞行控制和喷洒策略提供依据；数据处理平台则通过收集和分析无人机飞行及喷洒数据，优化喷洒策略，提高作业效率。

无人机植保技术的架构设计高度依赖多学科技术的融合。导航系统采用全球定位系统（GPS）与惯性测量单元（IMU）的组合，实现厘米级的定位精度；喷洒系统则通过流体力学原理设计，确保药剂以雾化形式均匀覆盖作物表面；传感器模块则结合光学传感器、红外传感器和激光雷达技术，实现对作物生长状态和环境条件的实时监测。此外，无人机植保技术还利用物联网技术，将无人机与农业大数据平台连接，形成“无人机—地面站—云端”的协同作业体系。这种技术架构不仅提高了植保作业的效率，还为农业生产提供了全面的数据支持。

无人机植保技术的理论基础主要源于农业精准作业的需求和现代控制理论的应用。无人机植保技术通过精确的喷洒作业，实现了对农田的分区管理，根据不同区域的作物需求进行差异化处理。这种分区管理的理论基础来源于农业生态学和作物生理学，通过分析土壤肥力、病虫害分布、作物生长状态等多维数据，确定喷洒参数和作业路径。

从工作原理来看，无人机植保技术主要分为以下几个步骤：首先，通过卫星遥感、地面传感器和无人机搭载的多光谱相机，采集农田的环境数据和作物生长数据；其次，利用大数据分析技术，对这些数据进行处理，生成喷洒作业处方图，明确每个区域的喷洒量和药剂类型；再次，无人机根据处方图规划最优作业路径，并在飞行过程中通过实时数据反馈调整喷洒参数；最后，通过喷洒系统将药剂均匀喷洒到目标区域，完成植保作业。这一过程不仅体现了精准农业的理念，还融合了现代控制理论中的路径规划、动态优化和反馈控制等方法。

无人机植保技术的工作原理还涉及流体力学和雾化技术的应用。喷洒系统通过高压泵将药剂加压，利用雾化喷嘴将药剂雾化为微米级别的颗粒，以确保药剂能够均匀附着在作物表面，同时减少药剂飘散和流失。雾化技术的理论基础在于控制液体的表面张力和气流速度，通过优化喷嘴设计和药剂配比，达到最佳的雾化效果。此外，无人机植保技术还结合了空气动力学原理，通过调整无人机的飞行高度和速度，确保药剂在目标区域的均匀覆盖。

无人机植保技术相较于传统人工植保和机械植保，具有显著的技术创新点和优势。传统人工植保依赖人力操作，效率低下且容易出现漏喷或重喷现象，而无人机植保技术实现了作业的自动化和智能化，通过智能化控制系统，可以实现自主飞行、自主喷洒，大幅提高了作业效率。例如，某无人机植保平台通过深度学习算法，能够自动识别农田边界和障碍物，避免碰撞风险，同时根据作物生长状态动态调整喷洒策略。

无人机植保技术显著提升了作业的精准性。传统机械植保设备通常以固定模式喷洒药剂，难以适应农田的复杂地形和作物的多样化需求。而无人机植保技术通过高精度导航和传感器模块，能够实现厘米级的作业精度。例如，某无人机植保系统通过激光雷达和多光谱相机的结合，可以实时监测作物的病虫害分布情况，精确计算每个区域的喷洒剂量，避免药剂浪费和环境污染。这种精准作业方式不仅提高了药剂的利用率，还减少了对环境的潜在危害。

无人机植保技术显著降低了作业成本。传统人工植保需要大量的人力投入，且作业效率较低，而无人机植保技术通过减少人力需求和提高作业效率，大幅降低了作业成本。无人机植保技术还通过减少药剂浪费和环境污染，间接降低了长期的农业投入成本。这种经济性优势使无人机植保技术在规模化农业中具有广泛的应用前景。

无人机植保技术的理论模型主要涉及路径规划、喷洒优化和环境感知三个方面。路径规划模型基于图论和优化算法，通过构建农田的拓扑图，寻找最优的飞行路径。采用遗传算法或蚁群算法，可以实现对农田边界的精确划分和路径的动态优化。

喷洒优化模型则结合流体力学和控制理论，通过建立喷洒系统的数学模型，优化药剂的雾化效果和喷洒量。

环境感知模型则利用传感器技术和大数据分析，实现对农田环境的实时监测和反馈。通过多光谱相机和激光雷达的结合，无人机可以采集农田的高分辨率图像，结合气象数据和土壤湿度信息，生成详细的作业处方图。这种环境感知模型不仅提高了作业的精准性，还为后续的农业数据分析提供了基础。此外，无人机植保技术还通过人工智能算法，实现了对农田病虫害的智能识别和预测。

算法优化是无人机植保技术的核心环节。通过引入机器学习算法，无人机植保平台能够实现对历史数据的深度挖掘和模型的持续优化。无人机植保技术还结合了边缘计算技术，将部分数据处理任务从云端转移到无人机端，提高了实时响应能力。这种算法优化不仅提高了作业效率，还增强了系统的鲁棒性和适应性。

智能化是无人机植保技术发展的重要方向。随着人工智能技术的不断进步，未来的无人机植保系统将实现更高的自主性和智能化水平。通过引入人工智能算法，无人机植保系统可以实时分析农田数据，动态调整喷洒策略，并根据病虫害的分布情况优化作业路径。此外，无人机植保技术还将与物联网技术深度融合，形成“无人机—地面站—云端”的一体化生态系统。这种生态系统不仅提高了作业效率，还为农业生产提供了全面的数据支持。

无人机植保技术作为现代农业的重要组成部分，不仅体现了精准农业的理念，还融合了现代控制理论、流体力学和人工智能等多学科技术。通过高精度导航、智能控制、环境感知和数据处理等核心技术，无人机植保技术实现了对农田的精准管理，提高了作业效率和资源利用率。随着多功能化、集群化和智能化的发展趋势，无人机植保技术将在农业生产中发挥更大的作用，为实现农业的可持续发展提供有力支持。

3. 农业物联网

农业物联网（Agricultural Internet of Things, AIoT）是一种以物联网技术为核心，通过传感器、无线通信设备和数据处理系统，实现对农业生产全过程数据采集、传输和处理的综合性技术体系。它不仅是一种技术革新，更是农业现代化和智能化转型的重要推动力。农业物联网通过将田间地头的各种设备连接起来，形成一个高效、精准、智能的农业生态系统，为传统农业向智慧农业转型提供了坚实的技术支撑。

农业物联网的核心在于其技术架构的系统性和功能性。从底层硬件到顶层应用，农业物联网由多个关键组件组成，每个组件都发挥着不可或缺的作用。传感器是农业物联网的基础，它们用于实时采集农田环境中的各种数据，如土壤湿度、温度、光照强度、空气湿度、二氧化碳浓度等。这些传感器可以嵌入土壤、植物叶片甚至灌溉系统中，确保数据的精准性和实时性。土壤湿度传感器可以精确测量土壤中的水分含量，为灌溉系统提供实时的调整依据；温度传感器则可以监测温室或大棚内的温度变化，确保作物在适宜的环境中生长。

无线通信技术是农业物联网的桥梁，它将分散在田间地头的传感器与中央控制系统连接起来。常见的无线通信技术包括 Wi-Fi、Zigbee、LoRa 和 NB-IoT 等。这些技术各有其优势，Wi-Fi 适合短距离高带宽的数据传输，而 LoRa 和 NB-IoT 则以其低功耗、远距离传输的特点，非常适合广域农田环境的数据采集。通过无线通信技术，传感器采集的数据可以被实时传输到云端或本地服务器，实现数据的集中管理。

农业物联网的核心大脑是其数据处理与分析系统。该系统通过大数据分析、机器学习和人工智能技术，对采集到的海量数据进行清洗、整合和深度挖掘，以生成有价值的决策支持信息。这些信息不仅包括对土壤、气象等环境参数的实时监测，还涵盖了对作物生长趋势的长期分析与预测。例如，系统可以通过分析历史数据来预测天气变化，为农民的种植计划提供科学建议；或通过分析实时作物数据，精准判断是否需要补充肥料或进行灌溉。这种智能化的数据处理能力，最终显著提高了农业生产的效率并降低了生产成本。

用户界面和决策支持系统是农业物联网的终端，它们为农民和农业管理者提供了直观、易用的操作平台。这些系统通常以手机 App、网页平台或触摸屏设备的形式呈现，用户可以通过这些界面查看实时数据、接收预警信息、调整设备参数等。农民可以通过手机 App 实时查看农田的土壤湿度和温度，并根据系统建议调整灌溉设备的运行参数。

数据采集与传输是农业物联网的核心环节，其有效性直接影响整个系统的运行效果。农业物联网的数据采集通常通过多层次的传感器网络实现，这些传感器分布在田间地头的不同位置，形成一个立体的数据采集系统。传感器采集的数据通过无线通信技术被传输到中央处理单元，再由中央处理单元进行初步的数据处理和存储。

数据采集的精度和可靠性是农业物联网的关键指标。为了确保数据的准确性，传感器需要具备高灵敏度和稳定性。土壤湿度传感器需要能够区分不同深度的土壤湿度变化，并在极端天气条件下保持稳定运行。此外，传感器的校准和维护也是确保数据质量的重要环节。定期校准传感器可以消除漂移误差，确保数据的长期可靠性。

数据传输的效率和稳定性同样至关重要。农业物联网系统通常需要处理大量的实时数据，因此需要选择合适的无线通信技术。Wi-Fi 技术适合短距离、高带宽的数据传输，但其功耗较高，不适合长时间运行的传感器节点。相比之下，LoRa 和 NB-IoT 技术具有低功耗、远距离传输的特点，非常适合广域农田环境的数据采集。这些技术的结合使用，可以构建一个高效、稳定的数据传输网络。

大数据分析是农业物联网数据处理的基础。通过对历史数据的统计和分析，系统可以识别出影响作物生长的关键因素，如温度、湿度、光照等。通过对历史温度数据进行分析，系统可以预测未来几天的气温变化，并建议农民调整种植计划。此外，大数据分析还可以发现数据中的异常点，帮助农民及时发现潜在的问题，如设备故障或病虫害暴发。

机器学习和人工智能技术的应用进一步提高了农业物联网的智能化水平。通过训练机器学习模型，系统可以识别作物的生长阶段和健康状况。通过分析作物叶片的颜色和形状，系统可以判断作物是否需要额外的肥料或水分。深度学习技术还可以用于图像识别，帮助农民快速识别病虫害并采取相应的防治措施。人工智能技术还可以生成个性化的种植建议，根据农民的具体需求和农田条件，提供最优的种植方案。

农业物联网的智能化应用和决策支持是其在实际农业生产中的核心价值所在。通过实时的数据采集、传输和分析，农业物联网可以为农民提供全方位的决策支持，帮助他们优化生产过程，提高产量和质量。

智能化灌溉系统是农业物联网的一个典型应用。通过土壤湿度传感器和灌溉设备的联动，系统可以根据实时的土壤湿度数据，自动调整灌溉设备的运行参数。当土壤湿度低于设定阈值时，系统会自动启动灌溉设备；当湿度达到理想水平时，系统会自动关闭设备。这种智能化的灌溉方式不仅节省了水资源，还显著提高了灌溉的精准度，减少了过度灌溉或灌溉不足的情况。

智能施肥系统是一个重要的应用。通过土壤养分传感器和施肥设备的联动，系统可以根据土壤养分数据，自动调整施肥量和施肥频率。当土壤中的氮磷钾含量低于标准时，系统会自动启动施肥设备；当养分达到理想水平时，系统会自动停止施肥。这种智能化的施肥方式不仅提高了肥料的利用率，还减少了肥料浪费和环境污染。

智能病虫害监测与防治系统也是农业物联网的重要应用。通过安装在农田中的病虫害监测设备，系统可以实时采集病虫害数据，并通过机器学习算法识别病虫害的种类和严重程度。一旦发现病虫害，系统会立即发出预警，并建议农民采取相应的防治措施，比如，建议使用生物农药或物理防治方法，减少化学农药的使用，保护生态环境。

农业物联网的应用不仅带来了显著的经济效益，还产生了深远的社会效益。从经济效益来看，农业物联网通过提高生产效率、降低生产成本、优化资源配置，为农民带来了实实在在的好处。智能化灌溉系统可以节省大量的水资源，降低灌溉成本；智能施肥系统可以减少肥料浪费，提高肥料利用率；智能病虫害监测与防治系统可以减少农药使用量，降低生产成本。

从社会效益来看，农业物联网通过提高农业生产的精准性和可持续性，为社会带来了更多的福祉。智能化的病虫害监测与防治系统减少了化学农药的使用，保护了生态环境；智能化的灌溉系统节约了水资源，缓解了水资源短缺问题；智能化的施肥系统减少了化肥污染，改善了土壤质量。农业物联网还通过提高农业生产的效率和质量，增加了农民的收入，改善了农村经济状况，促进了农村社会的和谐发展。

农业物联网的未来发展趋势是多元化和智能化的。随着物联网技术的不断发展，农业物联网将呈现出更加智能化、精准化和自动化的特征。农业物联网将进一步朝多功能化方向发展。未来的农业物联网系统将不仅局限于单一功能，还集成了多种功能模块，如环境监测、病虫害防治、灌溉施肥、产量预测等。这种多功能化的系统可以为农民提供全方位的服务，满足多样化的农业生产需求。

农业物联网将更加注重智能化和自动化。通过引入人工智能和机器学习技术，未来的农业物联网系统将具备更强的自主决策能力。系统可以根据实时数据和历史数据，自动调整设备参数，优化生产过程。未来的农业物联网系统还将具备更强的适应性和灵活性，能够根据不同的农田条件和作物需求，提供个性化的解决方案。

农业物联网将更加注重数据的开放性和共享性。未来的农业物联网系统将建立统一的数据标准和接口，实现数据的互联互通。通过开放的数据平台，农民可以共享数据资源，提高数据的利用效率。政府和科研机构也可以通过开放的数据平台，获取农业生产的数据，为政策制定和科学研究提供支持。

农业物联网将更加注重可持续发展。未来的农业物联网系统将致力于实现农业生产的绿色化和可持续化。通过精准的数据采集和分析，系统可以优化资源配置，减少资源浪费，减少环境污染。农业物联网还将推动农业朝着循环经济方向发展，实现资源的高效利用和循环利用。

农业物联网作为一种新兴技术，正在深刻改变着传统农业的面貌。通过数据采集、传输、处理和应用的全流程优化，农业物联网不仅提高了农业生产效率，还增强了农业的可持续发展能力。随着技术的不断进步和政策的支持，农业物联网将在更多领域得到应用，为农业现代化和智能化转型提供更有力的技术支撑。

4. 大数据分析与决策支持

大数据分析与决策支持是数智技术在农业产业应用中的核心环节之一，其通过整合和分析海量的农业数据，为农业生产提供科学、精准的决策依据，从而显著提高农业的生产效率和资源利用效率。大数据分析在农业中的应用不仅限于单一环节，还贯穿种植、养殖、农产品加工和销售的全过程，从土壤肥力监测到市场行情预测，再到病虫害防治，大数据分析为农业的各个环节提供了全面的优化支持。

大数据分析的第一步是数据的收集与整合。农业数据的来源多样且复杂，包括土壤传感器、气象站、无人机遥感、卫星遥感、农田监控摄像头等设备，以及历史农业数据、市场交易数据、政策法规数据等。这些数据涵盖了农田的物理环境、作物生长状况、气候条件、病虫害信息等多个维度。为了实现数据的全面覆盖和高效利用，需要构建一个统一的农业大数据平台，将来自不同渠道的数据进行标准化处理和整合。通过物联网技术，可以实时采集农田的土壤湿度、温度、pH 值等数据，并通过无线通信技术将这些数据上传至云端。此外，利用云计算平台，可以对这些数据进行集中存储和管理，确保数据的完整性和一致性。

在数据收集完成后，接下来是数据的清洗和预处理。农业数据往往存在噪声、缺失值和冗余信息等问题，直接影响数据分析的准确性和可靠性。因此，需要对原始数据进行清洗和预处理，去除无效数据，填补缺失值，并对数据进行标准化和归一化处理。对于农田土壤湿度传感器采集的数据，可以通过滤波算法去除异常值，确保数据的准确性。同时，通过数据清洗和预处理，可以消除数据中的冗余信息，减少不必要的计算负载，提高数据分析的效率。

在数据预处理完成后，进入数据分析与建模阶段。大数据分析的核心在于利用先进的算法和模型对数据进行深度挖掘和分析，从而发现隐藏的规律和趋势。农业数据分析通常涉及多种技术，包括统计分析、机器学习、深度学习和时间序列分析等。通过统计分析方法，可以对历史气象数据进行趋势分析，预测未来的气候条件变化，为种植计划提供参考。机器学习算法则可以用于病虫害的预测和识别，通过对历史病虫害数据的学习，建立预测模型，提前发现病虫害的发生风险。深度学习技术在作物生长模型的构建中也发挥了重要作用，通过模拟作物生长的复杂过程，可以更准确地预测作物的产量和品质。

基于大数据分析的结果，可以构建决策支持系统，为农业生产提供科学的决策依据。决策支持系统通过将分析结果可视化呈现，帮助农业管理者快速理解和应用数据分析的结果。基于土壤湿度数据的分析结果，可以生成农田灌溉建议，帮助农民合理安排灌溉时间和水量，避免水资源浪费和作物缺水现象。决策支持系统还可以结合市场行情数据，为农产品种植和销售提供策略建议。通过分析市场需求和价格波动趋势，可以指导农民选择种植高附加值的作物品种，提高经济效益。

大数据分析与决策支持不仅停留在数据层面，还通过智能化和自动化技术实现实际应用。通过与物联网技术的结合，可以实现智能灌溉系统的自动控制。根据土壤湿度传感器和气象站的数据，智能灌溉系统可以自动调整灌溉设备的运行状态，确保农田的水分供应处于最佳水平。无人机植保技术也可以通过大数据分析结果进行优化。通过对病虫害分布数据的分析，无人机可以实现精准喷洒，减少农药用量，提高防治效率。这种智能化和自动化的应用不仅提高了农业生产的效率，还减少了人为干预带来的误差和风险。

大数据分析与决策支持的核心目标是实现精准农业。精准农业是指通过现代信息技术，对农业生产过程中的各个环节进行精确控制和管理，从而提高资源利用效率和生产效率。在大数据分析的支持下，精准农业可以从多个方面进行优化。在种植环节，可以通过分析土壤肥力、气候条件和作物生长数据，实现精准施肥和灌溉；在养殖环节，可以通过分析牲畜的健康数据和环境数据，实现精准饲养和疾病预防；在农产品加工环节，可以通过分析生产数据和质量数据，实现精准加工和包装。这些精准化的管理措施不仅提高了农业生产效率，还减少了资源浪费和环境污染。

大数据分析与决策支持还需要构建一个开放的数据共享平台，促进农业产业链各环节之间的协同合作。通过数据共享平台，不同主体可以实时获取和共享农业数据，从而实现信息的透明化和协同化。种植户可以通过平台获取气象局发布的天气预报数据，适时调整种植计划；农资供应商可以通过平台了解市场需求，优化库存管理；农产品经销商可以通过平台获取产地信息和质量检测数据，提高采购效率。这种数据共享机制不仅提高了农业产业链的整体效率，还增强了各主体之间的信任和合作意愿。

尽管大数据分析与决策支持在农业产业应用中具有巨大潜力，但在实际应用中仍面临一些挑战。数据采集和整合的难度较大，需要解决不同设备和系统的兼容性问题。数据分析模型的准确性需要进一步提升，特别是在复杂农业环境下的预测能力。数据安全和隐私保护也是一个重要问题，需要建立严格的数据管理和保护机制。为应对这些挑战，可以采取以下对策：一是加大技术研发力度，推动农业传感器和物联网设备的标准化；二是建立专业的农业数据分析团队，提升模型的准确性和可靠性；三是制定和完善数据安全和隐私保护法规，确保数据使用合法合规。

大数据分析与决策支持是数智技术在农业产业应用中的关键环节，其通过整合和分析海量农业数据，为农业生产提供了科学、精准的决策依据。从数据收集与整合到分析与建模，再到智能化和自动化的应用，大数据分析与决策支持贯穿农业生产的全过程，显著提高了农业的生产效率和资源利用效率。

随着数智技术的不断发展，大数据分析与决策支持在农业产业中的应用将更加广泛和深入。大数据分析将与人工智能技术深度融合，提供更智能化的决策支持。通过引入深度学习算法，可以实现更精准的病虫害预测和作物生长模型的优化。区块链技术的应用将进一步提升数据的透明度和可信度，确保数据的真实性和完整性。随着 5G 技术的普及，农业数据的实时传输和处理能力将得到显著提升，为农业生产的智能化和自动化提供更强的技术支撑。

随着农业信息化程度不断提高，积累了大量的农业数据。通过对这些数据进行挖掘和分析，可以帮助农民更科学地制订种植计划、合理安排生产活动。通过分析历年来的天气预报数据，可以预测未来的气候趋势；通过分析市场价格走势，可以判断何时出售农产品可以获得更高的收益；通过分析土地流转合同到期时间表，则可以提前规划好来年的承包地分配方案。

数智技术正逐步渗透到农业生产的各个环节，不仅提高了生产效率，还增强了农业的可持续发展能力。未来，随着5G网络、边缘计算等新技术的应用，农业信息化将迎来更大的发展机遇，为实现乡村振兴战略注入新的动力。

3.1.2 数智技术在林业产业中的应用

林业是第一产业的重要组成部分，同样也需要数智技术的支持。近年来，随着信息技术的飞速发展，数智技术在林业中的应用日益广泛，为提高林业精细化管理水平提供了强有力的技术支撑。

本节将重点介绍数智技术在森林资源监测、病虫害防治、林木生长管理等方面的应用，探讨如何通过大数据、遥感技术和无人机等技术手段，实现林业资源的有效管理和保护。

1. 森林资源监测

森林资源监测是林业管理的基础性工作，也是实现森林资源可持续利用的关键环节。通过数智技术的应用，森林资源监测正在从传统的手工操作朝自动化、智能化和高效化方向转变，为森林资源的科学管理和生态保护提供了有力支持。

传统的森林资源监测主要依赖人工实地调查，这种方法虽然能够提供较为准确的数据，但存在成本高、效率低、覆盖面有限等问题。随着信息技术的飞速发展，数智技术在森林资源监测中的应用逐渐增多，为传统监测方式带来了革命性的变化。目前，森林资源监测已经逐步实现了从地面调查到遥感监测、从静态监测到动态监测、从局部监测到全域覆盖的转变。通过卫星遥感技术，可以实时获取大面积森林的植被覆盖情况；通过无人机航拍技术，可以对特定区域进行高精度监测；通过物联网技术，可以实时监测森林中的环境参数。这些技术的应用不仅提高了监测的精度和效率，还降低了监测成本，为森林资源的科学管理提供了有力支持。

森林资源监测的技术原理主要包括遥感技术、物联网技术、大数据分析技术和人工智能技术等。遥感技术通过卫星、无人机等平台获取森林的光学、热红外和雷达影像数据，利用这些数据可以分析森林的植被覆盖度、生物量、生长状况等信息。物联网技术通过在森林中部署传感器网络，实时监测温度、湿度、光照、土壤水分等环境参数，为森林的健康状况评估提供数据支持。大数据分析技术通过对海量监测数据的处理和分析，可以发现森林资源变化的规律和趋势，为决策提供科学依据。人工智能技术通过机器学习算法，可以从复杂的数据中提取有价值的信息，实现森林资源的智能化监测和预测。

森林资源监测的应用场景非常广泛，涵盖了森林资源的动态监测、病虫害预警、火灾防控、碳汇评估等多个方面。在动态监测方面，通过遥感技术和物联网技术，可以实时监测森林的生长状况、植被覆盖变化、病虫害发生情况等，为森林资源的动态管理提供数据支持。在病虫害预警方面，通过物联网传感器和大数据分析技术，可以实时监测森林中的病虫害发生情况，并通过人工智能技术预测病虫害的发展趋势，为及时采取防控措施提供依据。在火灾防控方面，通过卫星遥感技术和物联网传感器，可以实时监测森林火情，通过大数据分析技术预测火灾发生的可能性，并通过人工智能技术制订灭火方案，提高火灾防控的效率。在碳汇评估方面，通过遥感技术和大数据分析技术，可以评估森林的碳储量和碳汇能力，为碳交易和碳中和目标的实现提供科学依据。

尽管数智技术在森林资源监测中取得了显著进展，但仍面临一些挑战。首先，技术成本较高，特别是遥感技术和物联网技术的设备采购和维护成本较高，对一些经济欠发达地区的林业部门来说是一个较大的负担。其次，技术人才短缺，特别是在数据分析和人工智能应用方面，需要具备专业知识和技能的人才。再次，数据安全和隐私保护问题不容忽视，特别是在使用物联网技术和大数据分析技术时，需要确保数据的安全性和隐私性。最后，标准化建设不足，缺乏统一的技术标准和数据格式，影响了数据的共享和互操作性。

针对这些挑战，可以采取以下对策：一是政府可以通过设立专项资金或提供税收优惠政策，为企业和个人提供资金支持，降低技术应用的成本；二是加强人才培养，通过校企合作、职业培训等方式，培养一批既懂信息技术又熟悉林业业务的复合型人才；三是建立健全数据安全和隐私保护机制，采用先进的加密技术和访问控制措施，确保数据的安全性和隐私性；四是推动技术标准的制定和推广，通过行业协会和标准化组织，制定统一的技术标准和数据格式，促进数据的共享和互操作性。

未来，森林资源监测将朝着更加智能化、精准化和生态化的方向发展。在智能化方面，通过人工智能技术的深度应用，可以实现森林资源的智能化监测和预测，提高监测的准确性和效率。在精准化方面，通过高分辨率遥感技术和物联网传感器，可以实现对森林资源的精准监测和评估，为科学管理和生态保护提供更精细的数据支持。在生态化方面，通过生态系统的综合监测和评估，可以实现对森林资源的生态效益评估，森林资源监测将实现更高效的互联互通和更丰富的应用场景，为林业管理和生态保护提供更多的可能性。

2. 病虫害防治

病虫害防治是林业管理中的关键环节，直接关系森林资源的健康与可持续发展。随着全球气候变化和生态系统的复杂化，病虫害的发生频率和危害程度显著增加。传统的病虫害防治方法往往依赖人工巡查和经验判断，不仅效率低下，还容易遗漏潜在问题，导致森林资源的损失。因此，引入先进的数智技术，特别是物联网和人工智能技术，成为提高病虫害防治效率和精准度的重要途径。通过实时监测、数据分析和智能决策，这些技术能够显著提高病虫害的预防和控制能力，为森林资源的保护和可持续利用提供科学依据。

物联网技术通过在森林中部署传感器和监控设备，实现了病虫害的实时监测和数据采集。这些设备能够全天候、全方位地捕捉环境参数和病虫害动态，为后续的分析和决策提供全面的数据支持。具体而言，物联网技术在病虫害防治中的应用主要包括以下几个方面。

环境参数监测 通过安装温湿度传感器、光照强度传感器和土壤湿度传感器，可以实时监测森林环境的变化。这些数据能够帮助研究人员和管理人员了解病虫害发生的环境条件，如温度过高或过低、湿度异常等，从而提前预警潜在的病虫害风险。

病虫害指标监测 在森林中布置智能病虫害监测站，这些站点配备多种环境因子传感器，如温度、湿度、二氧化碳浓度等。当检测到异常波动时，系统会自动触发警报，并将数据上传至中央服务器进行分析处理。当监测到某一区域的湿度持续升高，而温度和二氧化碳浓度异常时，系统会提示可能存在病虫害隐患，工作人员可及时前往现场核实并采取有针对性的治理措施。

无人机巡检 在林业管理与保护的实践中，无人机巡检技术已成为一种关键的数智化手段，显著提升了对广袤森林资源的监测与评估能力。此项技术的核心在于利用无人驾驶航空器（UAV）作为移动平台，集成高精度传感器系统，对林区进行系统性、周期性的空中数据采集与分析。无人机所搭载的传感器类型多样，远超传统的高清摄像头与红外传感器范畴，可包括多光谱、高光谱成像仪以及激光雷达（LiDAR）等先进载荷。这些传感器能够捕捉人眼难以察觉的地表信息和植被生理状态参数，通过分析特定波段的光谱反射率来计算植被指数（如 NDVI），进而评估林木的健康状况、叶绿素含量及水分胁迫程度，为早期发现病虫害侵袭或林生长异常提供了客观依据。高光谱传感器则能提供更精细的光谱分辨率，有助于区分不同树种、识别特定的病害类型或营养缺乏症状。红外热成像技术则通过监测林区地表或冠层的温度分布，有效识别火灾隐患点或分析小气候环境。激光雷达技术则侧重于获取森林的三维结构信息，如树高、冠幅、生物量等，对于森林资源清查、林分结构分析及地形测绘具有重要价值。无人机巡检不仅是数据的获取，更关键在于后续的数据处理与智能分析。通过预设航线规划，无人机可实现大范围林区的自动化、高效率巡查，获取高时空分辨率的影像与点云数据。这些海量数据经过专业的图像拼接、辐射定标、几何校正等预处理后，可输入基于人工智能（特别是机器学习与深度学习）的算法模型进行深度分析。这种自动化、智能化的分析范式，不仅极大地提高了信息提取的效率和准确性，超越了传统人工判读的主观性和局限性，而且能够实现对森林动态变化的精细化、连续性监测。无人机巡检技术在林业中的应用，本质上是空间信息技术、传感器技术与人工智能技术深度融合的体现，它革新了传统林业依赖地面调查的模式，通过提供一种非接触、高效率、全方位的观测视角，明显增强了林业管理的科学性、精准性与时效性，为实现可持续森林经营和生态保护目标提供了强有力的技术支撑。

数据传输与共享 在林业产业数智化转型的架构中，数据传输与共享机制扮演着至关重要的神经中枢角色，其核心在于构建一个高效、可靠、安全的信息流动通路。这一机制依托物联网感知层获取的多元异构数据，通过先进的无线通信网络技术（如 5G、NB-IoT、LoRaWAN 及卫星通信等）实现数据的实时或准实时汇聚。数据传输的效率与质量直接影响林业信息系统的整体响应速度与决策精度，它要求网络具备广覆盖、低功耗、高带宽或低时延等适应林区复杂环境的特性。更深层次的数据共享，则不仅是技术层面的数据传递，更是管理模式与协作范式的革新。它要求建立统一的数据标准、接口规范与访问控制策略，以打破传统林业管理中普遍存在的部门壁垒与“信息孤岛”，实现跨层级、跨地域、跨业务系统的数据互联互通与有效整合。这种基于标准化协议的共享机制，是实现林业资源全局优化配置、精准预测预警以及多主体协同治理的基础，为深度挖掘数据价值、驱动林业管理决策科学化与智能化提供了关键的信息论与系统论支撑。

人工智能技术通过机器学习和深度学习算法，对采集到的海量数据进行分析和预测，为病虫害防治提供科学依据。人工智能技术的应用不仅提高了病虫害防治的精准度，还降低了人工干预的成本。以下是人工智能技术在病虫害防治中的具体应用。

数据分析与预测 在林业产业的数智化转型进程中，数据分析与预测构成了提升管理效能与风险防控能力的关键环节。此过程深度依赖对历年积累的海量、多维度监测数据（涵盖气象、土壤、林木生长状态、历史灾害记录等）以及病虫害生物学特性的系统性整合与深度挖掘。借助先进的人工智能算法体系，特别是机器学习、深度学习等复杂模型，能够穿透数据表象，揭示病虫害发生、发展的内在驱动机制与非线性动态演化规律。这些算法通过训练学习，能够精准识别并量化影响病虫害发生的关键环境因子组合与临界阈值，如特定温度湿度区间、连续降雨日数、优势风向以及林分密度等因素与特定病虫害暴发周期的复杂关联性。在此基础上构建的预测模型，不仅能提高对未来特定时空范围内病虫害发生概率的预测精度，更着眼于模拟其潜在的扩散路径与生态经济影响范围，评估不同干预措施下的可能效果。这种基于数据驱动的、具有前瞻性的分析预测能力，为林业资源管理提供了科学的决策支持依据，促使管理策略从传统的滞后应对向精准、主动的预防性管理转变，通过提前预警和优化防治资源的调配效率，从而在更深层次上保障森林生态系统的长期健康、稳定与可持续发展潜力。

智能决策支持 智能决策支持系统作为林业数智化转型的核心技术组件，其理论根基植于决策科学、计算智能与生态系统管理的交叉领域。该系统通过构建多维知识图谱，将生物统计学原理与机器学习算法有机融合，形成了一种基于数据驱动的林业病虫害管理新范式。在系统层面，智能决策支持框架主要由数据采集层、分析处理层、决策生成层与执行反馈层构成，各层级通过信息流双向互动，实现闭环优化。智能决策支持系统的核心价值在于其处理复杂生态信息的高效能与精准度。传统林业决策模式过度依赖经验判断，面临着数据碎片化、决策延迟性及主观误差等诸多局限。而智能决策支持系统则通过整合传感器网络实时监测数据、历史防治记录与气象环境参数，构建了一套自适应的预测—干预模型。该模型基于贝叶斯网络与深度学习算法，能够计算不同地理单元的病虫害风险概率分布，并据此生成防治时机、方法、药剂类型与用量的最优组合策略。

智能决策支持系统不仅是简单的信息处理工具，更体现了森林生态系统管理思想从被动响应向主动预防的理念转变。系统通过持续学习与迭代优化，不断完善其风险评估模型与应对策略库，实现防治方案的精准化与个性化定制。系统还纳入生态影响评估机制，在保证防治效果的同时，使非靶向生物与环境的不利影响最小化，体现了现代林业管理中的可持续发展理念。

自动化防治设备 自动化防治设备代表了林业病虫害防治领域的重要技术突破，其核心在于物联网与人工智能技术的深度融合应用。此类设备构建了完整的“感知—分析—决策—执行”闭环系统，通过分布式传感网络实时采集林区微气候、病虫害发生密度、林木生理状态等多维参数，形成高时空分辨率的监测数据流。人工智能算法通过对历史防治数据与实时监测数据的深度挖掘，建立了病虫害发生预测模型与防治效能评估模型，能够根据不同林区的生态特性、病虫害种类及其扩散趋势，精确计算出最佳防治时间窗口、药剂类型与喷洒剂量。

这种基于数据驱动的智能决策机制，突破了传统经验性防治的局限性，实现了药剂施用的精准调控。自动化执行系统则通过可编程控制器（PLC）与伺服驱动装置，将决策指令转化为精确的喷洒行为，确保药剂均匀覆盖目标区域，同时避开非靶向生物。此技术范式不仅显著提高了防治效率，更通过精准用药减少了化学药剂的环境残留，实现了生态保护与病虫害控制的双重目标，为构建可持续林业生态系统提供了技术支撑。

病虫害识别与分类 病虫害识别与分类的基础建立在计算机视觉与深度学习的交叉融合上。人工智能技术通过卷积神经网络（CNN）等算法构建的多层特征提取机制，能够自动学习病虫害在形态、颜色、纹理等方面的复杂表征，实现高精度的图像特征提取与分类。这一技术路径突破了传统识别方法依赖专家经验且效率低下的固有局限。

深度学习模型通过建立病虫害表型与分类体系之间的映射关系，形成了一套从数据到决策的完整推理框架。模型训练过程中采用迁移学习与数据增强等技术手段，有效解决了林业病虫害样本不平衡与稀缺的问题。人工智能技术构建了从图像采集、预处理、特征提取到分类识别的完整流程，将传统的需要数小时甚至数天的鉴定过程缩短至秒级响应，极大地提高了林业病虫害防治的时效性。随着模型不断迭代优化，识别准确率已达到接近专家水平，为林业生态系统健康监测与管理提供了强有力的技术支撑。

数智技术在病虫害防治中的应用不仅局限于单一技术的使用，更重要的是多种技术的协同效应。物联网技术负责数据的采集和传输，人工智能技术负责数据的分析和决策，两者相结合，形成了一个完整的病虫害防治闭环。以下是数智技术协同效应的具体表现。

数据闭环管理 数据闭环管理是数智技术协同应用的核心架构，通过构建“采集—传输—分析—决策—执行—反馈”的完整环路，实现林业病虫害防治的自动化与智能化治理。在此框架中，物联网感知层负责对林区环境参数的实时监测与数据获取；通信网络层确保原始数据高效传输至计算平台；人工智能算法在平台层发挥计算分析能力，对海量数据进行深度挖掘，识别病虫害风险模式；决策支持系统根据分析结果，生成科学防治策略与精准防治方案；执行层通过智能设备实施防治措施；防治效果数据再次被采集反馈至系统，形成迭代优化循环。这种闭环架构显著提高了林业病虫害防治的精准度、时效性与资源利用效率，建立了数据驱动型的现代林业管理范式。

智能预警与响应 智能预警与响应机制的核心在于构建一个集成化的系统，实现对林业病虫害风险的动态感知和主动应对。智能预警并非简单的被动监测，而是基于数智技术对环境因子、生物学特征等多维度数据的深度融合与分析。物联网设备作为数据采集的神经末梢，持续不断地收集来自林业生态系统的实时信息，这些数据涵盖了气象条件、土壤墒情、植被生理状态以及病虫害种群密度等关键指标。人工智能算法则扮演着决策中枢的角色，运用机器学习、深度学习等方法，对海量异构数据进行模式识别、关联分析和趋势预测。通过对历史数据的学习和实时数据的比对，人工智能系统能够敏锐地捕捉病虫害暴发的早期征兆，并自动生成预警信号，为管理部门提供决策支持。智能响应是智能预警的自然延伸，它强调系统在接收到预警信息后，能够迅速启动预设的防治方案，实现从监测预警到行动执行的无缝衔接。这种快速响应能力不仅能够有效遏制病虫害的蔓延，降低防治成本，更能最大限度地减少化学农药的使用，保护林业生态系统的健康与平衡。智能预警与响应机制的建立，标志着林业病虫害防治工作从经验驱动向数据驱动、从被动防御向主动干预的范式转变，是数智技术赋能林业产业高质量发展的关键体现。

资源优化配置 在病虫害防治中，数智技术实现资源优化配置的核心在于其对资源流动机制的动态调控能力。通过构建集成的感知与决策体系，数智技术能够有效提升信息处理的实时性与精准度，从而实现资源调配过程中的空间与时间维度最优化。物联网技术作为感知层，全面收集林业生态系统中的病虫害相关数据，形成高频次、高密度的数据流；人工智能技术则基于深度学习与模式识别，对多源异构数据进行建模分析，生成预测模型与调度策略。两者协同作用，推动病虫害防治由经验驱动转向数据驱动，从而实现防治物资、人力与作业时间的最优匹配。这种基于信息流与物质流协同的优化机制，有效缓解了传统防治中资源分配滞后、浪费严重的问题，提高了整体资源配置效率，奠定了林业病虫害智能治理的新范式。

随着数智技术的不断发展和完善，其在病虫害防治中的应用将更加广泛和深入。以下是未来的发展趋势。

智能化水平的提高 随着人工智能算法的不断优化，病虫害防治的智能化水平将进一步得到提高。通过深度学习技术，系统能够更准确地识别病虫害种类，并提供个性化的防治方案。

多技术融合 数智技术将与其他前沿技术如区块链、大数据等深度融合，形成更加完善的病虫害防治体系。通过区块链技术确保数据的不可篡改性和透明度，提高数据的可信度。

个性化服务 随着用户需求的多样化，病虫害防治将向个性化服务方向发展。根据不同地区的气候条件、植被类型等因素，提供定制化的病虫害防治方案。

全球化合作 病虫害防治是一个全球性问题，各国应加强合作，共享技术和经验，通过国际平台共享病虫害监测数据和防治经验，共同应对全球性的病虫害挑战。

数智技术在病虫害防治中的应用为林业管理带来了革命性的变化。通过物联网技术实现病虫害的实时监测和数据采集，通过人工智能技术进行数据分析和智能决策，数智技术不仅提高了病虫害防治的效率和精准度，还降低了防治成本，增强了森林资源的保护能力。然而，数智技术的应用仍面临诸多挑战，需要政府、企业和科研机构共同努力，通过政策支持、人才培养和技术标准制定等多方面的努力，推动数智技术在病虫害防治中的广泛应用，为实现森林资源的可持续发展提供有力支持。

3. 林木生长管理

林木生长管理是林业产业中至关重要的一环，其核心在于通过科学的方法和技术手段，实现林木的健康生长、资源的高效利用以及生态效益的最大化。传统林木生长管理主要依赖人工经验，这种方式存在诸多不足。人工监测林木生长状态效率较低，且容易受到天气、地形等外界因素的影响，导致数据的准确性不高。传统管理方式难以实现对林木生长的全面监控，特别是在大面积林区中，人工巡检不仅耗时耗力，还难以覆盖所有区域。传统管理方法在应对突发病虫害或极端天气时，往往缺乏及时有效的响应机制，导致林木生长受到严重影响。

随着现代林业的发展，对林木生长管理提出了更高的要求。一方面，林业生产需要更高效、更精准的管理手段，以提高木材产量和质量；另一方面，随着全球气候变化的加剧，林木生长管理需要更好地应对极端天气和病虫害的挑战。因此，引入先进的数智技术，如物联网、大数据分析、人工智能等，成为推动林木生长管理现代化的重要途径。

物联网技术通过在林区部署传感器、监控摄像头等设备，实现了对林木生长环境的实时监测和数据采集。这些设备可以监测多种环境参数，如土壤湿度、温度、光照强度、空气湿度等，为林木生长提供全面的数据支持。土壤湿度传感器可以实时监测土壤的含水量，帮助管理人员判断是否需要进行灌溉；温度传感器则可以监测林区的温度变化，为林木生长提供适宜的环境条件。

物联网技术的应用不仅提高了数据采集的效率和准确性，还实现了数据的实时传输和共享。通过无线通信技术，林区的数据可以被实时上传至云端服务器，供管理人员随时查看和分析。这种实时数据共享机制使管理人员能够在第一时间发现问题并采取措施，避免因延误处理而导致的损失。此外，物联网技术还可以与其他系统集成，如气象预报系统、病虫害预警系统等，形成一个完整的林木生长管理网络，为林木的健康生长提供全方位的支持。

大数据分析技术通过对物联网设备采集的海量数据进行处理和分析，能够揭示林木生长的规律和趋势。通过对多年积累的林木生长数据进行分析，可以发现不同树种在不同环境条件下的生长特性，为林木的科学种植和管理提供依据。大数据分析还可以预测未来的林木生长状况，帮助管理人员提前制定应对措施，避免因环境变化而导致的生长问题。

人工智能技术的应用为林木生长管理带来了革命性的变化。通过机器学习算法，人工智能可以对林木生长数据进行深度分析，发现隐藏的规律和模式。通过对林木生长数据的聚类分析，可以识别出不同生长阶段的林木特性，为制定有针对性的管理措施提供依据。人工智能还可以通过图像识别技术，对林木的生长状态进行自动监测和评估。利用无人机搭载的高清摄像头，可以拍摄林木的照片，通过图像识别算法分析林木的健康状况，及时发现病虫害或生长异常的情况。

人工智能技术在林木生长管理中的一个重要应用通过优化算法，为林木种植和管理提供个性化的建议。根据林区的具体条件，推荐最佳的种植密度、施肥方案和灌溉策略，确保林木的健康生长。人工智能技术为林木种植与管理提供个性化建议的实质，是以数据驱动和模型演化为核心的精准化决策过程。在林业生态系统高度复杂且异质性显著的背景下，传统管理方法难以实现针对不同林地条件的差异化响应。人工智能通过深度学习、强化学习等算法模型，对土壤类型、气候条件、生长周期、树种特性等多维变量进行建模与优化，构建高维度、高精度的生长预测体系。在此基础上，系统可根据动态环境变化与生长反馈，生成具有个体适应性的种植与管理建议。个性化管理策略的提出，不仅增强了林业决策的科学性与前瞻性，也标志着林木种植正由粗放式管理向智能化、精细化管理模式转变，推动第一产业在数智赋能下实现系统性跃升。

为了实现林木生长管理的全面智能化，需要构建一个集数据采集、分析、决策于一体的智能化管理平台。该平台可以整合物联网设备、大数据分析系统和人工智能算法，为林木生长管理提供全方位的支持。平台的核心功能包括数据采集与传输、数据分析与处理、病虫害预警与防治、种植方案推荐等。

通过这些功能模块的协同工作，平台可以实现对林木生长的全面监控和科学管理。

智能化管理平台的构建还需要注重用户体验和操作便捷性。平台应提供直观友好的用户界面，使管理人员能够轻松查看林区的实时数据、分析结果和管理建议。此外，平台还应支持多终端访问，如PC端、移动端等，方便管理人员随时随地对林木生长进行管理。通过与移动设备的结合，管理人员可以随时随地接收林区的实时信息，及时处理突发情况，提高管理的灵活性和响应速度。

数智技术在林木生长管理中的应用并不是孤立的，而是通过多种技术的协同作用，形成了一个完整的生态系统。物联网技术提供了数据采集的基础，大数据分析技术提供了数据处理和预测的能力，人工智能技术则实现了数据的智能化应用。这三种技术的协同作用，使林木生长管理从传统的经验驱动转变为数据驱动和智能化驱动。

数智技术的应用还促进了林木生长管理的标准化和规范化。通过建立统一的数据标准和管理规范，不同区域的林木生长数据可以实现互通共享，为跨区域的林木生长管理提供了便利。不同地区的林业管理部门可以通过共享数据，共同制定区域性的林木生长管理策略，提高管理的效率。这种技术协同效应不仅提高了林木生长管理的整体水平，还为林业产业的可持续发展奠定了坚实的基础。

随着数智技术的不断发展和完善，林木生长管理将迎来更加广阔的发展前景。未来的林木生长管理将更加智能化、精准化和高效化。通过引入更先进的传感器技术和更强大的数据分析算法，可以实现对林木生长的实时监测和精准控制。未来的林木生长管理将更加注重生态效益和社会效益的结合。通过数智技术的应用，可以实现对林木生长的全过程监控，确保林木的健康生长和生态系统的平衡。通过智能化的林木管理平台，可以为林区居民提供更多的就业机会，促进当地经济发展及实时的林木生长数据和管理建议，帮助他们更好地参与林木的种植和管理。

数智技术的应用为林木生长管理带来了前所未有的机遇。通过物联网、大数据分析和人工智能等技术的协同作用，可以实现林木生长的全面监控和科学管理，提高林木的生长效率和质量，促进林业产业的可持续发展。随着技术的不断进步和应用场景的不断拓展，数智技术将在林木生长管理中发挥更大的作用，为林业产业的转型升级注入新的活力。

3.1.3 数智技术在渔业产业中的应用

渔业也是第一产业的重要组成部分。随着信息技术和人工智能的快速发展，数智技术也在渔业领域得到了广泛应用，为提升渔业经济效益和生态效益提供了强有力的支撑。本节将重点介绍数智技术在水产养殖、海洋捕捞、水产品加工等环节的应用，探讨如何通过智能网箱、水质监测系统、自动化养殖设备等技术手段，实现渔业的现代化转型。

水产养殖智能化 水产养殖是渔业的重要组成部分，传统的水产养殖方式存在诸多局限性，如资源浪费严重、环境污染较大、生产效率较低等。而智能网箱和自动化养殖设备的应用，则为解决这些问题提供了有效的途径。智能网箱是一种集多种传感器和自动控制系统于一体的新型养殖设施，它可以实时监测水质参数（如溶解氧、pH 值、氨氮含量等），并通过反馈机制自动调节水流速度和增氧机功率，保持适宜的养殖环境。智能网箱还可以根据鱼群的密度变化自动调整饲料投放量，避免因过度投喂造成的浪费。例如，在浙江省象山县的一个现代化养殖场里，采用了智能网箱养殖模式[1]。该养殖场

[1] 浙江象山：绿色网箱助推生态富民 [EB/OL].(2022-09-08)[2025-03-28].http://zj.people.com.cn/2/2022/0908/c186327-40116566.html.

配备了先进的水质监测系统和自动化投饵装置，不仅提高了养殖密度，还大幅降低了饲料成本。据测算，与传统的水产养殖方式相比，智能网箱每年可节约饲料开支约 20%，同时减少了约 30% 的污染排放。此外，由于能够更好地控制水质条件，鱼的品质也得到了显著改善，售价较普通鱼类高出不少。

海洋捕捞信息化 海洋捕捞是渔业的重要环节，传统的捕捞方式面临着资源枯竭、过度捕捞等问题。而信息化技术的应用则有助于实现科学捕捞，保护海洋生态平衡。一方面，通过建立渔业资源监测网络，可以实时掌握海域内的鱼群分布情况，指导渔民选择合适的作业区域；另一方面，利用电子围栏技术划定禁渔区，防止非法捕捞行为的发生。以福建省连江县为例，当地政府投入专项资金建设了覆盖全县海域的渔业资源监测系统[1]。该系统由分布在各个港口码头的监测站组成，能够实时接收来自渔船上传回的位置坐标、捕捞种类数量等信息，并将这些数据汇总到后台数据中心进行分析处理。基于此，管理部门可以准确了解各海域的渔业资源状况，合理制定捕捞配额，避免因盲目开捕造成的资源浪费。同时，对于那些违规进入禁渔区的船只，系统也会发出警告信号，提醒船长尽快离开危险区域。

水产品加工自动化 水产品加工是渔业产业链的重要一环，传统的水产加工方式普遍存在效率低下的问题。而自动化加工设备的应用，则极大地提高了生产效率，降低了劳动强度。例如，在一家位于江苏省连云港市的大型水产品加工厂里，引进了多台自动剥虾机和去骨机。这些机器每小时可以处理数百公斤的原料，相当于数十名工人一天的工作量。更重要的是，自动化设备操作简单、精度高，加工出的产品质量稳定可靠，深受市场欢迎。

除了能够提高生产效率，自动化加工设备还有助于减少因人为干预带来的污染风险。在传统手工操作过程中，不可避免地会产生一些废弃物，如虾

[1] 国家数据局．建设“百台万吨”深远海智慧养殖平台　推进渔业转型升级 [EB/OL].(2024-09-04)[2025-03-28]. https://www.nda.gov.cn/sjj/ywpd/szjj/1213/20240906161600043455170_pc.html.

壳、鱼鳞等，如果处理不当，会对周边环境造成一定影响。而采用机械化流水线作业后，所有废弃物都被集中收集起来，经过无害化处理后再进行排放，有效避免了二次污染的发生。随着物联网技术的发展，越来越多的企业开始尝试将生产设备联网，实现远程监控和故障诊断等功能，进一步提升了整个生产过程的安全性和可控性。

数智技术在渔业产业中的应用，不仅重塑了传统生产模式，更推动了渔业生产要素配置的智能化、决策机制的科学化与产业链条的协同化。通过大数据驱动的信息整合、人工智能赋能的预测分析及物联网支持的感知体系，渔业产业实现了从粗放型向高效能、智能化发展的跃迁，显著增强了产业系统的整体韧性与可持续发展能力。

3.2 数智技术在第二产业制造领域的应用

3.2.1 智能制造与工业互联网的应用

智能制造是新一代信息技术与先进制造技术深度融合的产物，是制造业转型升级的重要方向。它以数字化、网络化、智能化为特征，通过先进的传感器、控制技术、工业软件和通信网络等手段，实现制造过程的实时感知、动态控制和科学决策。

智能制造不仅是单一技术的应用，还涵盖了从设计、生产到服务全生命周期的综合集成。其核心在于提高制造系统的灵活性、敏捷性和响应速度，从而满足个性化定制需求，提高生产效率，降低生产成本。

智能制造的主要特征体现在以下几个方面。

数字化 利用计算机辅助设计、计算机辅助工程等工具，实现产品的数字化设计和仿真，提高设计效率和质量。

网络化 通过工业互联网将生产设备、信息系统、操作人员等连接起来，实现信息的互联互通，促进协同工作。

智能化 引入人工智能、机器学习等技术，使制造系统具备自主决策、自适应调整的能力，从而提高生产效率和产品质量。

智能制造的应用范围非常广泛，涵盖了机械制造、汽车制造、电子制造等多个领域。在汽车制造领域，通过智能制造可以实现零部件的精确装配，大幅提高生产效率；在电子制造领域，智能制造可以帮助企业实现高精度的元器件加工和组装，提高产品质量。

工业互联网是智能制造的重要支撑，它通过连接物理世界和数字世界，实现人、机、物的全面互联，为智能制造提供强大的技术支持。工业互联网的主要功能包括以下内容。

设备联网 通过传感器、控制器等设备，实现生产设备的互联互通，收集设备运行状态、生产数据等信息。

数据分析 利用大数据分析技术，对采集的数据进行处理和分析，挖掘潜在的价值，为企业提供决策支持。

智能控制 基于数据分析结果，实现对生产设备的智能控制，优化生产流程，提高生产效率。

协同工作 通过工业互联网平台，实现企业内部各部门以及与上下游企业的协同工作，提高整体运作效率。

工业互联网的应用场景十分丰富，主要包括设备管理、生产管理、质量管理、供应链管理等。在设备管理方面，通过工业互联网可以实时监控设备运行状态，及时发现故障隐患，提前进行维护保养；在生产管理方面，可以通过工业互联网实现生产计划的动态调整，提高生产效率；在质量管理方面，可以通过工业互联网实现产品质量的全程追溯，确保产品质量；在供应链管理方面，可以通过工业互联网实现供应链的可视化管理，提高供应链的响应速度和可靠性。

以下是智能制造与工业互联网的应用案例。

1. 海尔集团的智能制造案例

海尔集团作为中国领先的家电制造企业，近年来在智能制造领域取得了显著成就。其智能制造实践不仅体现了技术与管理的深度融合，还展示了中国企业在推动制造业转型升级方面的创新能力和决心。海尔集团的智能制造转型始于2012年前后，为响应中国制造业转型升级的趋势，率先提出并实施“智能工厂”与“互联工厂”战略。通过引入物联网、大数据、人工智能等前沿技术，海尔逐步实现了生产流程的数字化、自动化和个性化定制，并发布了“人单合一模式2.0”[1]的管理模式，旨在通过智能化手段实现生产过程的自动化、信息化和智能化。这一管理模式的核心在于将员工与用户需求紧密结合，通过数据驱动的方式优化生产流程，提高生产效率和服务质量。

海尔集团的智能制造案例不仅限于单一工厂的改造，还涵盖了整个集团的生产体系。从最初的试点工厂到如今遍布全国的多个智能制造基地，海尔集团通过不断的技术创新和管理优化，逐步构建了一个完整的智能制造生态系统。这种生态系统不仅提高了企业的生产效率和产品质量，还增强了企业的市场竞争力和可持续发展能力。

海尔集团的智能制造案例建立在一系列先进技术的基础上，这些技术共同构成了智能制造的核心框架。工业互联网技术是海尔智能制造体系的重要组成部分。通过工业互联网平台，海尔集团实现了生产设备的互联互通，使设备能够实时传输运行数据。这些数据不仅用于监控设备状态，还用于预测设备故障，从而实现预防性维护，减少设备停机时间。

[1] 刘春华. 人单合一[M]. 浙江：浙江人民出版社，2022:276.

大数据技术在海尔智能制造中发挥了关键作用。通过对生产过程中产生的海量数据进行收集、存储和分析，海尔集团能够实时掌握生产动态，优化生产计划。通过分析历史数据，海尔集团可以预测市场需求变化，合理安排生产节奏，避免因生产过剩或不足导致的成本增加。此外，大数据技术还帮助海尔集团优化供应链管理，提高了原材料采购的准确性和及时性。

人工智能技术的应用进一步提高了海尔集团的智能制造水平。通过机器学习算法，海尔集团能够从复杂的生产数据中提取有价值的信息，为决策提供支持。人工智能技术被用于优化生产流程，避免浪费；在质量控制方面，人工智能系统能够快速识别产品缺陷，提高产品质量。此外，人工智能还被应用于客户服务，通过分析用户反馈数据，海尔集团能够为用户提供更加个性化的产品和服务。

海尔集团的智能制造案例不仅依赖技术，还注重管理创新。在“人单合一”的管理模式下，海尔将员工与用户需求紧密结合，通过数据驱动的方式优化生产流程。这种管理模式的核心在于将传统的“以产品为中心”的生产方式转变为“以用户为中心”的生产方式。通过这种管理模式，海尔集团能够更好地满足用户需求，提高用户满意度。

在生产管理方面，海尔集团实施了扁平化的组织结构，减少了管理层级，提高了决策效率。这种组织结构的变化使信息传递更加迅速，减少了沟通成本。同时，海尔集团建立了数据驱动的决策机制，通过对数据的实时监控和分析，管理层能够及时作出调整，确保生产过程的高效运行。

在员工管理方面，海尔集团注重员工的技能培训和职业发展。通过内部培训和外部合作，海尔集团不断提高员工的技术水平和创新能力。此外，海尔集团还建立了激励机制，鼓励员工积极参与技术创新和管理改进。这种以人为本的管理方式不仅提高了员工的工作积极性，还增强了企业的凝聚力和创造力。

海尔集团的智能制造案例取得了显著的实践效果，这些效果不仅体现在生产效率的提高上，还体现在产品质量的提高和服务水平的改善上。在生产效率方面，通过工业互联网平台和大数据技术的应用，海尔集团实现了生产过程的自动化和智能化。据统计，海尔集团的智能制造工厂相比传统工厂，生产效率提高了约30%，产品合格率提高了20%。这种效率的提高不仅降低了生产成本，还缩短了产品上市周期，增强了企业的市场竞争力。在产品质量方面，海尔集团通过引入人工智能技术和质量控制系统，实现了产品质量的全程监控和追溯。在生产过程中，人工智能系统能够实时检测产品质量，发现潜在问题并及时处理。这种智能化的质量控制方式不仅提高了产品质量，还减少了因质量问题导致的退货和投诉，提升了品牌形象。在服务水平方面，海尔集团通过智能化手段提升了客户服务能力。通过大数据分析用户反馈数据，海尔集团能够快速响应用户需求，提供个性化的解决方案。此外，海尔集团还建立了智能化的售后服务系统，用户可以通过手机应用程序随时查询产品状态和维修进度，享受便捷的服务体验。

随着科学技术的不断进步和应用场景的不断拓展，海尔集团将致力于实现更高水平的智能制造。海尔集团将进一步优化工业互联网平台，实现设备间的无缝连接和数据的实时共享。通过建立统一的数据接口标准，海尔集团将促进不同厂商设备之间的互联互通，提高整个生产系统的灵活性和适应性。海尔集团将加强人工智能技术的应用，实现生产过程的全面智能化。通过引入更先进的机器学习算法，海尔集团能够从海量数据中提取更有价值的信息，为决策提供更精准的支持。此外，海尔集团还将探索人工智能在质量控制、供应链管理和客户服务等领域的更多应用场景，进一步提高生产效率和服务水平。海尔集团将继续推进智能制造的标准化建设，为行业发展提供规范化的技术支持。通过与政府、行业协会和企业合作，海尔集团将积极参与制定统一的技术标准，推动整个产业链的协同发展。

海尔集团的智能制造案例不仅展示了中国企业在推动制造业转型升级方面的创新能力和决心，还为其他企业提供了一个可以借鉴的成功范例。通过工业互联网、大数据和人工智能等先进技术的应用，海尔集团实现了生产过程的自动化、信息化和智能化，提高了生产效率和产品质量，增强了市场竞争力和可持续发展能力。未来，随着科学技术的不断进步和应用场景的不断拓展，海尔集团将继续深化智能制造实践，为经济社会的发展注入新的活力。

2. 西门子的工业互联网案例

西门子工业互联网平台 MindSphere [1] 是西门子基于云的开放式工业物联网操作系统，是西门子工业互联网生态系统的核心。这一平台不仅承载了西门子在工业自动化和数字化领域的深厚积累，还通过开放接口和标准化协议，为不同行业的企业提供了一套完整的解决方案。MindSphere 的核心功能围绕数据采集、数据分析和应用开发展开，旨在实现设备的互联互通、数据的实时分析和业务流程的优化。通过 MindSphere，企业能够实现从底层设备到顶层管理的全面数字化，从而提高生产效率、优化资源配置并增强企业的市场竞争力。

MindSphere 的数据采集功能是其最基础也是最重要的环节。该平台通过内置的边缘计算模块，能够实时采集生产设备、传感器、仪表等设备的数据。这些数据不仅包括传统的运行参数，如温度、压力、振动等，还包括更复杂的工艺参数和环境数据。采集的数据通过加密和标准化处理后，上传至云端进行进一步分析。这一过程确保了数据的完整性和安全性，为企业提供了可靠的决策依据。

数据分析是 MindSphere 的核心功能之一。通过大数据分析和机器学习算法，MindSphere 能够从海量数据中提取有价值的信息。通过对设备运行数据的

[1] Siemens Digital Industries Software. MindSphere 助力世界工业实现数字化转型 [EB/OL].(2019)[2025-03-28]. https://www.plm.automation.siemens.com/media/global/zh/Siemens%20MindSphere%20Overview%20ZH%20wp_tcm60-29087.pdf.

分析，可以预测设备的故障风险，提前进行预防性维护，避免因设备故障导致的生产中断。此外，MindSphere 还能够分析生产过程中的能耗数据，帮助企业优化能源使用，降低运营成本。在质量管理方面，MindSphere 可以实时监控生产过程中的关键指标，及时发现并纠正质量问题，确保产品质量的稳定性。

应用开发是 MindSphere 平台的一大亮点。平台提供了丰富的应用程序编程接口（API）和开发工具，支持第三方开发者构建定制化的应用程序。这些应用程序可以针对特定行业的需求进行开发，如汽车制造中的生产线优化、电子制造中的质量监控等。通过开放的平台，西门子不仅为自身的产品和服务提供了扩展空间，也为整个工业互联网生态系统的发展注入了活力。

MindSphere 的技术架构基于云计算和边缘计算的结合，实现了数据的高效采集和分析。在边缘计算层面，MindSphere 使用了工业边缘设备（Industrial Edge Devices），将这些设备部署在工厂现场，负责数据的初步处理和过滤。边缘计算的优势在于减少了数据传输的延迟，提高了实时性，同时减轻了云端的计算负担。工业边缘设备通常配备高性能处理器和存储模块，能够运行复杂的算法，如预测性维护模型和实时监控算法。

在云端层面，MindSphere 采用了分布式架构，确保了系统的高可用性和可扩展性。云平台的核心组件包括数据湖、分析引擎和应用服务。数据湖用于存储和管理来自不同设备和系统的海量数据，支持多种数据格式和存储方式。分析引擎则集成了先进的机器学习算法和统计模型，能够处理复杂的数据分析任务。应用服务提供了丰富的应用程序编程接口（API）和开发工具，支持第三方开发者构建定制化应用。

MindSphere 的实现路径始于数据采集，通过边缘设备和云平台的协同工作，实现了数据的全面覆盖和实时处理。随后，数据被传输至分析引擎，经过清洗、整合和分析后，生成有价值的洞察。这些洞察通过应用服务呈现给用户，支持企业进行决策和优化。在整个过程中，MindSphere 通过开放接口和标准化协议，确保了不同设备和系统的无缝集成，实现了真正的工业互联网。

MindSphere 在多个行业中的应用展示了其强大的功能和广泛的适用性。在汽车制造领域，MindSphere 被应用于生产线的优化和设备的预测性维护。通过实时监控生产线上的设备状态，MindSphere 能够预测设备的磨损情况，提前进行维护，减少了停机时间。此外，通过对生产数据的分析，MindSphere 还能够优化生产流程，提高生产效率。例如，某汽车制造企业通过 MindSphere 实现了生产线的动态调整，根据不同订单的需求灵活调整生产计划，从而提高了生产灵活性和响应速度。

在电子制造领域，MindSphere 被用于质量监控和数据分析。通过实时监控生产过程中的关键参数，MindSphere 能够及时发现并纠正质量问题，确保产品质量的稳定性。此外，MindSphere 还能够分析生产数据，发现潜在的工艺改进点，帮助企业优化生产流程。例如，某电子制造企业通过 MindSphere 实现了生产线的自动化监控，减少了人为干预，提高了生产的一致性和可靠性。

在能源管理领域，MindSphere 被用于优化能源使用和减少碳排放。通过实时监控能源消耗数据，MindSphere 能够帮助企业识别能源浪费的环节，制定节能措施。例如，某能源公司通过 MindSphere 实现了设备的智能调度，根据负荷变化动态调整设备运行状态，从而降低了能源消耗。此外，MindSphere 还能够分析能源数据，帮助企业制定长期的能源管理策略，从而推动可持续发展。

MindSphere 的竞争优势主要体现在其开放性和灵活性上。MindSphere 提供了丰富的应用程序编程接口（API）和开发工具，支持第三方开发者构建定制化的应用程序。这种开放性使 MindSphere 能够适应不同行业和企业的特定需求，满足多样化的应用场景。MindSphere 的灵活性体现在其可扩展性上。无论企业规模大小，MindSphere 都能够根据需求进行调整和扩展，从小型企业到大型跨国企业都能从中获益。

在市场影响方面，MindSphere 已经在全球范围内得到了广泛应用。西门子通过 MindSphere 建立了一个庞大的工业互联网生态系统，吸引了众多合作伙伴和开发者。这些合作伙伴和开发者共同推动了 MindSphere 的发展，形成了一个良性循环的生态系统。此外，MindSphere 的成功案例为企业提供了可复制的经验，推动了工业互联网在更多行业的应用。

MindSphere 的未来发展方向集中在以下几个方面：首先，进一步提高平台的智能化水平。通过引入更先进的机器学习算法和人工智能技术，MindSphere 将能够实现更精准的预测和更智能的决策支持。其次，加强平台的开放性和兼容性。随着工业互联网生态系统的不断扩大，MindSphere 需要进一步开放接口，支持更多的设备和系统接入，实现更广泛的互联互通。最后，推动平台的全球化应用。MindSphere 已经在欧洲、北美和亚洲等多个地区得到了应用，未来将进一步拓展到其他地区，特别是在新兴市场中寻求更大的发展空间。

MindSphere 的应用不仅为企业带来了显著的经济效益，还对社会产生了积极的影响。在经济效益方面，MindSphere 通过提高生产效率、优化资源配置和减少能源消耗，帮助企业降低了运营成本，提高了盈利能力。例如，某汽车制造企业通过 MindSphere 实现了生产线的自动化监控，减少了人工干预，提高了生产效率，降低了生产成本。此外，MindSphere 还帮助企业实现了更精准的市场预测和客户响应，提高了企业的市场竞争力。

在社会效益方面，MindSphere 通过推动工业互联网的发展，促进了制造业的转型升级。工业互联网不仅提高了生产效率，还创造了新的就业机会。MindSphere 的应用催生了新的职业岗位，如数据分析师、工业互联网工程师等。这些岗位不仅要求具备专业的技术知识，还需要具备跨学科的能力，推动了人才结构的优化和技能的提升。

此外，MindSphere 还对环境保护产生了积极影响。通过优化能源管理和减少碳排放，MindSphere 帮助企业实现了可持续发展目标。

尽管 MindSphere 在工业互联网领域取得了显著的成就，但仍面临一些挑战。技术壁垒和标准化问题仍然是制约 MindSphere 应用推广的重要因素。不同设备和系统之间的兼容性问题，以及缺乏统一的技术标准，限制了 MindSphere 的广泛应用。为此，西门子需要加强与行业标准组织的合作，推动制定统一的技术标准，促进设备和系统的互联互通。数据隐私和安全问题是 MindSphere 面临的重要挑战。随着数据量的增加，数据泄露和滥用的风险也随之增加。为此，西门子需要加强数据加密和访问控制技术的应用，确保数据的安全性和隐私性。

西门子的工业互联网平台 MindSphere 是工业互联网领域的标杆之作，展示了工业互联网技术在提高生产效率、优化资源配置和推动可持续发展方面的巨大潜力。通过开放的平台架构、强大的数据分析能力和丰富的应用开发支持，MindSphere 为企业提供了全面的数字化解决方案。未来，随着技术的不断进步和市场的不断扩大，MindSphere 将继续发挥其在工业互联网领域的引领作用，为企业和社会带来更多的价值和机遇。

智能制造与工业互联网技术的应用是推动制造业转型升级的重要路径，其通过数字化、网络化和智能化的方式，显著提高了生产效率、优化了资源配置，并增强了企业的市场竞争力。在这一过程中，工业互联网作为智能制造的重要支撑，实现了设备、系统和人员之间的互联互通，为企业提供了强大的技术支持。

工业互联网的核心功能包括设备联网、数据分析、智能控制和协同工作。通过设备联网，企业能够实时采集生产设备的运行数据，并通过云端进行分析和处理，从而实现对生产状态的全面掌控。数据分析功能则通过对海量数据的挖掘和分析，帮助企业发现潜在问题并优化生产流程。智能控制功能使企业能够根据数据分析结果对生产设备进行实时调整，提高生产效率和产品质量。而协同工作功能则促进了企业内部各部门以及上下游企业的信息共享与合作，增强了整个产业链的协同效应。

具体案例表明，智能制造与工业互联网的应用在多个行业中取得了显著成效。海尔集团通过实施“人单合一”管理模式，结合工业互联网平台和大数据技术，实现了生产效率的大幅提高，并优化了产品质量和客户服务。西门子的工业互联网平台 MindSphere 则通过数据采集、分析和应用开发，帮助企业实现了设备间的互联互通、数据的实时分析和业务流程的优化，从而提高了整体生产效率和市场竞争力。

智能制造与工业互联网的应用也面临一些挑战。一是技术壁垒和标准化问题仍是制约其广泛应用的重要因素。二是“数据孤岛现象”限制了数据的全面共享和价值挖掘。三是网络安全与隐私保护问题日益突出，需要加强技术手段和法律法规的支持。四是复合型人才的短缺也影响了技术的推广和应用。

智能制造与工业互联网的深度融合，重塑了制造业的生产组织方式与价值创造机制。通过实现要素的泛在连接、数据的实时交互与系统的自主协同，该技术体系推动了制造过程的智能化、精益化与柔性化转型，显著提高了资源配置效率与产业链韧性，成为驱动制造业实现高质量发展的关键引擎。

3.2.2 绿色制造与节能减排的应用

绿色制造是以环境友好为目标，通过采用环保材料、清洁生产工艺、高效能源利用等方式，实现制造过程的低污染、低能耗、低排放。绿色制造的核心在于实现制造过程的可持续发展，既满足当前的市场需求，又不对未来的环境造成负面影响。

绿色制造不仅有助于保护环境，还能为企业带来经济效益，如降低原材料消耗、减少废弃物排放、提高资源利用率等。绿色制造的主要特征体现在以下几个方面。

环保材料 选择可再生、可回收、无毒无害的材料，减少对环境的污染。

清洁生产工艺 采用高效的生产工艺，减少污染物的产生，如采用无溶剂涂料、水性涂料等。

高效能源利用 采用节能设备和工艺，提高能源利用效率，如采用 LED 照明、变频电机等。

废弃物管理 采用有效的废弃物处理方法，减少废弃物的产生和排放，如采用垃圾分类、循环利用等。

绿色制造的应用范围非常广泛，涵盖了机械制造、汽车制造、电子制造等多个领域。在汽车制造领域，通过绿色制造可以实现车身轻量化设计，减少汽车的油耗和尾气排放；在电子制造领域，通过绿色制造可以实现电子产品的回收再利用，减少电子垃圾的产生。

以下是绿色制造与节能减排的应用案例。

1. 宝钢股份的绿色制造案例：从技术到实践的全面解析[1]

宝钢股份作为中国钢铁行业的领先企业，始终秉承“绿色发展”的核心理念，将可持续发展视为企业发展的核心战略之一。在国家“双碳”目标的指引下，宝钢股份以“绿色制造”为突破口，通过技术创新、管理优化和资源循环利用，实现了从传统制造向绿色制造的跨越式发展。其战略愿景不仅在于减少资源消耗和环境影响，还致力于通过技术突破和模式创新，引领钢铁行业的绿色转型，为全球钢铁工业的可持续发展提供中国方案。

宝钢股份的绿色制造战略以“低碳排放、资源高效利用、循环经济发展”为核心，通过引入先进的绿色制造技术，推动钢铁生产的全流程优化。其目标是实现生产过程的智能化、低碳化和绿色化，从而在行业内树立标杆。通

[1] 宝山钢铁股份有限公司 .2022 可持续发展报告 [EB/OL].(2023-04-27)[2025-04-02].https://res.baowugroup.com/attach/2023/04/27/f7d363bf463443a0b0d311ce5b612cc0.pdf.

过这一战略，宝钢股份不仅提升了自身的竞争力，还为钢铁行业的转型升级提供了可复制、可推广的实践经验。

宝钢股份的绿色制造实践建立在强大的技术支撑体系之上。通过持续的技术创新和研发投入，宝钢股份构建了一套覆盖生产全流程的绿色技术体系，涵盖了低碳冶炼、资源循环利用、能源优化管理等多个关键领域。

低碳冶炼技术是宝钢股份绿色制造的核心技术之一。宝钢股份通过引入富氢碳循环氧气高炉工艺，成功实现了炼铁环节的碳减排。该技术利用氢气替代部分焦炭作为还原剂，大幅降低了高炉炼铁过程中的碳排放量。与传统高炉相比，富氢碳循环氧气高炉的碳排放量减少了约 30%，同时显著提高了能源利用效率。

此外，宝钢股份还开发了以吉帕钢为代表的高强度钢材生产技术。通过优化化学成分和生产工艺，宝钢股份成功生产出强度更高、韧性更强的钢材，不仅减少了钢材的单位重量，还降低了原材料消耗和生产过程中的能耗。高强度钢材生产技术不仅提高了产品的市场竞争力，还进一步降低了钢铁生产的碳足迹。

宝钢股份通过建立完善的资源循环利用体系，实现了生产过程中废弃物的高效再利用。宝钢股份在废钢处理环节采用了先进的破碎分选技术，将废钢按照成分和形状进行精确分类，从而提高了废钢的回收利用率。通过这一技术，宝钢股份的废钢利用率达到了 90% 以上，显著减少了对原生矿石的依赖。

在水资源管理方面，宝钢股份引入了废水深度处理和回用技术，将生产过程中产生的废水经过多级处理后，回用于冷却系统和冲洗环节。废水深度处理和回用技术不仅减少了水资源的消耗，还降低了废水排放对环境的影响。据统计，宝钢股份的废水回用率达到了 85%，每年可节约水资源超过 100 万吨。

能源优化管理是宝钢股份绿色制造的重要组成部分。通过引入工业互联网技术，宝钢股份实现了生产设备的互联互通和实时监控。基于大数据分析，宝钢股份能够精准预测能源需求，并动态调整生产计划，从而最大限度地提高能源利用效率。

宝钢股份在炼钢环节引入了智能能源管理系统，通过实时监测锅炉运行状态和蒸汽流量，优化燃烧过程和蒸汽回收利用。这一技术的应用不仅降低了能源消耗，还提高了锅炉的运行稳定性，减少了故障停机时间。此外，宝钢股份还通过实施余热回收项目，将生产过程中产生的余热转化为电能，为厂区供电提供支持。

宝钢股份的绿色制造实践不仅依赖先进的技术，还通过管理创新实现了生产流程的全面优化。宝钢股份通过建立完善的绿色管理体系，将绿色理念贯穿生产管理的每一个环节，从而实现了从源头到终端的全过程管控。

宝钢股份通过构建绿色供应链管理体系，实现了对原材料采购、产品制造、物流运输等环节的全面管控。在原材料采购方面，宝钢股份建立了严格的供应商评估机制，优先选择那些具备绿色生产资质和环保认证的供应商。同时，宝钢股份与供应商建立了长期合作关系，通过技术共享和经验交流，共同推动绿色供应链的建设。

在物流运输环节，宝钢股份引入了智能物流管理系统，通过实时监控运输车辆的运行状态，优化运输路线和调度计划，减少了运输过程中的碳排放。此外，宝钢股份还鼓励供应商采用环保型运输工具，如电动车和天然气车，进一步减少了物流环节对环境的影响。

宝钢股份通过智能化生产管理，实现了生产过程的精细化控制和高效化运行。在生产计划方面，宝钢股份引入了智能排产系统，根据市场需求动态调整生产计划，避免了库存积压和资源浪费。同时，通过实时监控生产设备的运行状态，宝钢股份能够及时发现并解决潜在问题，减少了设备故障对生产的影响。

在质量控制方面，宝钢股份采用了先进的质量检测技术，确保每一道工序都符合环保标准。在钢材表面处理环节，宝钢股份引入了激光检测技术，能够精确识别钢材表面的瑕疵，从而减少不合格产品的产生。这种技术的应用不仅提高了产品质量，还减少了因返工造成的资源浪费。

宝钢股份通过建立绿色企业文化，培养了全员的环保意识和责任感。公司定期举办环保主题培训，向员工普及绿色制造理念和环保知识，鼓励员工在日常工作中践行环保行为。

宝钢股份还通过设立环保基金，支持员工参与环保公益活动。公司组织员工参与植树造林、清理河道等环保活动，不仅提升了员工的环保意识，还增强了员工的社会责任感。这种文化氛围的营造，使绿色制造的理念深入人心，成为员工日常工作的一部分。

宝钢股份的绿色制造实践取得了显著的成效，不仅在行业内树立了标杆，还为全球钢铁工业的可持续发展提供了宝贵经验。其绿色制造成果主要体现在以下几个方面。

环境效益显著提升 通过实施绿色制造技术，宝钢股份显著减少了生产过程中的碳排放和污染物排放。据统计，宝钢股份的碳排放强度较行业平均水平降低了 20% 以上，废水排放量减少了 30%，固体废弃物综合利用率达到 95%。这些成果不仅改善了厂区及周边地区的生态环境，还为钢铁行业的绿色发展树立了典范。

经济效益稳步增长 绿色制造不仅带来了环境效益，还为宝钢股份创造了显著的经济效益。通过提高能源利用效率和资源循环利用率，宝钢股份每年可节约能源成本超过 1 亿元，同时降低了原材料采购成本。此外，绿色制造技术的应用还提高了产品质量和市场竞争力，为公司带来了更多的订单和市场份额。

社会效益广泛传播 宝钢股份的绿色制造实践不仅为企业自身带来了收益，还对社会产生了深远影响。通过技术共享和经验交流，宝钢股份带动了上下游企业共同践行绿色发展理念。

宝钢股份还积极参与社会公益活动，通过设立环保基金、开展环保宣传等方式，提升了公众对绿色制造的认知度和参与度。这种社会责任感的体现，不仅增强了企业的社会影响力，还为企业赢得了更多的客户和合作伙伴。

未来，宝钢股份将继续深化技术创新，推动绿色制造向更高层次迈进。以下几点是宝钢股份绿色制造的未来发展方向。

（1）持续技术创新：引领行业技术进步

宝钢股份将加大研发投入力度，持续推动低碳冶炼、资源循环利用、能源优化管理等关键技术的创新。公司将加快富氢碳循环氧气高炉技术的推广和应用，进一步降低炼铁环节的碳排放。同时，宝钢股份还将探索新型低碳材料的研发，为钢铁行业提供更多的绿色解决方案。

（2）深化数字化转型：实现生产全流程智能化

宝钢股份将进一步深化工业互联网技术的应用，实现生产全流程的智能化管理。通过建立统一的数字平台，宝钢股份将实现数据的实时采集、分析和反馈，从而提高改革决策的科学性和精准性。此外，宝钢股份还将引入人工智能技术，优化生产计划和调度，进一步提高生产效率和资源利用效率。

（3）扩大绿色供应链：推动全产业链绿色发展

宝钢股份将继续深化绿色供应链管理，与更多上下游企业合作，共同推动全产业链的绿色发展。公司将建立更加严格的供应商评估机制，确保所有供应商都符合环保标准。同时，宝钢股份还将通过技术共享和经验交流，帮助供应商提升环保水平，共同实现绿色供应链的可持续发展。

（4）强化绿色文化传播：提升社会影响力

宝钢股份将进一步加强绿色文化的传播，通过举办环保论坛、开展公益活动等方式，提升公众对绿色制造的认知度和参与度。公司将与高校、科研机构合作，共同开展绿色制造相关的研究和教育项目，培养更多的绿色制造人才。此外，宝钢股份还将积极参与国际交流，分享绿色制造的成功经验，为全球钢铁工业的可持续发展贡献力量。

宝钢股份的绿色制造实践不仅为企业自身带来了显著的经济效益和社会效益，还在理论层面为传统产业的转型升级提供了重要启示。宝钢股份的成功案例表明，绿色制造不仅是企业履行社会责任的体现，更是提升竞争力的重要手段。通过技术创新和管理优化，企业可以实现生产过程的低碳化、智能化和高效化，从而在激烈的市场竞争中占据优势。

宝钢股份的实践证明，绿色制造需要技术、管理和文化的协同推进。技术是绿色制造的基础，管理是绿色制造的保障，文化是绿色制造的灵魂。只有三者有机结合，才能实现真正的绿色转型。这种协同效应不仅适用于钢铁行业，也适用于其他传统产业。

宝钢股份的案例展示了绿色制造在推动经济社会可持续发展中的重要作用。通过减少资源消耗和环境影响，绿色制造不仅为企业创造了经济效益，还为社会创造了更大的环境价值。这种模式为其他企业提供了可借鉴的经验，也为全球可持续发展的探索提供了中国智慧。

宝钢股份的绿色制造实践不仅是企业自身发展的成功案例，更是传统产业转型升级的典范。通过技术创新、管理优化和文化引领，宝钢股份成功实现了从传统制造向绿色制造的跨越，为钢铁行业的绿色发展树立了标杆，也为全球可持续发展贡献了中国力量。未来，宝钢股份将继续发挥引领作用，推动绿色制造向更高层次迈进，为经济社会的高质量发展注入新的活力。

2. 富士康的节能减排案例：技术创新与绿色制造的实践[1]

在全球气候变化和环境保护意识日益增强的背景下，绿色制造已成为企

[1] 富士康科技集团.2022 永续报告书 [EB/OL].(2023-07-31)[2025-04-02].https://image.honhai.com/reports/CSR/CN/2022/%E9%B4%BB%E6%B5%B7-2022ESG(CH)-20230731-%E5%AE%8C%E6%95%B4%E7%89%88.pdf.

业实现可持续发展的重要途径。富士康科技集团作为全球领先的智能制造企业，积极响应国家“双碳”目标，通过技术创新和管理优化，致力于构建绿色供应链，推动全产业链的节能减排。富士康不仅在自身运营环节实施了一系列节能减碳措施，还通过与供应商的合作，带动整个产业链的绿色发展。这种全方位的绿色制造实践不仅提升了企业的环境绩效，还增强了其市场竞争力和社会责任感。

富士康的节能减排路径涵盖了多个关键环节，包括内部碳定价、能源审计、绩效考核机制、照明、电机、空压、空调系统和生产工艺的节能改进等。这些措施不仅提高了企业的能源利用效率，还降低了生产过程中的碳排放量。通过内部碳定价机制，富士康鼓励各部门主动采取节能措施，减少碳足迹。这种市场化的方式不仅激发了员工的积极性，还为企业节约了大量的运营成本。

能源审计是富士康实现节能减排的重要手段之一。通过定期对生产设备和设施进行能源审计，企业可以发现潜在的能源浪费点，并制定相应的改进措施。

绩效考核机制则是富士康推动节能减排的一个重要工具。通过设定明确的节能减排目标，并将其纳入绩效考核体系，企业能够确保各部门和员工在日常工作中注重环保和节能。富士康某事业部通过实施绩效考核机制，将节能减排指标与员工的奖金挂钩，大大提高了员工的积极性。这种激励机制不仅促进了节能减排目标的实现，还增强了员工的环保意识。

照明系统的节能改造是富士康实现节能减排的重要组成部分。通过引入高效的 LED 照明设备，企业不仅降低了照明系统的能耗，还提高了照明效果。富士康某生产车间通过将灯具更换为 LED 灯具，使照明能耗降低了 50%，同时提升了员工的工作环境舒适度。这种改造不仅节约了能源成本，还为企业创造了更好的工作条件，提高了员工的满意度和工作效率。

电机系统的优化升级也是富士康节能减排的关键措施之一。通过采用高效电机和变频器，企业可以显著降低电机的能耗。富士康某注塑车间通过更换高效电机和变频器，将电机能耗降低了 40%，每年节省电费约 80 万元。电机系统的优化升级不仅提高了设备的运行效率，还延长了设备的使用寿命，降低了维护成本。

空压系统的节能改进是富士康实现节能减排的重要环节。通过优化空压机的运行参数和进行定期维护，企业可以大幅降低空压系统的能耗。

空调系统的节能改造是富士康实现节能减排的重要措施之一。通过采用高效空调设备和优化空调系统的运行参数，企业可以显著降低空调系统的能耗。富士康某办公大楼通过更换为高效空调设备，将空调系统能耗降低了 40%，每年节省电费约 150 万元，不仅节约了能源成本，还提升了员工的工作环境的舒适度，提升了企业的形象。

生产工艺的优化是富士康实现节能减排的重要途径之一。通过引入先进的生产技术和管理方法，企业可以显著减少生产过程中的能耗。

富士康不仅在自身运营环节实施节能减排措施，还通过绿色供应链管理，带动整个产业链的绿色发展。通过推动供应商完成碳盘查、ISO 14064–1 查证和使用可再生能源，企业成功实现了供应链的碳减排。富士康的某供应商通过节能改造和使用可再生能源，每年可减碳 8 229 吨，显著减少了其生产过程中的碳足迹。这种合作不仅提升了供应商的环保意识，还增强了双方的互信关系，为长期合作奠定了坚实的基础。

富士康科技集团承诺到 2030 年运营碳排放较 2020 年基准年下降 80%，并在 2035 年实现运营范围内的碳中和。这一目标的设定不仅体现了企业对环境保护的责任感，也为其他企业树立了榜样。通过设立科学碳目标（SBTi），富士康获得了碳信托的支持，确保其减排目标与 1.5 ℃温控路径相一致。这种科学的碳管理方法不仅提高了企业的环境绩效，还增强了其在国际市场上的竞争力。

富士康的绿色制造实践不仅限于节能减排，还包括循环经济和资源循环利用。通过建立闭环生产系统，企业实现了资源的最大化利用，减少了废弃物的产生。某制造工厂通过循环利用废旧金属材料，将废弃物转化为有价值的资源，不仅减少了环境污染，还创造了新的经济价值。这种循环经济模式不仅提升了企业的可持续发展能力，还增强了其社会责任感。

富士康不仅关注自身的节能减排，还积极参与社会公益活动，履行企业的社会责任。通过支持环保项目和社区建设，企业展现了其对社会的关怀和担当。

富士康的节能减排案例充分展示了企业在绿色制造方面的卓越实践。通过技术创新和管理优化，富士康不仅实现了自身的节能减排目标，还带动了整个产业链的绿色发展。这种全方位的绿色制造实践不仅提升了企业的环境绩效，还增强了其市场竞争力和社会责任感。未来，富士康将继续秉承绿色发展理念，为实现全球可持续发展目标作出更大贡献。

尽管绿色制造与节能减排带来了诸多好处，但在实际应用中也面临着一些挑战。一是技术难题，如节能环保技术的研发和推广；二是成本问题，绿色制造和节能减排的实施需要大量的资金投入，对于中小企业来说是一笔不小的开支；三是意识问题，部分企业和消费者对绿色制造和节能减排的认识不足，缺乏积极性。为了应对这些挑战，政府和企业可以采取一系列措施，如加强技术研发、加大政策支持力度、开展宣传教育等。

智能制造与工业互联网以及绿色制造与节能减排的应用，提高了制造业的生产效率和产品质量，促进了制造业的可持续发展。智能制造与工业互联网的应用，使制造业更加灵活、敏捷、高效；绿色制造与节能减排的应用，使制造业更加环保、节能、低碳。未来，随着科学技术的不断进步和政策的不断完善，智能制造与工业互联网以及绿色制造与节能减排的应用将会更加广泛，为制造业的转型升级注入新的动力。

3.3 数智技术在第三产业服务业的应用

3.3.1 数智技术在金融服务业中的应用

金融服务业作为现代经济的重要支柱，其高效、便捷、安全的服务模式直接影响着经济社会的发展。随着信息技术的快速发展，数智技术正在深刻改变着金融服务业的格局，推动其朝着更加智能化、个性化、普惠化的方向发展。

本节将从多个角度探讨数智技术在金融服务业中的应用，并以北京基金小镇[1]为例，分析数字化实践带来的具体成效。

1. 数智技术在金融服务业中的应用

（1）智能投顾[2]与财富管理

智能投顾，又称 Robo-Advisor，是一种利用先进的金融模型和算法技术，为投资者提供自动化财务规划与投资管理的金融服务。其核心在于通过大数据分析和人工智能算法，对客户的财务状况、风险偏好和投资目标进行全面评估，并据此生成个性化的投资建议。智能投顾不仅能够帮助投资者优化资产配置，还能根据市场动态实时调整投资策略，从而实现风险最小化和收益最大化的目标。智能投顾不仅降低了传统理财顾问的人力成本，还提高了服

[1] 王霞，邓欣玮．基金小镇推动金融业高质量发展的经验与启示：以北京基金小镇为例 [J]. 现代商业，2021(31):119−121.DOI:10.14097/j.cnki.5392/2021.31.038.
顾颖，张舰，杨晨茁，等．基金小镇基金机构服务标准体系研究：以北京基金小镇为例 [J]. 中国标准化，2023(22):48−52.

[2] 钟宁桦．钱一蕾．智能投顾前瞻 解析智能投顾的“前世今生”[M]. 北京：北京大学出版社，2020:288.

务效率和准确性。

智能投顾的核心功能包括以下几个方面：首先，通过自然语言处理技术，智能投顾能够理解客户的语言表达，快速解析其投资需求和风险承受能力。其次，基于机器学习算法，智能投顾可以对历史数据进行深度挖掘，预测未来的市场趋势，并据此生成投资组合建议。最后，智能投顾还具备实时监控和动态调整的能力，能够在市场波动时自动优化投资策略，确保客户资产的安全与增值。

智能投顾的工作原理主要依赖三个关键技术：数据采集、算法建模和自动化执行。数据采集是智能投顾的基础。通过整合客户的财务信息、市场数据和宏观经济指标，智能投顾能够构建全面的数据池。这些数据不仅包括客户的收入、支出、资产配置等静态信息，还包括市场波动、政策变化等动态信息。算法建模是智能投顾的核心。智能投顾利用机器学习算法，对采集到的数据进行分析和建模。这些算法包括回归分析、聚类分析、神经网络等，能够识别数据中的复杂模式和潜在趋势。通过回归分析，智能投顾可以预测不同资产类别的未来表现；通过聚类分析，智能投顾可以识别客户的风险偏好类型，并据此推荐合适的投资组合。自动化执行是智能投顾的优势。通过与交易平台的无缝集成，智能投顾能够自动执行投资决策。当市场波动超出预设阈值时，智能投顾会自动调整投资组合，减少风险暴露；当市场出现新的投资机会时，智能投顾会自动增加相关资产的权重。这种自动化执行不仅提高了操作效率，还减少了人为干预带来的误差。

智能投顾相较于传统理财顾问，具有显著的优势。一是智能投顾能够提供全天候、无地域限制的服务。无论客户身处何地，只要能连接互联网，就能随时随地获取投资建议。二是智能投顾的成本更低。传统理财顾问的服务费用通常较高，而智能投顾通过自动化流程大幅降低了运营成本，使更多普通投资者能够享受到专业的投资服务。

智能投顾也面临一些挑战。数据质量和算法可靠性是智能投顾的关键问题。如果数据采集不全面或算法模型存在偏差，可能会导致投资建议的准确性下降。智能投顾的透明度和信任度问题也不容忽视。投资者需要了解智能投顾的工作原理和决策依据，才能对其产生信任。此外，智能投顾在极端市场条件下的表现尚需进一步验证。在金融危机或市场剧烈波动时，智能投顾是否能够保持稳定性和有效性，仍是投资者关注的焦点。

智能投顾与财富管理的结合，为投资者提供了更加全面和个性化的服务。在财富管理中，智能投顾不仅能够提供投资建议，还能帮助客户实现资产的长期增值。通过结合客户的风险偏好、投资目标和市场动态，智能投顾能够生成多维度的投资策略，包括资产配置、风险控制和收益优化。

具体而言，智能投顾在财富管理中的应用主要体现在以下几个方面：首先，智能投顾能够根据客户的财务状况和风险承受能力，生成个性化的资产配置方案。对于风险偏好较低的客户，智能投顾会推荐更多的固定收益类资产；对于风险偏好较高的客户，则会推荐更多的股票类资产。其次，智能投顾能够实时监控客户的资产组合，并根据市场变化动态调整投资策略。这种动态调整不仅能够降低投资风险，还能提高投资回报率。

此外，智能投顾还能够帮助客户实现跨资产类别的多元化投资。通过整合股票、债券、房地产等多种资产类别，智能投顾能够为客户提供更加均衡的投资组合。这种多元化投资策略不仅能够分散风险，还能提高投资的稳定性和可持续性。智能投顾可以通过分析客户的退休计划和教育基金需求，为其推荐合适的多元化投资组合，确保客户在不同生命周期阶段都能实现财务目标。

智能投顾在财富管理中的一个重要功能是客户关系管理。通过智能投顾，金融机构能够更好地了解客户需求，为客户提供更加贴心的服务。首先，智能投顾能够通过数据分析，识别客户的潜在需求。当客户临近退休时，智能投顾会自动提醒其调整投资策略，增加稳健型资产的比重。其次，智能投顾能够提供实时的市场资讯和投资建议，帮助客户更好地把握市场机会。

智能投顾还能通过用户画像技术，为客户提供个性化的服务体验。智能投顾可以根据客户的消费习惯和投资偏好，为其推荐适合的产品和服务。这种个性化的服务不仅能够提升客户满意度，还能增强客户的忠诚度。

智能投顾在金融服务业的应用，也带来了监管合规的新挑战。首先，智能投顾需要确保数据的合法性和合规性。金融机构在采集和使用客户数据时，必须遵守相关的隐私保护法规，如《通用数据保护条例》（GDPR）和《中华人民共和国个人信息保护法》。其次，智能投顾需要确保算法的透明性和公正性。监管机构要求智能投顾的算法模型能够清晰地解释其决策依据，以防止算法歧视或不公平现象的发生。

智能投顾还需要应对市场波动带来的风险。在极端市场条件下，智能投顾的自动化执行机制可能会面临压力。因此，金融机构需要建立完善的风控机制，确保智能投顾在任何市场条件下都能保持稳定性和可靠性。通过设置风险阈值和应急预案，智能投顾能够在市场剧烈波动时自动调整投资策略，保护客户的资产安全。

智能投顾的未来发展趋势将集中在以下几个方面：首先，技术的进一步普及和优化。随着人工智能和大数据技术的不断进步，智能投顾的算法模型将更加精准和高效。通过引入强化学习算法，智能投顾能够更好地适应市场变化，提高投资决策的准确性。

其次，智能投顾的服务范围将进一步扩大。除了传统的投资管理服务，智能投顾还将涉足更多的金融领域，如税务筹划、遗产规划和保险配置。这种全方位的服务将使智能投顾成为客户的一站式金融管家，为客户提供更加全面和个性化的服务体验。

最后，智能投顾的用户体验将得到进一步提升。通过虚拟现实和增强现实技术，智能投顾将为客户提供更加直观和沉浸式的投资体验。客户可以通过 VR 设备查看虚拟的投资组合表现，实时了解市场动态和投资建议。

智能投顾与财富管理的结合，为金融服务业带来了革命性的变革。通过先进的金融模型和算法技术，智能投顾能够为客户提供全天候、个性化的投资服务，提高投资效率和收益。然而，智能投顾的成功应用离不开数据质量，算法可靠性、透明度和信任度的保障。未来，随着科学技术的不断进步和监管的不断完善，智能投顾将在财富管理领域发挥更加重要的作用，为投资者创造更大的价值。

智能投顾利用算法和机器学习技术，为客户提供个性化的投资建议。通过分析客户的财务状况、风险偏好和投资目标，智能投顾可以为客户推荐最适合的投资组合。一些金融机构开发了基于人工智能的投顾系统，能够实时跟踪市场动态，调整投资策略，帮助客户实现资产增值。这种服务不仅降低了传统理财顾问的人力成本，还提高了服务效率和准确性。

（2）区块链技术与金融创新

区块链技术作为一种分布式账本技术，近年来在金融服务业中得到了广泛的应用。其去中心化、透明性和不可篡改的特性，为金融行业的创新提供了前所未有的可能性。通过区块链技术，金融机构能够实现更高效的交易处理、更透明的资产管理以及更安全的数据存储。以下将从技术原理、应用场景、优势以及面临的挑战四个方面，对区块链技术在金融创新中的应用进行深入探讨。

区块链技术的核心在于其分布式账本的设计。传统的金融交易依赖中心化的中介机构，如银行、清算所等，这些中介机构负责验证交易的真实性并维护交易记录。然而，这种模式存在效率低下、成本高昂以及有潜在的欺诈风险等问题。区块链技术通过将交易记录存储在一个去中心化的网络中，消除了对中介机构的依赖，从而提高了交易效率并降低了成本。

区块链的去中心化特性体现在其网络结构上。区块链网络由多个节点组成，每个节点都保存了一份完整的账本副本。当一笔交易发生时，网络中的所有节点会共同验证这笔交易的有效性。只有当大多数节点达成共识后，交易才会被记录到账本中。这种共识机制确保了交易的透明性和不可篡改性。目前，最常用的共识机制包括工作量证明（Proof of Work, PoW）和权益证明（Proof of Stake, PoS）。PoW 机制要求节点通过解决复杂的数学问题来获得记账权，而 PoS 机制则根据节点持有的币量和时间来决定记账权。这两种机制各有优劣，但在确保交易安全性和网络稳定性方面都发挥了重要作用。

区块链的透明性体现在其数据的公开性和可追溯性上。每一笔交易都会被记录在区块中，并且所有节点都可以查看这些记录。这种透明性不仅增强了交易的可信度，还为监管机构提供了便利。此外，区块链的不可篡改性也使数据一旦被记录就无法被更改，从而为金融交易提供了更高的安全性。

区块链技术在金融服务业中的应用涵盖了多个领域，包括跨境支付、供应链金融、证券发行与交易、客户征信与反欺诈等。这些应用场景不仅展示了区块链技术的潜力，也为传统金融业务带来了显著的改进。

在跨境支付领域，区块链技术能够大幅提高交易速度并降低交易成本。传统的跨境支付通常需要通过多个中介机构进行，不仅延长了交易时间，还提高了交易成本。而基于区块链的跨境支付解决方案可以直接连接发款方和收款方，无须中间人介入。

在供应链金融领域，区块链技术可以整合上下游供应链企业的交易信息，提高行业监管效率并降低监管成本。传统的供应链金融模式存在信息不对称的问题，导致中小企业难以获得融资。而基于区块链的供应链金融平台可以实现交易信息的透明化和可追溯性，从而提高了融资效率并降低了风险。

在证券发行与交易领域，区块链技术可以提高交易的透明度和安全性。传统的证券发行与交易过程通常需要通过多个中介机构进行，这不仅增加了交易成本，还可能导致信息泄露和欺诈行为。而基于区块链的证券发行与交易系统可以直接连接发行人和投资者，实现交易的去中介化。

在客户征信与反欺诈领域，区块链技术可以提高数据的可信度和安全性。传统的客户征信系统存在“数据孤岛”和信息不对称的问题，导致金融机构难以准确评估客户的信用状况。而基于区块链的客户征信系统可以实现数据的共享和验证，从而提高征信的准确性和可靠性。

区块链技术在金融创新中的应用带来了多方面的优势。首先，区块链技术提高了交易的透明度和安全性。通过分布式账本的设计，区块链技术确保了交易记录的不可篡改性和可追溯性，从而增强了交易的可信度。其次，区块链技术降低了交易成本和时间。传统的金融交易通常需要通过多个中介机构进行，这不仅增加了交易成本，还延长了交易时间。而基于区块链的交易系统可以直接连接交易双方，无须中间人介入，从而提高了交易效率并降低了成本。再次，区块链技术提高了金融服务的可及性。传统的金融服务通常受到地域和身份的限制，而基于区块链的金融服务可以突破这些限制，使更多的人能够享受到金融服务。最后，区块链技术促进了金融市场的创新。通过区块链技术，金融机构可以开发出更多创新的金融产品和服务，从而满足客户多样化的需求。

尽管区块链技术在金融创新中展现出巨大的潜力，但在实际应用中仍面临诸多挑战。首先，技术成熟度有待提高。虽然区块链技术已经取得了显著进展，但在性能、扩展性和安全性等方面仍存在不足。区块链网络的吞吐量和延迟问题限制了其在高频交易场景中的应用。其次，法律法规尚不完善。区块链技术的应用涉及数据隐私、跨境交易等多个领域，而现有的法律法规尚未完全适应这些新变化。如何在保护数据隐私的同时确保交易的透明度，是一个亟待解决的问题。再次，市场接受度有待提升。区块链技术的应用需要金融机构、企业和消费者的广泛接受和支持，而目前仍有许多人对区块链技术持怀疑态度。最后，技术人才短缺也是一个制约因素。区块链技术的应用需要既懂金融又懂技术的复合型人才，而这类人才目前较为稀缺。

尽管区块链技术在金融创新中面临诸多挑战，但其潜力和前景不容忽视。随着科学技术的不断进步和应用场景的不断拓展，区块链技术将在金融服务业中发挥更大的作用。未来，区块链技术有望在以下几个方面实现突破：首先，技术性能将得到显著提升。通过优化共识机制和网络架构，区块链网络的吞吐量和延迟问题将得到有效解决，从而支持高频交易场景的应用。其次，法律法规将逐步完善。随着区块链技术的普及，各国政府将出台更多针对区块链技术的法律法规，为金融创新提供法律保障。再次，市场接受度将不断提高。随着金融机构和企业的不断尝试，越来越多的人将认识到区块链技术的价值，从而推动其在金融服务业中的广泛应用。最后，技术人才短缺问题将得到缓解。随着高校和培训机构的不断努力，与区块链技术相关的人才培养体系将逐步完善，为金融创新提供充足的人才支持。

区块链技术在金融创新中的应用不仅展示了其技术优势，也为传统金融业务带来了显著的改进。然而，要充分发挥区块链技术的潜力，仍需克服技术、法律、市场和人才等方面的挑战。未来，随着科学技术的不断进步和应用场景的不断拓展，区块链技术将在金融服务业中发挥更大的作用，为金融创新注入新的活力。

（3）大数据风控与信用评估

大数据风控与信用评估是金融服务业中数智技术应用的核心领域之一。随着数据的爆发式增长和科学技术的不断进步，大数据风控通过整合和分析海量数据，为金融机构提供了更加精准、高效的信用评估工具。这一领域的技术应用不仅显著提升了金融机构的风险管理能力，还优化了客户体验，推动了金融服务的普惠化发展。本部分将深入探讨大数据风控与信用评估的技术原理、应用场景以及其对金融行业的影响。

大数据风控与信用评估的核心在于数据的采集、处理和分析。通过整合不同来源的海量数据，包括结构化数据（如财务报表、交易记录）和非结构化数据（如社交媒体信息、网络行为数据），大数据风控系统能够构建出全面的客户画像。这些数据源的多样性使信用评估更加精准，能够捕捉传统方法难以发现的潜在风险因素。

具体而言，大数据风控系统通常包括以下几个关键组件。

数据采集 通过多种渠道收集数据，包括金融机构内部数据库、第三方数据提供商、公开数据源等。数据采集需要确保数据的完整性和准确性，同时保护客户隐私。

数据清洗与预处理 对采集到的数据进行清洗和预处理，去除噪声和冗余信息，确保数据质量。这一环节对于后续的分析至关重要，因为数据质量直接影响模型的准确性。

数据分析与建模 利用机器学习算法对数据进行深度挖掘和分析。常见的算法包括回归分析、分类算法、聚类算法等。通过这些算法，系统可以识别出与信用风险相关的特征变量，并构建预测模型。

风险评估与决策支持 基于分析结果，系统生成客户信用评分，并为金融机构提供决策支持。这些评分可以帮助金融机构更准确地评估客户的信用风险，从而制定合理的授信策略。

大数据风控与信用评估在金融服务业中的应用非常广泛，涵盖了信贷审批、反欺诈、贷后管理等多个环节。

信贷审批 在传统信贷审批过程中，金融机构通常依赖客户的财务报表和信用历史。然而，这种方式存在信息不对称的问题，可能导致审批效率低下或风险评估不准确。大数据风控系统通过整合客户的多维度数据，能够快速生成信用评分，帮助金融机构更高效地完成信贷审批流程。通过分析客户的消费行为、社交网络活跃度等非传统数据，系统可以更全面地评估客户的还款能力和还款意愿。

反欺诈 欺诈行为是金融行业面临的重大挑战之一。大数据风控系统通过实时监控和分析交易数据，能够及时发现异常行为并发出预警。通过分析客户的交易模式和设备信息，系统可以识别出异常的交易请求，从而有效防止欺诈行为的发生。

贷后管理 贷后管理是金融机构风险管理的重要环节。大数据风控通过持续监控客户的信用行为，能够及时发现潜在的风险信号。通过分析客户的还款记录、消费习惯等数据，系统可以预测客户的违约风险，并提前采取措施进行干预。

大数据风控与信用评估相较于传统方法，具有显著的技术优势。

精准性 通过整合多维度数据，大数据风控系统能够更全面地评估客户的信用风险。与传统方法相比，大数据风控系统可以捕捉到更多细微的风险特征，从而提高评估的准确性。

实时性 大数据风控系统能够实时处理和分析数据，提供即时的风险评估结果。这种实时性对于金融机构快速响应市场变化、及时调整策略至关重要。

自动化 大数据风控系统通常与自动化决策引擎相结合，能够实现信贷审批、风险预警等环节的自动化处理。这不仅提高了效率，还降低了人为干预带来的误差。

普惠性 大数据风控系统使金融机构能够更好地服务小微企业和个人客户。通过分析非传统数据源，系统可以为缺乏完整信用记录的客户提供信用评估，从而扩大金融服务的覆盖范围。

随着科学技术的不断进步，大数据风控与信用评估将在以下几个方面展现出更大的潜力。

人工智能与大数据的深度融合 人工智能技术将进一步提高大数据风控的智能化水平。通过深度学习算法，系统可以自动发现更深层次的风险特征，并优化信用评估模型。

区块链技术的应用 区块链技术可以提高数据的透明度和安全性，从而增强大数据风控系统的可信度。通过区块链技术，金融机构可以实现数据的分布式存储和共享，减少“数据孤岛现象”。

实时风控系统的普及 随着5G技术的普及，实时风控系统的普及将成为可能。金融机构可以通过实时监控和分析数据，及时发现和处理风险事件，从而降低损失。

个性化风控解决方案 随着客户个性化需求的增长，金融机构将更加注重提供定制化的风控解决方案。通过分析客户的特定需求和风险特征，系统可以生成个性化的信用评估和风险管理策略。

大数据风控与信用评估是数智技术在金融服务业中的重要应用领域。通过整合和分析海量数据，大数据风控系统能够为金融机构提供更精准、高效的信用评估工具，不仅提升了金融机构的风险管理能力，还优化了客户体验，推动了金融服务的普惠化发展。然而，大数据风控与信用评估也面临着数据质量、算法复杂性、隐私保护等技术方面的挑战。未来，随着人工智能、区块链等技术的进一步发展，大数据风控与信用评估将迎来更加广阔的应用前景。金融机构需要不断探索和创新，以充分发挥大数据风控的技术优势，推动金融行业的持续健康发展。

2. 案例研究：北京基金小镇的数字化实践

北京基金小镇作为中国首个国家级基金小镇，自成立以来便致力于打造一个集基金产业集聚、金融服务创新于一体的综合性服务平台。近年来，北京基金小镇积极推进数字化转型，通过引入数智技术，不断提高服务质量和效率，取得了显著成效。

（1）数字化服务体系构建

①云端·北京基金小镇平台

北京基金小镇以“云端”为核心，打造了全国首个基金业数字化生态圈，通过整合企业注册、基金业务、人才服务、投融对接、投资者教育、风险管理等全链条功能，形成“虚拟”基金产业集聚区。北京基金小镇高度重视数字化基础设施建设，投入大量资金用于搭建高性能数据中心和云计算平台。这些基础设施不仅为小镇内的企业提供稳定可靠的数据存储和计算能力，还为各类金融科技应用提供了技术支持。该平台依托物联网、大数据和云计算技术，实现了以下创新。

服务智能化 为了提升客户体验，通过标准化流程与数字化工具，北京基金小镇引入了智能客服系统，提供 7×24 小时不间断的服务。为入驻机构提供工商、税务、社保等一站式线上办理服务，业务办理效率提高了 60% 以上。同时该系统能够自动识别客户的问题，并给出相应的解答。对于复杂问题，智能客服还会转接人工客服，确保客户得到及时有效的帮助。此外，小镇还开发了在线服务平台，整合了基金注册、备案、信息披露等功能，方便投资者和基金管理人办理相关业务。这些举措不仅提高了服务效率，还降低了人为错误的发生概率。通过“尽调云”系统，对私募基金机构进行十大维度、729 个审核要点的动态监测，实现风险穿透式管理。

资源协同化 平台对接 135 家战略合作伙伴（包括银行、律师事务所、券商等），构建跨区域资源共享网络，支持基金机构从注册到退出的全生命周期服务。2024 年小镇新增基金管理人登记数量占北京市新增总数的近 56%。

生态开放化 通过“1+N”合作模式，整合产业链上下游资源，举办投融对接活动 43 场，为 500 余家企业与 1 000 余家投资机构搭建桥梁，促成投资 1 302 起，被投企业上市 199 家。

②投资者教育数字化平台

小镇依托国家级投资者教育基地，推出“投教基地 App”，构建“短视频 + 直播 + 音频 + 图文 + 互动”立体化服务体系，覆盖 9 785 万人次。该平台充分利用大数据技术，建立了完善的基金信息数据库。通过对海量数据的挖掘和分析，小镇能够及时掌握市场动态，为企业提供有价值的决策支持。

同时，通过自然语言处理和大数据分析技术，精准推送投教内容，帮助投资者提升风险识别能力。App 内置的智能问答系统可实时解答合规问题，用户满意度达 92%。

（2）风险防控体系创新

① 智能化风险监测与预警

北京基金小镇通过“合规风控手册”（已更新至第十三版）和“尽调云”平台，构建了“风险研究—预防—预警—处置”全链条风控体系。

事前审核 对拟入驻机构进行 571 项合规性扫描，主动拒绝或清理 705 家高风险机构，确保零非法集资、零金融诈骗记录。

事中监控 利用区块链技术追踪基金交易数据，实时预警异常资金流动。例如，某机构未备案的 6 家有限合伙企业被系统自动标记并触发核查机制。

事后处置 与基金业法庭、检察服务 e 站联动，实现纠纷调解与司法处置无缝衔接，平均处理周期缩短了 40%。

②标准化风控输出

小镇主导制定了《金融机构风险管理 术语》[1]《金融机构风险管理 框架》[2] 两项国家标准，填补了行业空白。其“私募基金评价体系”被多家机构采用，推动了行业规范化发展。

3. 服务实体经济的数字化路径

（1）精准投融对接

通过云端平台与线下活动相结合，小镇连接创业端与投资端。

科技赋能投研 利用大数据分析企业技术路线与市场潜力，2023 年支持

[1] 全国金融标准化技术委员会 (SAC/TC 180). 金融机构风险管理 术语 :GB/T 42339—2023[S]. 北京 : 中国标准出版社 ,2023.

[2] 全国金融标准化技术委员会 (SAC/TC 180). 金融机构风险管理 框架 :GB/T 42422—2023[S]. 北京 : 中国标准出版社 ,2023.

“专精特新”企业融资规模超 50 亿元，推动科技成果转化。

绿色金融实践 设立绿色投资专项基金，引导资本流向新能源、低碳技术等领域，助力“双碳”目标的实现。与北京股权交易中心合作开展绿色项目路演，促成新能源领域投资 32 亿元。

（2）人才培育与产业协同

复合型人才培养 与清华大学等高校合作开展“专精特新企业家培养计划”，培训超 1 300 人次，提升企业管理者数字化战略能力。

区域经济联动 通过“基金 + 产业”模式，带动房山区四大产业集群（新型储能、智能制造等）发展，2024 年小镇机构纳税达 20.56 亿元，年均增长 83.44%。

4. 政企协同的数字化治理模式

（1）政策支持与标准化建设

政策引导 纳入北京市“两区”建设重点项目，获政府专项资金支持，吸引外资基金如道泰量合、孤星基金等落户。

标准示范 作为全国首个国家级基金业服务标准化示范项目，输出 172 项服务标准，推动行业“募投管退”流程规范化。

（2）数字化基础设施升级

小镇与华为、阿里等技术企业合作，部署“5G + 物联网”设备，实现园区安防、能源管理的智能化。智能电网系统动态优化电力分配，降低能耗 15%。

5. 成效与启示

（1）经济效益

入驻机构达 2 242 家，累计纳税 106.45 亿元，年均增长 83.44%。

通过数字化服务降低企业运营成本约 20%，提高投融对接效率 30%。

（2）社会效益

防范金融风险成效显著，实现零系统性风险事件。

投教活动覆盖超 1.3 亿人次，推动投资者理性决策，减少非理性投资损失约 12 亿元。（以上数字均来源于“北京基金小镇内部资料，2025 年 3 月”）

（3）发展启示

技术融合 数智技术需与产业场景深度结合，如“尽调云”与合规风控的联动。

生态共建 通过标准化与开放平台，构建政府、机构、科技企业协同的产业生态。

绿色导向 数字化与绿色金融的融合是未来产业升级的核心方向。

北京基金小镇的数字化实践，展现了数智技术在金融服务业转型升级中的核心作用。其通过构建云端生态、强化风险防控、服务实体经济的路径，不仅推动自身成为国家级基金业服务标杆，更为传统产业数字化转型提供了可复制的“房山方案”。北京基金小镇深化数智技术应用，探索绿色金融与数字经济的深度融合，为区域经济高质量发展注入了新动能。

3.3.2 数智技术在物流服务业中的应用

物流服务业是现代供应链的重要组成部分，其运作直接影响着企业的生产和销售效率。随着电子商务的兴起和全球化进程的加快，物流服务业面临着前所未有的机遇和挑战。数智技术的应用为物流服务业带来了新的变革，推动其朝着更加智能化、网络化、绿色化的方向发展。

为系统呈现数智技术如何重构物流服务业的运行逻辑与发展路径，以下将从多个维度展开分析，深入阐释其在物流全链条中的赋能机制。

1. 数智技术在物流服务业中的应用

智能仓储与自动化设备 智能仓储系统利用物联网、射频识别等技术，实现了货物的自动存取和管理。通过安装在货架上的传感器，系统可以实时监测库存状态，并自动触发补货指令。自动化设备如堆垛机、AGV 小车等的应用，进一步提高了仓储作业的效率。例如，京东物流的智能仓库配备了先进的自动化设备，能够实现24小时不间断作业，大大提高了订单处理速度，不仅节省了人力成本，还提高了仓储管理的精确度。

物流配送优化与路径规划 物流配送优化是数智技术在物流服务业中的一个重要应用。通过运用运筹学、线性规划等数学模型，物流企业可以优化配送路线，减少运输时间和成本。例如，顺丰速运采用了基于大数据的路径优化算法，根据实时交通状况和客户需求，动态调整配送路线。这种方式不仅提高了配送效率，还降低了燃油消耗和碳排放。物流企业还可以利用无人机等新技术，拓宽配送范围，满足偏远地区的物流需求。

供应链协同与信息共享 供应链协同是指物流企业与上下游合作伙伴之间的密切合作，以实现资源共享和优势互补。数智技术的应用为供应链协同提供了技术支持。例如，菜鸟网络通过建立统一的信息平台，实现了供应链各环节之间的无缝对接。供应商可以通过该平台实时查看订单状态，及时安排生产和发货；物流企业则可以根据订单信息合理调配资源，提高整体运作效率。这种信息共享机制不仅有助于减少信息不对称问题，还能促进供应链的健康发展。

2. 案例研究

京东物流的数智化转型[1] 京东物流作为中国领先的综合物流服务商，一直致力于通过数智技术提高服务水平。近年来，京东物流积极推进数智化转型，取得了显著成效。

智能仓储与自动化设备的应用 京东物流在全国范围内布局了多个智能仓库，配备了先进的自动化设备。这些设备包括堆垛机、AGV小车、分拣机器人等，能够实现货物的自动搬运、存取和分拣。以京东物流位于昆山的亚

[1] 林庆．物流3.0[M]．北京：人民邮电出版社，2017:224.

洲一号智能仓库为例，该仓库采用了全球领先的自动化设备，实现了 24 小时不间断作业。据统计，相比传统仓库，亚洲一号智能仓库的订单处理速度提高了 3 倍以上，大大缩短了配送时间。

物流配送优化与路径规划 京东物流利用大数据和人工智能技术，实现了物流配送的智能化。通过分析历史订单数据和实时交通状况，京东物流可以动态调整配送路线，优化配送时间。京东物流的“青龙”配送系统可以根据客户需求和交通情况，自动生成最优配送路线。这种方式不仅提高了配送效率，还降低了运输成本。据统计，京东物流的配送时效在全国范围内平均缩短了 1 天以上。

供应链协同与信息共享 京东物流通过建立统一的信息平台，实现了供应链各环节之间的无缝对接。供应商可以通过该平台实时查看订单状态，及时安排生产和发货；物流企业则可以根据订单信息合理调配资源，提高整体运作效率。此外，京东物流还推出了“京仓”服务，为第三方企业提供仓储和配送服务，进一步拓宽了服务范围。这种信息共享机制不仅有助于减少信息不对称问题，还能促进供应链的健康发展。

数智技术在物流服务业的深度嵌入，正在重构传统物流体系的运行逻辑与价值实现路径。借助物联网、大数据、云计算与人工智能等多元技术的协同融合，物流行业实现了对运输节点、仓储环节与配送过程的全流程感知与动态调控，极大地提高了作业效率、时效性与客户响应能力。基于数据驱动的智能决策机制，推动了物流资源的精准配置与路径优化，增强了供应链的敏捷性与系统弹性。数智技术赋予物流业更强的时空组织能力，使其从被动响应型转向主动预测型、从粗放管理转向精细运营，成为引领现代服务业变革与升级的重要引擎。

3.3.3 数智技术在教育服务业中的应用

教育服务业作为知识生产与社会再生产体系的核心环节，承载着人才培养、文化传承与社会整合等多重功能，其结构演化与质量提高已成为国家战略能力塑造的重要维度。随着以数据、算法与智能为驱动核心的数智技术加速渗透，教育服务业正经历深层次的结构性变革。通过构建泛在感知与智能分析系统，数智技术推动教学过程从线性灌输向动态交互转型，重塑知识传递的逻辑与教育资源的配置方式，实现了学习路径的个性化重构、教学内容的精准匹配与评价机制的智能反馈。这一变革不仅提高了教育体系的整体运行效率与适应性，更在理论层面彰显出“学习分析—智能干预—迭代优化”闭环机制对传统教育范式的颠覆性重塑。数智技术已成为驱动教育服务业走向高质量、精准化和普惠性的新范式动力源，标志着教育现代化进入了一个以智能化为主导的系统重构阶段。

本节将基于教育服务体系的结构特征与数智技术的发展逻辑，系统梳理其在教育领域的嵌入路径与作用机制，并结合典型实践场景加以深入解析。

1. 数智技术在教育服务业中的应用

在线教育与远程学习 在线教育是数智技术在教育服务业中的一个重要应用。通过互联网平台，学生可以随时随地获取优质的教育资源，不受时间和空间的限制。Coursera、edX 等在线学习平台提供了丰富的课程资源，涵盖了从基础学科到前沿技术的各个方面。这些平台不仅为学生提供了灵活的学习方式，还为教师提供了展示自己教学成果的舞台。在线教育还可以通过直播、录播等方式实现远程学习，打破了地域限制，让更多的人享受到优质的教育资源。

智能教学平台与虚拟现实课堂 智能教学平台利用大数据、人工智能等技术，实现了个性化教学。通过分析学生的学习行为和成绩，智能教学平台可以为每个学生制订专属的学习计划，并提供有针对性的教学资源。例如，好未来教育集团开发的“AI+ 教育”平台，能够根据学生的学习进度和兴趣爱好，推荐合适的学习内容。虚拟现实技术的应用也为教育带来了全新的体验。通过 VR 技术，学生可以在虚拟环境中进行实验操作、参观博物馆等，极大地丰富了学习形式。

教育大数据与精准评估 教育大数据是数智技术在教育服务业中的一个重要应用。通过对学生学习数据的收集和分析，教育机构可以更好地了解学生的学习状况，制订科学合理的教学计划。例如，一些学校利用数据分析工具，对学生的学习成绩、出勤率、参与度等指标进行全面评估，找出存在的问题并提出改进措施。此外，教育大数据还可以用于预测学生的未来发展，为其职业规划提供参考依据。

2. 案例研究

清华大学的在线教育实践[1] 清华大学作为中国顶尖高校之一，一直致力于推进教育现代化。近年来，清华大学积极探索在线教育新模式，取得了显著成效。

在线课程与资源共享 清华大学依托学堂在线平台，开设了一系列高质量的在线课程，涵盖了从基础学科到前沿技术的各个方面。这些课程不仅面向校内学生开放，还向全社会免费提供。“计算机视觉导论”“机器学习”等课程受到了广大网友的好评。此外，清华大学还与其他高校合作，共建在线课程资源库，实现了资源共享。这种方式不仅扩大了优质教育资源的覆盖面，还促进了学术交流。

智能教学平台与个性化学习 清华大学开发了多个智能教学平台，如雨课堂、学堂在线等，实现了个性化教学。通过分析学生的学习行为和成绩，

[1] 董鲁皖龙 . 清华大学学堂在线平台学习者总数突破 1 亿 [EB/OL].(2022-09-08)[2025-04-04].http://www.jyb.cn/rmtzcg/xwy/wzxw/202209/t20220908_2110944467.html.

这些平台可以为每个学生制订专属的学习计划，并提供有针对性的教学资源。雨课堂可以根据学生的学习进度和兴趣爱好，推荐合适的学习内容。此外，清华大学还利用虚拟现实技术，为学生提供了沉浸式的实验操作体验。这种方式不仅增强了学生的学习兴趣，还提高了他们的实践能力。

教育大数据与精准评估　清华大学利用大数据技术，建立了完善的教育数据管理系统。通过对学生学习数据的收集和分析，学校可以更好地了解学生的学习状况，制订科学合理的教学计划。学校定期发布学情报告，涵盖学生的学业表现、出勤率、参与度等多个方面。这些报告不仅为教师提供了教学参考，也为学生提供了自我评估的依据。清华大学还利用大数据技术对学生心理健康进行了监测，及时发现潜在的心理问题并提供干预措施。

数智技术对教育服务业的深度赋能，推动了教育形态的系统性重塑，重构了教育要素之间的关系逻辑与运行机制。在“数据—算法—智能”驱动范式下，教学、管理与评价系统实现了从静态封闭向动态开放的演进，学习活动日益呈现出个性化、精准化、过程化的特征。数智系统通过对学习行为数据的持续采集与智能分析，构建以学习者为中心的知识适配模型与认知干预机制，从而提高教育资源配置效率与教学决策的科学性。这种以数据智能为核心的教育服务模式，突破了传统以经验主导的教育供给逻辑，构建了“感知—分析—反馈—优化”的教育生态闭环，标志着教育服务业迈入系统自适应与智能演进的新阶段，成为推动教育现代化转型与高质量发展的关键支撑力量。

3.4 数智技术在其他行业领域的典型应用

3.4.1 数智技术在医疗健康领域的应用

随着人口结构的深刻变迁与健康观念的持续转型，医疗健康体系正处于由“疾病诊疗”向“健康治理”范式跃迁的关键节点。数智技术作为系统性赋能工具，正在全面重塑医疗服务供给结构、运行逻辑与价值创造模式。借助人工智能、物联网、大数据等技术的协同集成，医疗过程逐步实现从静态被动应对向动态主动预警的转变，个体健康管理亦由阶段性介入转向全生命周期闭环管控。数智系统在实现诊疗精准化、资源配置最优化、健康服务普惠化等方面展现出强大潜力，成为推动医疗健康体系现代化转型的基础性支撑力量。

本节将立足于数智技术与医疗健康系统深度融合的内在逻辑，系统分析其关键应用路径与技术赋能机制，以揭示其在驱动健康治理结构性重构中的理论价值与实践意义。

远程医疗与智能诊断 近年来，远程医疗得到了快速发展。借助数智技术，医生可以通过视频通话与患者进行面对面的交流，实现初步诊断。此外，智能诊断系统也逐渐崭露头角。这些系统利用人工智能算法，通过对大量病例的学习，可以辅助医生作出更准确的诊断。例如，IBM 的 Watson for Oncology[1] 能够帮助医生制订个性化的癌症治疗方案。

健康管理与可穿戴设备 随着人们对自身健康的关注度不断提高，健康

[1] FAHEEM H, DUTTA S. Artificial intelligence failure at IBM ‘Watson for Oncology’ [J]. IUP Journal of Knowledge Management, 2023, 21(3): 47–75.

管理成为数智技术在医疗健康领域的一个重要应用场景。可穿戴设备如智能手环、智能手表等，不仅可以实时监测用户的心率、血压、睡眠质量等生理指标，还能根据用户的日常活动量提供运动建议。这些数据被上传至云端后，经过专业的数据分析模型处理，可以生成个性化的健康报告，提醒用户注意潜在的健康风险。例如，苹果公司推出的 Apple Watch 具有心电图功能，能够及时发现心脏异常情况，并提醒用户就医检查。这种健康管理方式不仅方便快捷，而且有助于早期发现问题，预防疾病的发生。

电子病历与医疗信息化　电子病历是数智技术在医疗健康领域应用的重要体现之一。传统的纸质病历存在查找困难、容易丢失等问题，而电子病历则解决了这些问题，实现了病历信息的数字化存储和共享。通过建立统一的电子病历系统，医院内部各部门之间可以实现信息互通，从而提高工作效率。此外，电子病历还可以与其他医疗机构的数据进行整合，为跨地区、跨医院的医疗服务提供支持。在某些地区的试点项目中，患者可以在不同的医院享受到连续性的医疗服务，无须重复提交病历资料。这不仅方便了患者，也有助于医生更好地了解患者的病情，从而制订合理的治疗方案。

医疗大数据与精准医学　医疗大数据是指在医疗活动中产生的海量数据，包括患者的临床数据、基因组数据、影像学数据等。通过对这些数据进行挖掘和分析，可以发现隐藏其中的规律，为疾病的预防、诊断和治疗提供科学依据。精准医学正是基于此理念发展起来的一门学科，它强调根据个体差异制订个性化的治疗方案。数智技术在医疗大数据的应用中起到了至关重要的作用。例如，通过机器学习算法，可以从大量的基因组数据中筛选出与特定疾病相关的基因突变，进而为患者选择最合适的药物。又如，利用深度学习技术，可以从医学影像中识别出微小的病变，提高诊断的准确性。这些应用不仅提高了医疗服务的质量，也为医学研究提供了新的思路和方法。

数智技术在医疗健康领域的深度应用，正在引发一场以数据驱动、智能决策为核心的医疗服务模式重构。通过构建基于多源异构数据的全流程感知系统，数智技术有效打通了医疗健康服务中“信息孤岛”与资源分散的结构性障碍，实现了诊疗路径、资源调度与健康管理的高效协同。人工智能在辅助诊断、风险预测与临床决策中的嵌入应用，提升了医疗服务的精准性与科学性；而物联网与边缘计算则重塑了远程监护与动态干预的技术基础，使健康管理朝着泛在化、实时化方向拓展。数据驱动下的医疗服务体系不仅显著优化了医疗资源配置与服务效率，更推动了医疗模式由“以病为中心”向“以健康为中心”的范式转换，为构建高质量、可持续发展的现代健康治理体系提供了有力支撑。

3.4.2 数智技术在智慧城市与基础设施建设领域的应用

在新一代信息技术加速演进的背景下，智慧城市[1]建设已成为推动城市治理体系现代化与基础设施系统性重构的重要路径。数智技术作为智慧城市发展的核心支撑力量，通过数据感知、智能分析与自动控制等机制，赋予城市空间以动态响应与自我调节能力，推动城市治理逻辑从静态管理向动态协同转型，基础设施也由传统的“硬件支撑”逐步演进为具有“感知—决策—执行”闭环功能的智能系统。本节将围绕数智技术与城市运行系统耦合互动的基本逻辑，深入分析其在智慧城市与基础设施智能化建设中的应用场景与系统机制。

智能交通系统 智能交通系统是智慧城市的重要组成部分，它旨在通过先进的信息技术手段改善城市交通状况，提高道路通行能力。具体来说，智能交通系统包括以下几个方面：一是交通信号控制优化，通过安装传感器和

[1] 中国信息通信研究院产业与规划研究所．智慧城市产业图谱研究报告（2020 年）[R]. 北京：中国信通院，2020.

摄像头，实时收集交通流量信息，并根据实际情况调整信号灯的时长，从而缓解交通拥堵；二是智能公交系统，公交车上安装了GPS定位装置，乘客可以通过手机应用程序查询公交车的位置和预计到达时间，合理安排出行计划；三是智能停车诱导系统，停车场内安装了地磁感应器，当有空位时会向附近的驾驶员发送通知，引导他们前往最近的停车位，避免因盲目寻找车位造成的交通压力。这些应用不仅提高了市民出行的便利性，也减少了交通事故的发生概率。

智慧能源管理 智慧能源管理系统是通过物联网、云计算等技术手段，实现对城市能源消耗的实时监测和优化配置。具体来说，智慧能源管理系统包括以下几个方面：一是分布式能源监控，通过在建筑物顶部安装太阳能板或小型风力发电机，可以将多余的电力储存起来供夜间使用，减少对传统电网的依赖；二是建筑能耗监测，通过在建筑物内部安装温度传感器、湿度传感器等设备，可以实时掌握室内环境参数，并据此调节空调、照明等设备的工作状态，避免不必要的能源浪费；三是智能电网，通过在输电线路上安装传感器，可以实时监测电力传输过程中的损耗情况，并采取相应的措施加以改进。这些应用不仅有助于节约能源，也有利于保护环境，促进城市的可持续发展。

智慧水务管理 智慧水务管理系统是通过物联网、大数据等技术手段，实现对城市水资源的合理调配和高效利用。具体来说，智慧水务管理系统包括以下几个方面：一是水源地监测，通过在河流、湖泊等水源地设置水质监测站，可以实时掌握水质变化情况，并及时采取措施防止污染扩散；二是供水管网监测，通过在供水管道上安装压力传感器、流量计等设备，可以实时掌握供水管网的压力和流量情况，并据此调整泵站的工作状态，确保供水稳定可靠；三是污水处理厂自动化控制，通过在污水处理厂内安装各种自动化控制系统，可以实现对污水处理过程的精确控制，提高污水处理效率。这些应用不仅有助于保障居民用水安全，也有利于保护生态环境，促进城市的和谐发展。

智慧社区建设 智慧社区是指通过物联网、云计算等技术手段，实现对社区内各类设施和服务的智能化管理。具体来说，智慧社区建设包括以下几个方面：一是智能家居，通过在家庭内部安装智能门锁、智能灯光、智能窗帘等设备，可以实现对家居环境的远程控制，提高居住舒适度；二是智慧安防，通过在社区内安装摄像头、报警器等设备，可以实时监控社区内的治安状况，并及时响应突发事件；三是社区服务平台，通过建立线上服务平台，居民可以在线预约家政服务、购买生活用品、缴纳水电费等，享受一站式服务体验。这些应用不仅提升了居民的生活品质，也为社区管理者提供了有效的管理工具，促进了社区的和谐发展。

数智技术在智慧城市与基础设施建设中的深度嵌入，推动了城市治理逻辑与基础设施运行机制的系统性变革。依托物联网、人工智能、大数据等核心技术的集成应用，城市运行单元实现了从被动响应到主动感知、从单点控制到系统协同的跃迁，基础设施亦由静态支撑型转向具有感知、计算与反馈功能的智能系统。数智技术重构了城市的时空组织方式与资源配置路径，通过数据驱动的动态管理与预测性调度机制，提升了城市系统的整体韧性与适应能力，增强了基础设施的弹性与可持续性。智慧城市建设不再仅仅是信息化的技术叠加，而是构建以数据为核心要素、以算法为驱动引擎的智能生态体系，标志着城市发展从“物理空间治理”迈向“信息空间协同”的新阶段。数智赋能下的基础设施系统，已成为推动城市高质量发展、实现精细化治理与绿色低碳转型的关键支点与战略平台。

CHAPTER FOUR

第四章

数智技术改造和提升传统产业的路径

4.1 强化技术链，攻克核心技术难关

4.1.1 核心技术研发、引进与消化吸收

在数字智能技术加速发展并深度嵌入产业体系的背景下，传统产业的升级路径越发依赖核心技术的突破与持续积累。核心技术不仅是数智赋能的基础构件，更是决定传统产业能否实现深层次结构重构与功能跃迁的关键变量。面对全球技术竞争日趋激烈以及外部技术依赖风险上升的现实挑战，强化自主研发能力，构建自主可控的技术链条，已成为推动传统产业向高附加值环节攀升的战略支点。通过持续加大对底层算法、关键硬件、核心系统等技术领域的投入力度，实现从“技术引进”向“引进—消化—吸收—再创新”的跨越，不仅能够突破“卡脖子”瓶颈，更为传统产业构建起具有韧性和可持续性的创新生态系统提供了制度与能力基础。核心技术的掌控力正逐渐转化为产业话语权与全球竞争力[1]的决定性因素，成为传统产业实现数智化转型与高质量发展的基础性工程与战略支撑。

1. 自主研发：技术创新的核心动力

自主研发作为技术创新体系的核心动力，是实现数智技术深度赋能传统产业转型升级的关键路径。其本质在于通过构建以企业为主体、市场为导向、

[1] SCHWAB K, ZAHIDI S. Global Competitiveness Report: Special Edition 2020[R]. Geneva: World Economic Forum, 2020.

产学研深度融合的创新机制，推动关键核心技术的突破与迭代，加快形成自主可控的技术生态体系。在全球技术竞争日趋激烈、关键技术“卡脖子”风险上升的背景下，自主研发不仅承载着提升产业技术自主性的战略任务，更是塑造国家核心竞争力与产业安全韧性的基础支撑。从技术演化路径的角度看，自主研发能够有效推动从原始创新到集成创新的跃迁过程，实现底层技术体系的本土构建与自主演进，进而带动产业链上下游的协同升级。尤其是在高性能计算、智能算法、先进通信等前沿领域的持续投入与原始积累，不仅增强了我国在全球技术体系中的话语权，也为传统产业提供了结构性重塑与功能拓展的技术底座，标志着以自主技术体系驱动的产业现代化进程加速展开。

为了进一步推动自主研发，政府出台了一系列政策措施，如设立专项资金支持科研项目、建立国家级实验室和工程技术研究中心等。这些举措不仅为企业提供了更多的资金支持，也促进了产学研合作，加快了科技成果的转化速度。

以北京中关村为例，这里汇聚了大量的高科技企业和研究机构，形成了一个充满活力的创新生态系统。在这个生态系统中，企业与高校、科研院所密切合作，共同攻克技术难题，推动了多项前沿技术的研发和应用。

又如，清华大学与百度公司联合成立了深度学习研究院，致力于人工智能算法的研究和应用推广。这种产学研合作模式不仅提高了企业的创新能力，也为高校和研究机构提供了宝贵的实践机会，实现了多方共赢的局面。

自主研发并非一蹴而就，它需要长期的资金投入和技术积累。特别是在一些高精尖领域，由于技术门槛较高，短期内难以取得突破。在鼓励自主研发的同时，我们也不能忽视引进国外先进技术和设备的重要性。通过国际合作和技术转让等方式，可以快速获取国外成熟的技术和经验，缩短研发周期，降低研发成本。

2. 引进技术：实现技术跨越的重要途径

在当前全球科技快速迭代与竞争格局深刻演化的背景下，核心技术的获取路径日益呈现出多元化与策略化的特征。在自主研发能力尚未全面构建的阶段，技术引进作为技术跨越的现实路径与阶段性策略选择，仍具有重要的理论价值与实践意义。从技术扩散与制度变迁的路径依赖逻辑出发，引进国外先进技术不仅体现为对外部知识存量的输入，更是一个复杂的“技术—组织—制度”体系的重构过程。这一过程不仅包括对外部物理性技术成果的转移，还包含对其背后知识体系、组织流程、工艺经验与隐性规则的吸收与再生。其本质是一个动态的知识跃迁过程，借助外部技术作为“知识触发器”，引导企业内生性学习机制的激活，推动从被动接收向主动内化的认知跃迁。

从国家层面而言，技术引进在拓宽产业整体技术边界和缩小与国际先进水平差距方面，具有明显的战略杠杆效应。在制度经济学与国家创新体系视角下，技术引进不仅具有资源优化配置功能，更发挥着技术扩散、创新制度学习与区域知识网络构建的催化作用。通过有计划的技术引进与配套制度安排，国家可以在较短时间内完成从技术追赶向部分技术引领的跨越，在特定产业环节实现“后发优势”转化。例如，通过制度化的合作研发平台建设、联合实验室设立以及产业联盟的国际对接，可以有效整合全球创新资源，促进本土技术生态系统的构建与演进，增强国内企业对外部技术的吸收、转化与重构能力。

在企业层面，技术引进不仅是一种资源获取策略，更是企业技术能力动态积累的催化机制。从吸收能力理论（Absorptive Capacity）出发，技术引进的实质效益取决于企业对新技术的识别、消化、转化和利用能力。引进并非简单地复制与模仿，而是必须通过“再嵌入—再设计—再构建”的过程将外部技术与自身生产系统、组织结构与战略导向进行有机耦合，最终实现技术内化与能力跃升。企业在技术引进过程中，若能建立起基于系统理解与过程控制的能力体系，便可将技术“外植体”转化为知识“内生源”，进而在技术再创新与应用场景重构中占据主动地位。这一过程，实质上构成了从“技术借力”走向“技术自立”的关键过渡机制，为企业构建可持续的技术积累路径和创新演化机制奠定了基础。

引进先进技术并不等于实现了技术突破，技术模仿也不是天然转化为技术创新。历史经验表明，若技术引进缺乏系统性吸收路径与配套制度保障，极易陷入“技术依赖”与“技术锁定”的结构性陷阱，形成对外部技术路径的路径依赖，从而削弱自主创新能力的形成。技术引进必须嵌入国家战略性技术体系构建与企业创新能力提升的整体逻辑之中，构建以“引进—消化—吸收—再创新”为核心路径的制度化框架，推动技术从移植性输入向内生性生长转化，最终实现关键技术的可控化、技术体系的自主化与产业结构的高级化。

从全球技术扩散模式来看，国际先进技术的形成往往伴随着其背后深厚的制度支持体系与知识产权保护结构。这要求在引进技术过程中，不仅要重视显性技术的移植，更要深入理解其背后的创新制度逻辑、研发流程控制机制以及知识产权战略的协同设计，进而在引进中推动制度创新与技术制度匹配的能力形成。在此基础上，通过强化本土工程化应用能力与系统集成能力，逐步构建起以自主知识产权为基础的核心技术体系。特别是在战略性新兴产业与高技术产业中，要注重通过技术引进实现“从跟跑到并跑再到领跑”的跃升路径，为我国在新一轮科技革命和产业变革中赢得发展主动权提供有力支撑。

面对当前国际形势中技术壁垒与科技遏制风险日益加剧的外部环境，技术引进更需具有战略敏感性与制度韧性。要通过多边机制、第三方合作平台与联合研发等方式拓展技术引进渠道，增强技术来源的多样性与安全性；要推动核心环节与关键部件的本土替代能力建设，实现引进技术的“可控化—

安全化—自主化”跃迁，构建不依赖单一技术来源的多元化技术生态结构，保障国家产业链、供应链的安全稳定；不同的国家和地区在技术领域有着不同的优势，我们需要根据自身的需求和发展战略，选择最适合的技术合作伙伴；要注重技术的本地化改造。引进的技术往往需要经过一定的调整和改进，才能更好地适应本地市场需求；要加强知识产权保护。在引进技术的同时，也要注意保护自身的知识产权，防止核心技术泄露或被侵权。

技术引进作为实现技术跨越与产业升级的重要通道，在传统产业向数智化跃迁过程中具有不可替代的阶段性价值与战略意义。关键在于要摆脱对技术“表层移植”的依赖，通过系统吸收、深度融合与制度嵌入，打通从“他主技术”向“自主创新”演化的核心路径，使引进真正转化为创新能力的提升与产业价值的跃迁，为我国在全球科技竞争格局中赢得结构性优势与战略制高点提供坚实支撑。

3. 消化吸收：形成适合本土产业特点的技术解决方案

在传统产业推进数智化转型的过程中，技术引进往往被视为突破性发展的第一步，但真正实现从“技术输入”到“技术内生”的飞跃，其关键环节则在于对引进技术的系统性消化吸收与再创造。这一过程不仅关系技术的落地应用与生产系统的兼容匹配，更深层次地决定着本土产业体系是否具备将外源性技术要素转化为内生性创新动能的能力结构与知识体系。技术的消化吸收不仅是技术工程问题，更是知识治理与组织能力构建的问题，体现了本土化适配能力与自主创新能力之间的动态耦合机制。

从理论视角出发，消化吸收过程应被理解为一场由“被动引进”向“主动重构”的知识转化运动。这一过程不只是对外来技术的简单仿制或模块替换，还是一种深度嵌入式的再创新机制。其内在逻辑在于将引进技术的知识结构与本土生产要素体系、组织管理结构及应用场景需求进行系统解构与重构，实现知识元素的“再组合”与“再编码”，最终生成具有本土产业特征与系统适应性的技术解决方案。此类再创新过程，既要求具备高度的技术理解能力，又需拥有良好的组织学习机制与技术吸收制度，才能有效突破“技术表层模仿—路径依赖—创新困境”的障碍，真正转化为推动本土技术体系演化的核心动能。

在实践层面上，消化吸收的首要任务是实现技术内容的深度剖析与功能机制的全面掌握。传统产业在面对先进的自动化设备、智能控制系统或软件平台时，必须建立起系统化的知识结构图谱。通过工程逆向分析、功能模块拆解、系统运行监测等手段，深入理解其结构逻辑、控制路径、算法核心与性能边界，为后续的本地化适配与创新应用打下坚实的技术基础。这种以“结构重构—功能转译”为核心的技术理解过程，是推动本土技术积累与工程实践能力跃迁的必要前提。

在消化基础上形成的“适配性改造”是实现本地化应用的关键环节。由于不同国家或地区的生产环境、产业结构、资源禀赋、劳动力结构乃至制度文化背景存在显著差异，直接复制外来技术常常会在应用层面产生“水土不服”的现象。因此，企业在对技术吸收过程中，必须围绕自身的产业链结构与市场定位，结合实际运营需求与成本结构，对技术进行“适配性再构”。这一过程不仅包括对硬件接口的改进与功能模块的重新布局，更重要的是对算法逻辑、软件功能、人机交互界面及系统兼容性等软性要素的重构优化。其目标在于在不破坏原有技术优势的前提下，实现其与本土生产体系的高效耦合，从而提升技术的可操作性、经济性与适应性。

更进一步的“再创新”则标志着企业技术能力由吸收向自我进化的跃迁。在完成对引进技术的全面理解与适配改造之后，具备技术沉淀基础与工程应用经验的企业，往往能够在此基础上，融合本地市场反馈与用户需求，开展具有自主知识产权的再开发。此时，企业已不仅是技术的“用户”或“模仿者”，还逐渐演化为“再创新”的发起者和技术体系的“再构者”。再创新的实质是对外部技术逻辑的内生化重塑，是技术演化过程中关键的“知识增值”环节。它不仅提升了企业对技术体系的控制力，更为构建本土自主可控的技术生态与创新系统奠定了基础。

在制度层面上，推动技术消化吸收的组织机制与政策体系亦不可或缺。一方面，企业应建立多元协同的技术吸收平台，强化产学研用联动机制，形成“技术引进—实践应用—经验反馈—再开发”的闭环体系；另一方面，政策层面应强化对消化吸收过程的引导性支持，从技术改造项目、人才引进与培养、知识产权保护、成果转化机制等多维度构建完整的制度支持链条。应鼓励形成“共性技术平台”与“技术中试基地”，为多个行业或企业在技术吸收过程中提供共享化、标准化的中间服务支撑，降低技术吸收的边际成本，提高系统效率。

在全局视角下，技术消化吸收过程不仅体现为个体企业层面的技术演化路径，更是国家技术战略体系构建与自主创新能力跃升的系统环节。通过强化技术吸收路径的制度化设计、能力建设与生态优化，我国产业体系能够在持续引进的基础上实现技术主导权的重构，构建具有持续创新力与全球竞争力的本土技术体系。这对于突破关键领域“卡脖子”技术，实现从“技术追赶”向“技术引领”的跃迁目标，具有重要战略意义。

技术引进之后的消化吸收不是附属环节，而是构建数智化自主技术体系的内生引擎。只有真正实现对外来技术的深度掌握、有效融合与自主再造，才能推动传统产业在数智化背景下实现从模仿走向创新、从依赖走向自主、从输入走向输出的转型升级新跃迁。消化吸收过程，最终指向的是一种结构性能力的重构，是以知识为载体、以技术为杠杆、以组织为媒介、以创新为目标的系统性技术进化逻辑。在这条路上，制度支持、人才保障、组织能力与技术战略的协同发力，缺一不可。唯有如此，才能真正构建起适配中国本土发展现实、具备自主可控属性、能够在全球竞争中持续迭代演化的技术自主体系。

在当前全球科技竞争愈加激烈、产业迭代日趋加速的时代背景下，攻克核心技术难关已不仅是技术层面的挑战，更成为重构传统产业体系、实现高质量发展的战略支点。数智技术作为推动传统产业变革的关键动力，其真正赋能作用的实现，根本上依赖核心技术的掌控与持续创新能力的构建。从技术哲学与创新系统理论视角来看，核心技术的突破不仅是某一具体技术环节的迭代升级，还是涵盖基础理论、关键工艺、底层算法、系统集成与标准规范等多维度技术要素在特定情境下的协同跃迁过程。缺乏对核心技术的自主掌控，将导致传统产业在数智转型过程中始终处于被动跟随与低端锁定的状态，难以实现真正意义上的结构性升级与范式跃迁。

核心技术的获得路径可分为两个方向：一是依靠自主研发积累内生技术能力，构建自主可控的技术体系；二是通过技术引进实现阶段性突破，辅之以系统性消化吸收，最终实现本土再创造与技术体系本地化构建。无论路径如何，均需经历从知识识别、技术转化到能力再造的全过程，最终生成符合本土产业结构与资源禀赋的技术解决方案，实现由“技术使用者”向“技术构建者”的角色跃迁。这一过程的本质，是传统产业围绕核心技术的系统性能力重构与知识体系重塑，是通过制度安排、组织学习与技术试验相互嵌套的演进路径，构成了产业智能化发展的基础机制。

核心技术之所以成为赋能传统产业的决定性要素，根源在于其在整个技术体系中处于“支配性节点”地位，往往具有不可替代性、难以获取性与高度复杂性三个基本属性。这种技术属性决定了核心技术不仅控制着产业链的技术命脉，而且构成了技术扩散、产业升级与价值分配结构的底层逻辑。构建以核心技术为牵引的自主创新体系，已成为传统产业实现技术主导、价值主导、标准主导三重优势的关键所在。尤其是在高技术壁垒与专利密集型领域，核心技术突破更是决定传统产业能否摆脱外部路径依赖、实现技术自主演化的关键节点。

在传统产业迈向数智化升级的转型路径中，核心技术的缺失将显著削弱技术系统的整体协同性与边际增益效应，形成“中间断层”与“技术孤岛”的结构性障碍。例如，在人工智能、大数据与工业物联网构建的智能制造体系中，若缺乏自主的高性能传感器、智能控制芯片或深度学习框架，将直接影响整个数智系统的运行稳定性与适配性，使企业在生产过程中的感知精度、响应速度与优化能力大打折扣，难以形成动态自适应的生产机制。因此，唯有攻克“核心技术”这一基础环节，才能真正打通数智技术落地应用的“最后一公里”，实现从“有技术”到“能用技术”再到“优用技术”的系统性跃迁。

核心技术的突破并非一蹴而就，而是一个包含原始积累、工程验证、应用反馈与迭代优化的复杂过程，其实现依赖技术与产业、资本与组织、制度与文化等多维要素的协同嵌套。这就要求企业与政府需共同构建多层次、多路径的核心技术攻关机制。一方面，应从国家创新体系层面推动关键领域“揭榜挂帅”机制、“产学研用”协同平台与“重大专项”制度安排，形成跨界合作、资源整合、持续投入的良性机制；另一方面，企业作为技术创新的主体，应强化研发组织能力建设，通过构建技术中台、实验平台与知识工程体系，实现核心技术的持续演化与系统固化，真正将关键技术能力内生为企业核心竞争力。

核心技术的本土化路径亦需紧紧围绕本地产业生态与应用场景展开，注重将技术开发嵌入实际问题解决与产业链协同中，构建“问题导向—技术嵌入—场景验证—能力反哺”的闭环机制。这一机制不仅有助于将技术成果快速落地并转化为现实生产力，更能在实践中不断提升本土技术团队对技术系统的理解深度与改进能力，形成技术能力与产业体系的耦合演化路径。在此过程中，消化吸收成为关键节点，通过对引进技术的结构性解构与逻辑重组，使其真正与本土知识体系与生产系统实现深度耦合，从而在原有技术基础上实现本土再创新与体系重构，形成独具特色的核心技术路径。

核心技术的突破不仅是数智技术赋能传统产业的基础性工程，更是推动产业体系实现结构性转型与高质量发展的根本路径。在当前全球竞争日益聚焦于关键技术领域的战略背景下，唯有构建起以核心技术为牵引、自主创新为主导、协同体系为支撑的技术发展模式，才能实现传统产业由“要素驱动”向“创新驱动”的根本转变。数智技术的真正价值，亦将在这一过程中得到充分释放，并通过核心技术的持续积累与演化，为我国传统产业注入不竭的发展动力与战略优势。

4.1.2 关键技术领域的突破案例分析

在攻克核心技术难关的过程中，各个关键技术领域都取得了令人瞩目的突破。这些突破不仅为传统产业的转型升级提供了技术支持，也为数智技术的应用开辟了广阔的前景。下面我们将从智能制造、工业互联网等几个重点领域入手，探讨如何通过技术研发和引进消化吸收实现技术突破，并分析这些案例背后的创新机制、资金投入和政策支持，为其他企业提供借鉴。

1. 智能制造：从传统制造到智能制造的转变

智能制造是制造业转型升级的重要方向之一，它通过引入新一代信息技术，实现了制造过程的数字化、网络化和智能化。在智能制造领域，我国已经取得了一些重要的技术突破。

富士康科技集团在郑州工厂建立了全球首个大规模应用工业机器人的生产基地，实现了从传统制造到智能制造的转变。该基地配备了先进的工业机器人、自动化生产线和智能仓储系统，大大提高了生产效率，降低了生产成本。据测算，该基地的生产效率比传统生产线提高了 30% 以上，单位产品的生产成本降低了 20% 左右。

富士康科技集团之所以能够在智能制造领域取得如此大的突破，与其长期坚持自主研发和引进消化吸收密不可分。早在 20 世纪 90 年代初，富士康科技集团就开始布局工业机器人研发项目，经过多年努力，终于在 2010 年推出了第一代工业机器人产品。此后，富士康科技集团不断加大对工业机器人的研发投入力度，陆续推出了第二代、第三代工业机器人产品，并广泛应用于手机组装、电子产品制造等领域。与此同时，富士康科技集团还积极引进国外先进的工业机器人技术，如瑞士 ABB 公司的 IRB 系列工业机器人，经过消化吸收后，形成了适合本土生产环境的工业机器人产品。这些工业机器人不仅具有较高的精度和稳定性，还能适应复杂多变的生产环境，为富士康科技集团在全球范围内的业务扩张提供了有力的技术支撑。

富士康科技集团在智能制造领域的成功经验表明，要实现从传统制造到智能制造的转变，企业必须具备强大的技术创新能力和资源整合能力。一方面，企业要高度重视技术研发，不断加强研发投入，努力攻克关键技术难题；另一方面，企业要善于引进国外先进技术，通过消化吸收形成适合本土生产环境的技术解决方案。此外，企业还需要加强与其他企业的交流合作，积极参与行业标准制定，共同推动智能制造技术的发展。富士康科技集团与华为公司合作开发了基于 5G 技术的智能制造解决方案，实现了生产设备之间的高速通信和数据交互，进一步提高了生产效率。这种合作模式不仅促进了双方的技术创新，也为其他企业的合作提供了有益的启示。

2. 工业互联网：构建开放共享的工业互联网平台

工业互联网是连接人、机、物的全球工业网络，它通过将各种工业设备、信息系统和人员连接起来，实现数据的互联互通和资源共享。近年来，我国在工业互联网领域也取得了一些重要的技术突破。例如，树根互联技术有限公司依托三一重工集团的强大资源优势，成功构建了全球领先的工业互联网平台——根云平台[1]。根云平台集成了三一重工集团多年来积累的工业设备、生产工艺、管理经验等资源，为客户提供了一站式的工业互联网解决方案。目前，根云平台已接入了超过60万台工业设备，覆盖了工程机械、港口机械、风电装备等多个领域，累计创造了超过10亿元的经济效益。树根互联技术有限公司之所以能够在工业互联网领域取得如此大的突破，与其独特的商业模式密切相关。该公司采用了“平台+生态”的发展模式，即以工业互联网平台为核心，通过吸引众多开发者和合作伙伴加入平台，共同构建一个开放共享的工业互联网生态系统。

在这个生态系统中，开发者可以根据自己的需求开发各种应用程序，合作伙伴则可以通过平台提供的应用程序编程接口（API）实现与其他企业的互联互通。这种模式不仅降低了开发者的开发成本，还促进了资源的高效利用，为工业互联网的发展注入了新的活力。一家名为“工业大脑”的初创企业加入了根云平台，开发了一款用于预测设备故障的应用程序。该应用程序利用机器学习算法对设备运行数据进行分析，提前预测可能出现的故障，并及时发出警报，帮助企业减少了因设备故障导致的停机时间，提高了生产效率。

树根互联技术有限公司在工业互联网领域的成功经验表明，要构建一个开放共享的工业互联网平台，企业必须具备强大的资源整合能力和创新服务能力。一方面，企业要充分利用自身的优势资源，如工业设备、生产工艺、管理经验等，构建一个强大的平台基础；另一方面，企业要积极吸引开发者和合作伙伴加入平台，共同构建一个开放共享的生态系统。

企业还需要不断创新服务模式，满足客户的多样化需求。树根互联技术有限公司除了提供工业互联网平台，还推出了工业云服务、工业大数据服务等一系列增值服务，为客户提供了更加全面的服务体验。这种服务模式不仅

[1] 孙超．根云平台工业互联网助力传统制造业改造升级[J]. 中国中小企业，2022(11):53-55.

提高了客户的满意度，也为企业的可持续发展奠定了坚实的基础。

3. 绿色制造：实现可持续发展目标的重要途径

绿色制造是实现可持续发展目标的重要途径之一，它通过引入环保技术和管理模式，减少生产过程中的能源消耗和污染物排放，提高资源利用率。近年来，我国在绿色制造领域也取得了一些重要的技术突破。例如，比亚迪股份有限公司凭借其在新能源汽车领域的技术积累，成功推出了全球首款插电式混合动力汽车——秦[1]。这款汽车采用了先进的电池管理系统和能量回收技术，实现了低能耗、零排放的目标。据测算，秦的百公里油耗仅为 1.4 升，比普通燃油汽车节省了约 70% 的燃料。此外，比亚迪还推出了一系列纯电动公交车和出租车，为城市公共交通的电动化提供了强有力的技术支持。

比亚迪股份有限公司之所以能够在绿色制造领域取得如此大的突破，与其长期坚持自主研发和引进消化吸收密不可分。早在 20 世纪 90 年代末，比亚迪就开始涉足新能源汽车领域，经过多年的研发和试验，终于在 2008 年推出了第一款混合动力汽车。此后，比亚迪不断加大对新能源汽车的研发投入力度，陆续推出了多款混合动力汽车和纯电动汽车，逐步形成了完整的产品线。与此同时，比亚迪还积极引进国外先进的电池技术和管理经验，如日本松下公司的锂离子电池技术和德国博世公司的电机控制系统，经过消化吸收后，形成了适合本土生产环境的新能源汽车产品。这些新能源汽车不仅具有较高的续航里程和充电速度，还具备良好的安全性和舒适性，深受广大消费者的喜爱。

比亚迪股份有限公司在绿色制造领域的成功经验表明，要实现从传统制造到绿色制造的转变，企业必须具备强大的技术创新能力和资源整合能力。一方面，企业要高度重视技术研发，不断加强研发投入，努力攻克关键技术

[1] 张兰，任杏，梁毕明．绿色创新政策赋能企业创新生态系统的构建：基于比亚迪汽车的案例研究 [J]. 科学学与科学技术管理，2023,44(11):111-128.

难题；另一方面，企业要善于引进国外先进技术，通过消化吸收形成适合本土生产环境的技术解决方案。

企业还需加强与其他企业的交流合作，积极参与行业标准制定，共同推动绿色制造技术的发展。比亚迪股份有限公司与长安汽车公司合作开发了基于插电式混合动力技术的城市公交车，实现了城市公共交通的低碳化和智能化。这种合作模式不仅促进了双方的技术创新，也为其他企业的合作提供了有益的启示。

通过对前述突破性案例的剖析可见，智能制造、工业互联网以及绿色制造等关键技术领域的跃升，共同昭示了数智技术对于重塑传统产业格局的深远价值。此类技术突破不仅在微观层面为企业提供了转型升级的工具箱，更在宏观层面奠定了产业结构优化与经济高质量发展的技术基石。其意义不仅在于效率提高与成本缩减，更在于通过技术范式的革新，为传统产业注入了可持续发展的新动能，并有效拓宽了数智技术应用的前沿边界。持续深化对关键技术领域的战略投入与政策扶持，鼓励多元化创新主体积极开展协同研发与技术攻关，着力构建开放包容的技术引进与消化吸收体系，以此驱动传统产业实现由要素驱动向创新驱动的范式跃迁，从而实现产业体系的整体性升级与核心竞争力的跃升。

4.2 延伸数据链，夯实数据基础

4.2.1 数据采集技术与存储技术

在数字化与智能化高速演进的背景下，数据已然成为驱动数智技术应用与价值实现的核心战略资源。传统产业想要实现根本性的转型升级，必须将夯实数据基础置于优先地位，确保各类相关数据得以精准、实时的捕获与有效存储，这是后续一切分析、决策与智能化的基石。数据链的有效延伸，其起点在于对数据采集与存储技术的深刻把握与体系化构建。对现行主要数据采集技术与存储方案的原理、特性及其在不同产业场景下的适用性进行细致的梳理与探讨，是深入理解如何为传统产业构建坚实数据底座，进而释放数据要素潜能的关键环节。

数据采集是数智技术应用的第一步，也是最为基础的环节。通过各种先进的数据采集技术，可以实现对生产流程、供应链、客户反馈等多维度数据的实时采集。以下是几种常见的数据采集技术及其在传统产业中的应用案例。

传感器技术 传感器是数据采集的重要工具之一，广泛应用于工业制造、农业生产等领域。在智能工厂中，传感器可以安装在生产设备上，实时监测设备的工作状态、温度、湿度等参数；在智慧农业中，可以将传感器部署在农田里，监测土壤湿度、光照强度、作物生长状况等。这些数据不仅可以帮助管理者及时发现问题，还可以为后续的分析和决策提供依据。

物联网技术 物联网技术通过将物理设备连接到互联网，实现了设备之间的互联互通。在物流行业中，物联网技术可以通过全球定位系统（GPS）实时追踪货物的位置，确保货物的安全运输；在智能家居领域，物联网技术可以让用户远程控制家中的电器设备，提高生活的便利性。此外，物联网技术还可以用于智能交通系统，通过车联网技术实现车辆之间的通信，减少交通事故的发生。

视频监控技术 视频监控技术在安防、交通、医疗等多个领域都有广泛应用。在安防领域，视频监控可以帮助企业或社区及时发现安全隐患，防止犯罪行为的发生；在交通领域，视频监控可以用于交通流量监测，优化信号灯的控制策略，缓解交通拥堵；在医疗领域，视频监控可以用于手术室、病房等场所的监控，确保医护人员操作规范，保障患者的健康安全。

移动互联网技术 移动互联网技术使人们可以随时随地获取信息和服务。在零售行业中，移动互联网技术可以通过手机应用程序实现商品的在线购买、支付等功能；在教育领域，移动互联网技术可以为学生提供在线学习平台，方便他们随时随地获取知识。此外，移动互联网技术还可以用于健康管理，通过智能手机应用程序记录用户的运动量、饮食习惯等健康数据，为用户提供个性化的健康建议。

数据采集完成后，接下来就是如何有效地存储这些数据。数据存储技术的选择直接影响到数据的安全性、可靠性和访问速度。以下是几种常见的数据存储技术及其特点。

集中式存储 集中式存储是指将所有的数据集中存储在一个或多个数据中心内。这种方式的优点是可以实现统一管理和维护，便于进行大规模的数据处理和分析。然而，集中式存储也存在一些缺点，如单点故障风险较高，一旦数据中心出现故障，所有数据都会受到影响。为了降低这种风险，通常会采用冗余备份机制，确保数据的安全性。

分布式存储 分布式存储是指将数据分散存储在网络中的多个节点上。这种方式的优点是可以提高系统的容错能力和扩展性，即使某个节点发生故障，也不会影响整个系统的正常运行。分布式存储通常采用一致性哈希算法来分配数据，确保数据能够在不同的节点之间均匀分布。此外，分布式存储还可以根据需求动态调整存储容量，满足不断增长的数据存储需求。

云存储 云存储是一种基于云计算技术的数据存储方式，用户可以通过网络访问存储在云端的数据。云存储的优点是可以提供灵活的存储容量和高可用性，用户可以根据自己的需求随时增加或减少存储空间。此外，云存储还具有强大的安全保障措施，如数据加密、访问控制等，确保数据的安全性和隐私性。目前，许多企业已经开始采用云存储技术来存储和管理大量的业务数据。

边缘计算存储 边缘计算存储是指将数据存储在靠近数据源的边缘设备

上，而不是集中存储在数据中心。这种方式的优点是可以减少数据传输延迟，提高数据处理速度，特别适用于对实时性要求较高的应用场景，如自动驾驶汽车、智能电网等。此外，边缘计算存储还可以减轻数据中心的压力，降低带宽消耗和能耗成本。

为了更好地理解数据采集和存储技术在传统产业中的具体应用，下面列举几个典型的案例。

智慧工厂 智慧工厂是数智技术与传统工业深度融合的典型应用场景，它通过在生产环境中部署各类传感器及物联网设备，实现了对生产要素与生产环节的实时状态感知。这些设备所采集的数据：设备运行参数、原材料消耗、产品质量指标等，构成了一个庞大的数据流，并被传输至中央控制系统。在此系统中，数据经过高效处理与深度分析，使企业能够及时识别生产过程中的潜在问题，设备故障预警、工艺参数异常波动等。通过对这些问题的迅速响应与处置，企业得以优化生产流程，减少非计划停机时间，从而实现生产效率的显著提高。此外，智慧工厂还强调对数据的深层价值挖掘。借助大数据分析技术，企业能够从看似零散的数据中提取出隐藏的商业机会，如市场需求预测、产品优化方向等，从而为企业决策提供更为科学精准的依据，并最终转化为利润增长点。

智能物流 智能物流领域深刻体现了数据采集与存储技术对于传统产业改造的基础性作用。货物运输全过程的实时跟踪与监控高度依赖特定的数据采集技术。全球定位系统提供了载具与资产的连续地理空间坐标。射频识别标签技术则支持了物品在流转节点上的自动化识别与状态记录。这些技术共同生成了大规模、高时效性的数据流，精确映射了物流运作的动态过程。高效且可扩展的数据存储机制因此成为必要前提，用以容纳并管理持续涌入的实时信息。物联网架构下的传感器网络进一步拓宽了数据采集范围，囊括了温度、湿度、振动等环境或状态参数。强大的数据存储基础设施，能够处理异构数据并保证其完整性与可用性，是构建智能化物流系统、实现后续高级分析与决策优化的关键基石，对优化配送路径、提升效率、降低运营成本具有基础支撑意义。

智慧农业 在智慧农业中，通过安装传感器、无人机等设备，可以实现对农田环境、作物生长状况等信息的实时采集。这些数据可以帮助农民科学合理地安排灌溉、施肥等工作，提高农作物产量和质量。此外，智慧农业还可以通过大数据分析技术预测天气变化，提前做好防灾减灾工作，减少自然灾害带来的损失。

智慧医疗 在智慧医疗领域，通过使用电子病历系统、远程医疗设备等技术，可以实现对患者健康状况的实时监测和管理。这些数据可以帮助医生更准确地诊断病情，制订个性化的治疗方案，提高医疗服务的质量。此外，智慧医疗还可以通过大数据分析技术挖掘出疾病的发病规律，为预防和控制疾病提供科学依据。

数据采集技术与存储技术是数智技术应用的起点，也是传统产业转型升级的基石。通过精准、实时的数据采集与高效的数据存储，传统产业能够全面感知生产运营全过程，为后续的智能化决策提供可靠依据。

数据采集技术与存储技术的深度应用，使传统产业能够构建起覆盖全流程的数据链条，为实现智能化决策与价值挖掘提供了前提条件。

4.2.2 数据分析与价值挖掘

数据采集与存储构成数据基础，其上层建筑则是数据分析与价值挖掘。在既定数据池的基础上，深入分析数据以提取有价值的信息，是为企业和社会创造价值的关键步骤。

数据分析与价值挖掘旨在深度剖析数据内在关联，提炼出可指导决策的知识，并最终转化为实际效益。此过程依赖统计学、机器学习、人工智能等多种技术手段，以应对不同类型数据的复杂性与多样性。数据分析不仅是技术操作，更是对业务逻辑的深刻理解，需要分析人员具备跨学科的知识背景和敏锐的洞察力。

在传统产业中，数据分析与价值挖掘的应用领域广泛。在生产制造环节，分析生产数据可优化工艺流程，降低不良品率；在市场营销环节，分析消费者行为数据可实现精准营销，提高客户转化率；在供应链管理环节，分析物流数据可优化运输路线，降低物流成本。数据分析的最终目标，在于将数据转化为智能，驱动企业运营效率的提高和商业模式的创新，从而在激烈的市场竞争中获得优势。

随着大数据时代的到来，数据分析技术得到了飞速发展，涌现出许多新的方法和技术。以下是几种常见的数据分析技术及其特点。

大数据分析　大数据分析是指对海量数据进行处理和分析的过程。大数据分析技术可以处理结构化数据和非结构化数据，帮助企业从海量的数据中提取有用的信息。大数据分析通常采用分布式计算框架，如Hadoop、Spark等，这些框架可以处理大规模的数据集，提高数据处理的速度和效率。此外，大数据分析还可以结合机器学习技术，实现数据的自动化分析和预测。

机器学习　机器学习是一种人工智能技术，通过训练模型来自动识别数据中的模式和规律。机器学习技术可以分为监督学习、无监督学习和半监督学习三种类型。监督学习是指在已知输入输出的情况下，训练模型来预测未知数据的输出；无监督学习是指在没有明确的输入输出的情况下，训练模型来发现数据中的隐藏模式；半监督学习则是介于两者之间的一种方法。机器学习技术在图像识别、语音识别、自然语言处理等领域有着广泛的应用。

深度学习　深度学习是机器学习的一个分支，通过构建深层神经网络来模拟人类大脑的学习过程。深度学习技术可以处理复杂的非线性关系，具有强大的特征提取能力。深度学习技术在计算机视觉、自然语言处理等领域有着广泛的应用，如人脸识别、语音合成、机器翻译等。

可视化分析 可视化分析是指通过图形化的方式展示数据，帮助用户更好地理解和分析数据。可视化分析技术可以将复杂的数据转化为直观的图表，如柱状图、折线图、饼图等，使用户能够快速抓住数据的主要特征和趋势。此外，可视化分析还可以结合交互式技术，让用户能够动态地调整图表的显示方式，进行深层次的数据探索。

数据价值挖掘是指从海量的数据中提取出有用的信息，为企业和社会创造更多的价值。以下是几种常见的数据价值挖掘方法及其应用案例。

商业智能（BI） 商业智能是指通过数据分析技术帮助企业作出更好的决策。商业智能通常包括数据仓库、数据挖掘、报表生成等模块，可以帮助企业全面了解自身的经营状况，发现潜在的商业机会。一家零售企业可以通过商业智能系统分析顾客的购买行为，制定个性化的营销策略，提高顾客满意度和忠诚度。

预测分析 预测分析是指通过对历史数据的分析，预测未来的趋势和结果。预测分析技术可以应用于金融、保险、医疗等多个领域。在金融领域，银行可以通过预测分析技术预测客户的信用风险，制定合理的贷款利率；在医疗领域，医院可以通过预测分析技术预测患者的病情发展趋势，提前做好治疗准备。

客户关系管理（CRM） 客户关系管理是指通过数据分析技术优化企业的客户关系管理。客户关系管理系统可以帮助企业全面了解客户的个人信息、购买历史、偏好等，从而制定个性化的客户服务策略。例如，一家航空公司可以通过客户关系管理系统分析旅客的飞行历史和偏好，为客户提供个性化的服务，提高旅客的满意度和忠诚度。

供应链优化 供应链优化是指通过数据分析技术优化企业的供应链管理。供应链优化技术可以帮助企业优化采购、生产和配送等环节，提高供应链的整体效率。例如，一家制造企业通过供应链优化技术分析供应商的交货时间、产品质量等信息，选择合适的供应商，降低采购成本；同时，企业还可以通过优化生产计划，提高生产效率，缩短交货周期。

为了更好地理解数据分析与价值挖掘在传统产业中的具体应用，下面列举几个典型的案例。

智能制造 在智能制造领域，通过使用大数据分析技术，企业可以从生产线上收集大量的设备运行数据、产品质量数据等，通过对这些数据的分析，可以发现设备的故障隐患，提前进行维修保养，避免因设备故障导致的生产中断。此外，大数据分析还可以帮助企业优化生产流程，提高生产效率，降低生产成本。例如，一家汽车制造企业通过大数据分析技术优化了生产线上的装配流程，减少了人工干预，提高了生产效率。

智能物流 在智能物流领域，通过使用大数据分析技术，物流企业可以从运输过程中收集大量的车辆位置数据、货物重量数据等，通过对这些数据的分析，可以优化运输路线，提高运输效率，降低运输成本。此外，大数据分析还可以帮助企业预测市场需求，提前做好库存准备，避免因缺货而导致的销售损失。例如，一家物流公司通过大数据分析技术优化了配送路线，降低了运输成本，提高了配送效率。

智慧农业 在智慧农业领域，通过使用大数据分析技术，农民可以从农田环境中收集大量的气象数据、土壤数据等，通过对这些数据的分析，可以科学合理地安排灌溉、施肥等工作，提高农作物产量和质量。此外，大数据分析还可以帮助企业预测天气变化，提前做好防灾减灾工作，减少自然灾害带来的损失。例如，一家农业合作社通过大数据分析技术优化了灌溉和施肥方案，提高了农作物产量，增加了收入。

智慧医疗 在智慧医疗领域，通过使用大数据分析技术，医院可以从患者健康数据中提取出有用信息，帮助医生更准确地诊断病情，制订个性化的治疗方案，提高医疗服务的质量。此外，大数据分析还可以挖掘出疾病的发病规律，为预防和控制疾病提供科学依据。例如，一家医院通过大数据分析技术发现了某种疾病的发病规律，制定了相应的防控措施，减少了疾病的传播。

数据采集技术与存储技术是数智技术应用的基础，而数据分析与价值挖掘则是数智技术应用的核心。只有通过有效的数据采集、存储和分析，才能真正发挥数智技术在传统产业转型升级中的重要作用。

4.3 拉长产业链，推动产业创新融合发展

4.3.1 产业链上下游协同优化与整合

随着数智技术的广泛应用，传统产业的产业链正在经历着深刻的变革。为了充分发挥数智技术的优势，必须通过数字化手段打通产业链上下游的信息流，实现供需精准匹配，并整合产业链上的资源，形成协同效应，降低运营成本，提高整体竞争力。这一过程不仅涉及技术层面的改造，还包括管理理念的更新和商业模式的创新。

数字化手段的应用为产业链上下游的信息透明化提供了可能。传统的供应链管理往往存在信息不对称的问题，导致供需双方难以实现高效对接。通过物联网、大数据等技术，可以实时收集和传递生产、库存、物流等各个环节的数据，使企业能够更加精准地掌握市场需求动态，从而调整生产和采购计划。家电制造商可通过部署智能传感器和数据采集系统，实现了对原材料供应、生产进度以及终端销售情况的全面监控。基于这些数据，公司能够及时调整生产节奏，减少库存积压，缩短交货周期，提高了客户满意度。

产业链上下游协同优化还需要建立有效的沟通机制。除了依靠信息技术

实现数据共享，还需增强企业间的合作意识，建立长期稳定的战略合作伙伴关系。这种合作关系有助于各方更好地协调资源配置，共同应对市场变化带来的挑战。比如，一些汽车制造企业与其零部件供应商建立了紧密的合作关系，定期召开联合会议，共同探讨技术创新和质量改进方案。这种协作模式不仅提升了产品的质量和性能，还增强了企业的抗风险能力。

资源整合也是产业链上下游协同优化的重要组成部分。通过集中采购、联合研发等方式，可以实现规模经济效益，降低单个企业的运营成本。同时，还可以促进资源共享，避免重复投资，提高资源利用率。在纺织行业，多个中小型企业联合起来成立了一个共享工厂，共同投资建设先进的生产设备和技术平台，实现了资源共享和优势互补。这样不仅降低了单个企业的设备购置成本，还提高了整个行业的技术水平。

产业链上下游协同优化还需要政府的支持与引导。政府部门可以通过出台相关政策文件，鼓励企业间开展深度合作；也可以设立专项基金，资助重点项目的实施。此外，还可以借助行业协会的力量，组织相关培训活动，帮助中小企业提高管理水平，促进产业链上下游协同优化。

通过数字化手段打通产业链上下游的信息流，实现供需精准匹配，并整合产业链上的资源，形成协同效应，降低运营成本，提高整体竞争力，是数智技术赋能传统产业的重要途径之一。这一过程不仅能够帮助企业实现降本增效的目标，还能促进整个行业的健康发展，为经济社会的可持续发展作出积极贡献。

4.3.2 传统产业生态系统的重构

随着数智技术的发展，传统产业生态系统也在发生着深刻的变化。为了适应新时代的要求，传统产业需要重新构建其生态系统，打破原有的行业边界，促进跨界融合，营造有利于创新的生态环境，吸引更多创新主体参与，推动产业朝着高端化、智能化方向发展。

数智技术的应用使传统产业的边界变得模糊。过去，传统产业通常局限于特定的产品或服务领域，而如今，借助物联网、云计算、大数据等技术，企业可以轻松跨越行业界限，实现跨界合作。如零售业与金融科技的合作，农业与电商的合作等。这些跨界合作不仅为企业带来了新的增长点，也为整个产业生态系统的繁荣注入了新的活力。

数智技术的应用促进了传统产业生态系统的优化升级。通过引入先进的信息技术，企业可以更好地管理和利用自身的资源，提高生产效率和服务质量。同时，还可以通过与其他企业的合作，形成互补优势，共同开拓市场。如传统的家具制造企业与软件公司合作，共同开发了定制化的设计软件，允许客户在线设计自己想要的家具款式，并且可以直接下单购买。这样一来，不仅满足了客户的个性化需求，也提高了企业的订单转化率。

企业还可以通过数据共享平台，与其他企业分享市场信息、技术成果等，形成互利共赢的局面。这种开放式的合作模式有助于提升企业的核心竞争力，有利于整个产业生态系统的健康发展。

数智技术的应用促进了传统产业生态系统的创新氛围。通过引入新技术、新模式，企业可以不断探索新的业务领域，推出更多创新性的产品和服务。同时，还可以通过举办各种创新创业大赛、论坛等活动，吸引更多的创新人才加入进来，共同推动产业发展。企业还可以通过设立专项基金，资助有潜力的初创企业，帮助它们成长壮大。这种做法不仅有助于提升企业的品牌形象，也有利于整个产业生态系统的健康发展。

数智技术的应用促进了传统产业生态系统的可持续发展。通过引入绿色制造、循环经济等理念，企业可以更好地保护环境，实现可持续发展目标。如传统的造纸企业可以通过采用先进的环保技术，大幅减少了废水排放量，并且将回收纸张作为原材料之一，实现了资源循环利用。这种做法不仅有助于保护环境，也有利于提升企业的社会形象。企业还可以通过建立绿色供应链管理体系，确保所有供应商都遵守环保标准，共同推动整个产业生态系统的可持续发展。

数智技术的应用打破了传统产业的行业边界，促进了跨界融合，优化了传统产业生态系统，营造了有利于创新的生态环境，吸引了更多创新主体参与，推动了产业朝着高端化、智能化方向发展。这一过程不仅有助于提升企业的核心竞争力，也有利于整个产业生态系统的健康发展，为经济社会的可持续发展作出了积极贡献。

4.3.3 新兴产业培育与传统产业融合发展

随着数智技术的发展，新兴产业不断涌现，为传统产业的转型升级提供了新的机遇。为了抓住这一机遇，传统产业需要积极培育新兴产业，并与之进行融合发展，形成新的经济增长点，推动产业向更高层次迈进。

新兴产业的培育是传统产业转型升级的重要方向之一。通过数智技术的应用，传统产业可以催生出新的产业形态，如智能制造、工业互联网等。这些新兴产业不仅具有较高的技术含量，而且市场需求广阔，发展潜力巨大。

新兴产业的培育需要政府支持与引导，核心在于构建创新生态。政策文件可鼓励研发投入，专项基金可资助重点项目实施，行业协会力量可用于组织培训，提高中小企业管理水平。政府在进行直接干预时应审慎，避免扭曲市场机制，重点在于创造公平竞争环境，引导资源合理配置。专项基金需严格管理，确保资金使用效益，避免寻租行为。行业协会应发挥桥梁纽带作用，促进信息交流，推动技术标准制定，避免行政化倾向。新兴产业发展面临技术风险、市场风险，政府支持应侧重于基础研究、共性技术研发，降低企业创新成本。政府引导基金可发挥杠杆作用，吸引社会资本投入，形成多元化融资渠道。政府支持的最终目标是提升企业自主创新能力，增强产业竞争力，实现可持续发展。

新兴产业的培育依赖产学研合作的深化。企业积极寻求与高校、科研机构的协同，以此获取前沿技术支持与智力资源，加速技术创新进程。通过共建实验室与联合人才培养机制，能够有效培育高素质专业人才，为新兴产业发展提供坚实的人才保障。这种合作模式促进了知识与技术的双向流动，优化创新资源配置，使新兴产业在技术与人才的双重驱动下蓬勃发展。

新兴产业的培育需要注重市场的开拓。企业不仅要关注国内市场的需求，还要积极开拓国际市场，扩大产品和服务的覆盖面。此外，企业还可以通过设立海外分支机构、建立跨国合作网络等方式，进一步拓展国际市场，提升企业的国际竞争力。

新兴产业培育与传统产业融合发展是数智技术改造和提升传统产业的重要路径。新兴产业蕴含着技术创新与市场潜力，传统产业则具有规模优势与行业经验，两者融合能够形成互补效应，产生新的增长动能。数智技术在这一融合过程中扮演着关键角色，它连接新兴产业与传统产业，促进信息流动、资源共享与技术转移，驱动产业边界模糊与价值链重构。这种融合不仅提升了传统产业的创新能力与竞争力，也为新兴产业提供了广阔的应用场景与市场空间，最终形成协同发展、互利共赢的产业生态。

4.4 优化人才链，培养创新型人才队伍

4.4.1 数字化人才技能培训培养体系

在数智技术赋能传统产业的过程中，数字化人才[1]至关重要。数字化人

[1] 人力资源和社会保障部信息中心 .2024 数字化人才指数报告 [EB/OL].(2024-07-24)[2025-04-07].https://www.hrssit.cn/info/3327.html.

才是指那些掌握现代信息技术知识，并能将这些技术应用于传统产业各个方面的专业人员。他们不仅具备扎实的信息技术基础知识，还拥有较强的实践能力和创新意识。随着数智技术的不断发展，数字化人才的需求日益增长。一方面，传统产业面临着转型升级的压力，需要大量的数字化人才来推动这一进程；另一方面，数智技术本身也在不断进步，这就要求从业人员不断更新自己的知识结构，跟上技术发展的步伐。因此，建立一套完善的数字化人才技能培训培养体系显得尤为重要。

尽管数字化人才的重要性已经得到了广泛的认可，但在实际操作中仍然存在不少问题。首先，培训内容往往过于理论化，缺乏针对性和实用性。很多培训机构提供的课程虽然涵盖了最新的技术动态，但未能紧密结合传统产业的具体应用场景，导致学员难以将所学知识应用到实际工作中。其次，培训方式单一，大多采用传统的课堂教学模式，缺乏互动性和实践性。这种方式不利于激发学员的学习兴趣，也不利于培养他们的动手能力。再次，培训周期过长，使许多企业不愿意派遣员工参加培训，因为这些企业担心会影响自身正常的生产经营活动。最后，缺乏有效的评估机制，无法准确衡量培训效果，进而影响了培训质量的提高。

为了解决上述问题，可以采取以下几种措施来改进数字化人才技能培训：一是加强培训内容的针对性和实用性。针对不同行业的特点，设计专门的培训课程，使学员能够更好地将所学知识应用于实际工作。在制造业中，可以开设工业互联网、智能制造等相关课程；而在农业领域，则可以设置智慧农业、农业大数据等内容。还可以邀请企业一线技术人员分享工作经验，增加案例教学的比例，让学员在真实的情境中学习和练习。二是创新培训方式，提高互动性和实践性。除了传统的课堂教学，还可以引入在线学习、虚拟现实、增强现实等新兴技术，为学员提供更加生动直观的学习体验。同时，组织学员参与项目式学习（Project-Based Learning），让他们在完成具体项目的前提下掌握相关技能。这种做法不仅能提高学员的积极性，还能帮助他们积累宝贵的实战经验。三是缩短培训周期，提高效率。可以通过采用模块化教学法，将复杂的课程分解成若干个小单元，每个单元集中讲解一个知识点或技能点，这样既可以节省时间，又能保证教学质量。还可以利用碎片化的时间进行学习，比如通过手机App推送每日一题等形式，让学员随时随地都能获取新知识。四是建立健全评估机制，确保培训效果。一方面要制定科学合理的评估指标体系，从知识掌握程度、技能水平、综合素质等多个维度对学员进行全面评价；另一方面要注重结果导向，即不仅要考察学员在接受培训后的表现，还要关注他们在工作岗位上的实际业绩，以此作为衡量培训成效的重要依据。

为了更直观地展示数字化人才技能培训的效果，这里介绍几个成功的案例。

海尔集团的“创客训练营” 海尔集团是一家著名的家电制造企业，近年来积极推进数字化转型。为了培养内部员工的数字化思维和能力，海尔集团设立了“创客训练营”。该训练营采用项目制学习的方式，让员工组成团队，围绕特定的主题开展为期三个月的项目研发。

在此期间，他们会接触最新的数智技术，并学会如何将其应用于实际工作中。

据统计，“创客训练营”自成立以来，已有数百名员工参与其中，其中不乏一些优秀的创意和项目得到了高层领导的认可和支持。

阿里巴巴的“新零售学院” 阿里巴巴作为中国领先的电子商务公司，在推动新零售方面作出了诸多努力。“新零售学院”就是其中一个重要的组成部分。该学院面向社会开放，旨在培养具备新零售理念和技能的专业人才。学院开设了线上线下的多种课程，涵盖了商品管理、顾客服务、营销策划等多个方面。学员不仅可以学到理论知识，还可以通过模拟演练等方式提升自己的实践能力。

“新零售学院”自成立以来，已经培养了一批批优秀的毕业生，并成为各大零售企业的骨干力量。

腾讯云的“云启计划” 腾讯云是腾讯旗下的云计算服务平台，致力于为企业提供优质的云服务。为了帮助企业更好地理解和应用云计算技术，腾讯云推出了“云启计划”。

该计划分为初级、中级和高级三个阶段，分别对应不同的技术水平要求。参与者可以根据自身的情况选择合适的阶段参加培训。在整个过程中，学员们将接受来自腾讯云专家的一对一指导，还有机会参与真实的项目实践。截至目前，“云启计划”已经吸引了数千名学员报名参加，为云计算行业输送了大量的优秀人才。

4.4.2 复合型人才培养模式与激励机制

复合型人才是指同时具备多学科或多领域知识背景，能够在复杂环境中灵活应对各种挑战的专业人士。在数智技术赋能传统产业的过程中，复合型人才的作用尤为突出。他们可以帮助企业更好地理解数智技术的本质及其潜在价值，从而作出正确的决策；他们还可以促进不同部门之间的沟通协作，消除“信息孤岛”现象，提高工作效率。复合型人才往往具有较强的适应能力和创新能力，能够迅速适应新技术带来的变化，并提出富有前瞻性的解决方案。

当前，复合型人才培养也面临着一些困难：一是教育资源分散，缺乏统一规划。由于各个学校、机构各自为政，很难形成规模效应，导致资源浪费严重。二是课程设置不合理，难以满足复合型人才成长的需求。大多数院校提供的课程仍然侧重于某一特定学科领域，而忽视了跨学科知识的学习。三是缺乏有效的评价体系，无法准确衡量学生的能力水平。四是就业市场上对于复合型人才的需求尚未完全显现出来，这也使得一些家长和学生对复合型人才培养持观望态度。

针对以上问题，可以从以下几个方面着手探索新的复合型人才培养模式：一是加强顶层设计，整合教育资源。政府应发挥主导作用，统筹协调各方力量，制订统一的战略规划，避免重复建设。同时，鼓励高校、科研机构和社会培训机构之间开展合作，共同打造资源共享平台，提高资源配置效率。二是优化课程设置，注重跨学科知识的学习。在本科阶段，可以尝试推行通识教育与专业教育相结合的教学模式，让学生在打好基础的同时拓宽视野。在研究生阶段，则应该鼓励学生选修其他学科的相关课程，甚至攻读双学位或者联合培养项目，以增强自身的综合素养。三是建立多元化的评价体系，全面反映学生的成长状况。除了注重传统的考试成绩，还可以引入项目考核、论文答辩、社会实践等多种形式，重点考查学生的创新精神、团队合作能力和解决实际问题的能力。四是积极引导社会舆论，树立正确的价值导向。通过宣传报道等形式，向社会传递复合型人才的重要性和市场需求，改变人们的固有观念，吸引更多的人投身于复合型人才培养事业当中。

接下来，我们介绍几个具体复合型人才培训的实际案例。

清华大学的“新工科”改革 清华大学是我国顶尖高等学府之一，近年来积极响应国家号召，启动了“新工科”改革。所谓“新工科”，就是指适应新一轮科技革命和产业变革趋势，以工程科技为引领，培养具有创新精神和实践能力的复合型工程技术人才。为此，清华大学调整了现有专业设置，新增了诸如人工智能、大数据管理与应用等热门专业；同时，还制订了跨学科交叉培养计划，允许学生在不同院系间自由选课，甚至申请转专业。此外，学校还建立了创新创业基地，为有兴趣的学生提供了一个良好的实践平台。

复旦大学的“卓越工程师教育培养计划” 复旦大学重视复合型工程技术人才的培养。该校推出的“卓越工程师教育培养计划”旨在培养一批能够胜任复杂工程问题解决工作的高水平工程师。该项目强调理论与实践相结合，要求学生在校期间至少完成两次实习经历，其中包括一次海外实习。除此之外，学校还特别注重对学生创新能力的培养，鼓励学生参加各类竞赛活动，如全国大学生数学建模大赛、电子设计竞赛等。通过这些举措，复旦大学为国家输送了一大批优秀的工程技术人才。

上海交通大学的“拔尖创新人才培养计划” 上海交通大学是中国历史悠久、声誉较高的高等学府之一。为了培养拔尖创新人才，该校启动了“拔尖创新人才培养计划”。该计划面向全校所有本科生，选拔出一批具有发展潜力的学生，给予他们特殊的培养条件。入选者可以获得更多的学术资源支持，如优先安排导师指导、优先推荐参加国内外交流访问等。此外，学校还专门为他们设立了一系列特色课程，涵盖人文社会科学、自然科学等多个领域，旨在拓宽学生的知识面，培养他们的批判性思维能力和独立研究能力。

除了完善培养模式，还需要建立一套行之有效的激励机制，以吸引更多的人才投身于复合型人才培养事业当中。可以从以下几个方面入手：一是物质奖励。对于表现优异的学生，可以给予一定的奖学金或者其他形式的经济资助；对于作出突出贡献的教师，则可以提高其薪酬待遇，并授予荣誉称号。二是精神奖励。通过举办表彰大会等形式，对优秀个人和集体进行公开表扬，增强他们的荣誉感和社会责任感。三是职业发展支持。为符合条件的学生提供更多的实习机会、推荐信以及其他有助于求职的信息资源；对于教师来说，则可以为其提供更多晋升渠道，如设立特聘教授岗位等。四是国际化交流机会。鼓励和支持师生参与国际间的学术交流活动，拓宽视野，增进相互了解。五是创业扶持。对于有志于创业的学生，可以提供种子基金、办公场地租赁补贴等一系列优惠政策，帮助他们顺利起步。

通过加强顶层设计、优化课程设置、建立多元化的评价体系以及积极引导社会舆论等措施，我们可以逐步建立起一套完善的复合型人才培养模式。同时，通过物质奖励、精神奖励、职业发展支持、国际化交流机会和创业扶持等多种形式的激励机制，也可以吸引更多的人才投身于复合型人才培养事业当中，从而为数智技术赋能传统产业提供强有力的人才支撑。

4.5 创新生态链，构建良好的数字智能技术发展环境

4.5.1 创新生态链的组成要素分析

在数智技术改造和提升传统产业的路径中，创新生态链的构建是至关重要的环节。这一生态链并非孤立存在的，而是由政府、企业、高校、科研机构和金融机构等多种要素相互作用、有机结合而成。

政府是创新生态链的顶层设计者与规则制定者，通过政策引导、资金扶持和市场监管，为数智技术发展营造良好的外部环境。企业作为技术创新主体，应加大研发投入力度，积极探索数智技术在生产、管理和营销等环节的应用，实现降本增效与产品升级。高校和科研机构是知识的源泉与人才的摇篮，应加强基础研究，突破关键技术瓶颈，并为企业输送具备创新能力和实践经验的专业人才。金融机构则为创新活动提供资金支持，通过信贷、股权投资等方式，降低企业的融资成本，促进科技成果的转化。

政府的角色 政府在创新生态链中扮演着至关重要的角色。政府可以通过制定相关政策和法规，为数智技术的发展创造良好的外部环境。出台鼓励创新的税收优惠政策、财政补贴政策，以及知识产权保护政策等。政府还可以通过设立专项基金、提供贷款担保等方式，加大对数智技术研发和应用的支持力度。政府还可以通过举办各类创新创业大赛、科技展览等活动，促进企业间的交流合作，激发全社会的创新活力。

企业的角色 企业在创新生态链中处于核心地位。作为数智技术的主要

使用者和受益者，企业既是技术创新的需求方，也是技术创新的供给方。企业可以通过自身的研发活动，不断推出新技术、新产品；也可以通过与其他企业和机构的合作，共同推进数智技术的应用和发展。一些大型制造企业可以与软件公司合作，共同开发适用于自身生产流程的智能制造系统；而一些中小企业则可以通过加入行业协会或联盟组织，共享资源、分担风险，实现抱团取暖。此外，企业还可以通过设立内部创新基金、建立创业孵化器等方式，鼓励员工积极参与创新活动，营造良好的创新氛围。

高校的角色　高校是培养高层次人才的重要基地，在创新生态链中发挥着不可或缺的作用。高校可以为数智技术的研发提供智力支持，通过开展基础研究和应用研究，解决产业发展中的关键技术难题。清华大学、北京大学等知名高校在人工智能、大数据等领域开展了大量的前沿研究工作，为相关产业的发展奠定了坚实的理论基础。高校还可以通过开设相关课程、举办讲座等形式，为企业和社会输送大量具备专业知识和实践能力的毕业生。高校还可以通过与企业合作建立联合实验室、共建实习基地等方式，加强产学研合作，促进科技成果的转化应用。

科研机构的角色　科研机构是连接高校与企业的桥梁，在创新生态链中也占有重要位置。科研机构可以承接高校的研究成果，并在此基础上进行工程化开发，使其更贴近市场需求。科研机构还可以为企业提供技术支持和服务，帮助企业解决在生产过程中遇到的技术难题。科研机构还可以通过举办学术会议、发布研究报告等形式，促进知识传播和技术交流，为整个创新生态链注入新的活力。

金融机构的角色　金融机构为创新生态链提供了必要的资金支持。银行等传统金融机构可以为企业提供贷款、票据贴现等金融服务，帮助企业在研发阶段获得所需的资金支持。随着金融科技的发展，越来越多的风险投资机构也开始关注数智技术领域，为初创企业提供股权融资服务。还有一些专门针对科技创新项目设立的基金，如国家自然科学基金、地方政府设立的科技成果转化基金等，也为数智技术的研发和应用提供了有力的资金保障。金融机构还可以通过开发新的金融产品和服务，如知识产权质押贷款、科技保险等，进一步拓宽企业的融资渠道，降低融资成本。

4.5.2 创新平台建设与资源整合

创新平台建设是构建良好数智技术发展环境的关键举措之一。通过搭建各类创新平台，可以有效地整合各方资源，促进技术、资金、人才等要素的流动和共享，从而为数智技术的应用提供必要的支撑条件。以下是几种常见的创新平台类型及其功能介绍。

孵化器是指专门为初创企业提供办公场地、设备设施、技术支持等一系列服务的机构。它分为综合性孵化器和专业性孵化器两种类型。综合性孵化器通常面向所有类型的初创企业，为其提供一站式的服务；而专业性孵化器则专注于某一特定领域，如信息技术、生物医药等。孵化器不仅可以帮助企业降低创业初期的成本，还能通过组织各种培训、辅导活动，提升创业者的能力素质。孵化器还可以通过举办项目路演、对接会等活动，促进企业间的交流合作，加速项目的成长壮大。

加速器是一种比孵化器更为成熟的创业服务机构，主要面向已经有一定规模和发展潜力的企业。它不仅提供办公场所和设备设施，还为企业配备专业的导师团队，提供战略规划、市场营销等方面的指导。加速器还会定期举办各类活动，如研讨会、论坛等，邀请行业内专家分享经验教训，帮助企业更好地把握市场动态。加速器还会积极帮助企业寻找合作伙伴、投资者，协助企业完成融资、上市等工作。总之，加速器旨在帮助企业跨越“死亡谷”，顺利进入快速增长期。

众创空间是一种新型的工作场所，它打破了传统的办公室界限，营造了一个开放、共享、协作的工作环境。在众创空间，不同背景、不同领域的创业者可以自由组合，共同开展项目。众创空间不仅为创业者提供了基本的硬件设施，如办公桌椅、网络接入等，还配备了各种公共设施，如会议室、洽谈室等。众创空间还提供了一系列增值服务，如创业辅导、项目申报、知识产权代理等。通过这些服务，众创空间可以帮助创业者降低创业门槛，提高创业成功率。

技术转移中心是一个专门负责促进将科技成果转化为现实生产力的机构。它的主要任务是从高校、科研机构获取最新的研究成果，并通过多种方式将其推向市场。技术转移中心可以采取专利许可、技术入股、技术转让等方式，让科技成果真正落地生根。此外，技术转移中心还会为企业提供技术咨询、培训等服务，帮助企业解决在技术应用过程中遇到的问题。通过这些努力，技术转移中心不仅促进了科技成果的转化应用，也为高校和科研机构带来了经济效益，实现了多方共赢的局面。

科技园区是以高新技术产业为主导的产业集聚区，它集成了众多优势资源，为企业的发展创造了良好的外部环境。科技园区不仅拥有先进的基础设施，如道路、水电供应等，还配备了完善的公共服务设施，如研发中心、检验检测中心等。更重要的是，科技园区聚集了大量的优秀企业和人才，形成了浓厚的创新氛围。在科技园区，企业之间可以相互学习、取长补短，共同进步。此外，科技园区还经常举办各类活动，如技术交流会、项目推介会等，为企业间交流合作搭建了平台。通过这些努力，科技园区成为数智技术应用的重要载体，为传统产业的转型升级提供了有力支持。

创新生态链的构建需要政府、企业、高校、科研机构、金融机构等各方共同努力，通过搭建各类创新平台，整合各方资源，形成一个良性互动、协同发展的局面。只有这样，才能为数智技术的应用和发展提供坚实的基础，推动传统产业实现高质量发展。

进一步完善创新生态链，为数智技术的应用和发展创造更加有利的条件，推动传统产业实现高质量发展。在实际操作过程中，还需要注意以下几个问题：首先，要注重协调各方利益关系。在创新生态链中，政府、企业、高校、科研机构、金融机构等各方的利益诉求往往不尽相同。因此，在推进创新生态链建设的过程中，必须充分考虑到各方的利益，寻求最大公约数，避免出现矛盾冲突。其次，要注重可持续发展。创新生态链的建设是一项长期性、系统性的工作，不可能一蹴而就。在推进过程中，要注重长远规划，避免短期行为。同时，还要注重环境保护和社会责任，确保创新生态链的健康发展。要注重风险管理。在创新生态链的建设过程中，可能会遇到各种各样的风险，如技术风险、市场风险、财务风险等。对此，我们要做好充分准备，建立健全风险预警机制，及时发现并化解潜在风险，确保创新生态链的稳定运行。

构建良好的数智技术发展环境是一个复杂而艰巨的任务，需要政府、企业、高校、科研机构、金融机构等各方共同努力，形成合力。只有这样，才能为数智技术的应用和发展创造更加有利的条件，从而推动传统产业实现高质量发展。

CHAPTER FIVE

第五章

数智技术赋能各行业的具体实践

5.1 农业生产领域的数字化智能化转型

5.1.1 智慧农业模式，打造农业大数据平台

随着信息技术的飞速发展，农业作为国民经济的基础产业，正经历着深刻的变革。智慧农业[1]模式是利用现代信息技术，如物联网、大数据、云计算、人工智能等，将农业生产的各个环节有机整合起来，形成一个智能化、信息化、精细化的现代农业管理体系。这种模式不仅提高了农业生产效率，也增强了农业抗风险能力，实现了农业生产的可持续发展。

在智慧农业模式下，农业大数据平台扮演着至关重要的角色。农业大数据平台是指通过传感器、无人机、卫星遥感等设备收集农业生产过程中产生的海量数据，并对数据进行清洗、存储、分析和挖掘，从而为农业生产决策提供科学依据。它涵盖了种植业、畜牧业、渔业等多个方面，是智慧农业的核心基础设施之一。

具体来说，农业大数据平台可以从以下几个方面发挥作用。

一是精准种植。通过对土壤肥力、气象条件、作物生长状况等数据的实时监测，农业大数据平台可以帮助农民合理施肥、灌溉和防治病虫害，提高

[1] 中国信息通信研究院政策与经济研究所，中国人民大学智慧农业与数字乡村发展研究中心 . 中国智慧农业发展研究报告，新一代信息技术助力乡村振兴 [R]. 北京：201212. 中国信通院，2021.

农作物产量和质量。一些地方已经开始采用基于物联网的智能灌溉系统，该系统可以根据土壤湿度自动调节灌溉量，既能节约水资源又能保证作物生长所需的水分。此外，还利用无人机进行农药喷洒作业，不仅提高了工作效率，还减少了农药使用量，减少了环境污染。

二是动物健康管理。在智慧农业模式中，动物健康管理是至关重要的一环，其核心在于利用数智技术实现对养殖业的精细化、智能化管理，从而提高动物的健康水平，优化生产效率，并保障食品安全。传统的养殖模式往往依赖人工巡查和经验判断，难以对动物的健康状况进行实时、全面的监测，容易导致疾病的暴发和传播，造成经济损失。农业大数据平台为动物健康管理提供了强大的技术支撑。通过在牲畜身上安装传感器，可以实时采集体温、心率、活动量等生理数据，并将这些数据传输到云端进行分析。这些数据不仅可以反映动物的健康状况，还可以帮助兽医及时发现潜在的疾病风险，提前采取预防措施，避免疾病的大规模暴发。数智技术在动物健康管理中的应用，不仅提高了养殖效率和经济效益，还有助于提升动物福利，减少疫病传播，保障食品安全，为畜牧业的可持续发展奠定了坚实的基础。

三是水产养殖优化。在智慧农业模式中，水产养殖优化占据着重要地位。农业大数据平台通过整合各类数据资源，为渔民提供科学的决策支持，推动水产养殖朝着智能化、精细化方向发展。数智技术在水产养殖优化中的应用主要体现在对养殖环境的精准监控与智能化调控，以此实现水产资源的高效利用与可持续发展。农业大数据平台还可以根据监测结果，为渔民提供智能化的调控建议。

为确保捕捞作业的安全性和合法性，数智技术亦发挥着重要作用。通过卫星定位系统，可以实时追踪渔船的位置，防止渔船进入禁渔区或者发生意外事故。还可以利用大数据分析技术评估渔业资源状况，合理制定捕捞配额，避免过度捕捞对海洋生态环境造成破坏。这种基于数据驱动的科学管理方式，有助于实现渔业资源的可持续利用，保障渔业产业的长期健康发展。

四是农产品质量安全追溯。在智慧农业模式中，农产品质量安全追溯体系的建立是保障消费者权益的关键环节。农业大数据平台通过整合农产品生产、加工、运输和销售等环节的信息，构建起一套完整的追溯系统。消费者只需扫描农产品包装上的二维码，即可便捷地获取产品的产地来源、生产日期、采摘时间、农药残留检测结果等关键信息。此举不仅增强了消费者对农产品的信任度，提升了品牌价值，也对生产企业形成了有效的约束机制，倒逼其严格遵守生产规范，确保产品质量。这一追溯体系能够有效打击假冒伪劣商品，维护市场秩序，保障消费者的合法权益。从经济学角度分析，信息不对称是导致市场失灵的重要原因之一，而农产品质量安全追溯体系正是通过信息透明化来缓解这一问题，促进市场有效运行。追溯体系的建立也为政府监管提供了便利，监管部门可以通过平台实时监控农产品的质量安全状况，及时发现和处理问题，维护食品安全底线。

五是市场供需对接。通过分析历史销售数据和市场需求趋势，农业大数据平台可以提前预测未来一段时间内各类农产品的需求量，并据此指导农民调整种植结构，避免盲目跟风种植导致供过于求或者供不应求的现象发生。农业生产长期面临信息不对称难题，导致供需失衡，农产品滞销或短缺现象频发。农业大数据平台通过汇集历史销售数据、市场调研信息及消费者偏好数据，运用预测模型分析未来市场需求，为农民提供种植结构调整的科学指导。此举旨在避免农民盲目跟风种植，有效缓解了农产品结构性过剩或短缺问题，提升农业生产的市场适应性。农业大数据平台亦可促进企业与农民间的精准对接。通过平台，农产品加工企业能够便捷地寻找到符合其质量标准和数量需求的农产品供应商，建立稳定的合作关系，保障原材料供应的可靠性。平台亦可为农民提供产品展示与推广渠道，增强其议价能力，提高农产品附加值。此种供需双方的直接对接，不仅优化了资源配置效率，降低了交易成本，更有助于构建新型农业产业链，推动农业生产向价值链高端攀升。

智慧农业模式通过整合物联网、大数据、云计算和人工智能等现代信息技术，旨在构建一个智能化、信息化、精细化的现代农业管理体系，以提高农业生产效率和抗风险能力，实现可持续发展。农业大数据平台是智慧农业模式的核心基础设施，通过对农业生产过程中产生的海量数据进行收集、存储、分析和挖掘，为精准种植、动物健康管理、水产养殖优化、农产品质量安全追溯和市场供需对接等环节提供科学决策依据。该平台涉及农业生产全过程，强调数据驱动的精准化管理和资源优化配置，是实现农业现代化的关键技术支撑。

5.1.2 智慧农业的典型模式分析

在智慧农业的实际应用中，已经出现了多种典型的模式，这些模式各有特色，共同构成了丰富多彩的智慧农业画卷。下面我们就来分析几种具有代表性的智慧农业模式。

一是精准农业模式。所谓精准农业，是指利用现代信息技术对农田进行全面感知，根据不同的地块特性制订个性化的种植方案，从而实现资源的最佳配置。具体做法如下：首先，在田间布置各种类型的传感器，如土壤湿度传感器、温度传感器、光照强度传感器等，实时采集土壤肥力、气候条件等数据；其次，利用 GPS 定位技术确定每个地块的确切位置，并将上述数据上传至云端服务器；再次，借助大数据分析工具对这些原始数据进行处理，生成可视化的图表，直观地展示各个地块的情况；最后，结合专家经验库给出具体的种植建议，如何时播种、怎样施肥浇水等。这样一来，农民就可以针对不同区域采取差异化管理措施，在大幅提高种植效率的同时减少不必要的投入浪费。

二是设施农业模式。设施农业主要是指通过建造温室大棚或其他封闭式栽培设施来改善农作物生长环境的一种方式。随着科技的进步，现在越来越多的现代化温室采用了先进的控制系统，能够自动调节室内温度、湿度、光照强度等参数，使作物始终处于最适宜生长的状态。而且，许多新型温室还配备了自动灌溉、施肥装置以及病虫害预警系统，大大减轻了劳动强度，提高了生产效率。比如荷兰，在这个被誉为“鲜花王国”的国家，几乎所有的花卉种植基地都采用了高度自动化的温室技术，每年出口大量的鲜切花到世界各地，深受消费者喜爱。

三是智能灌溉模式。我们知道，合理的灌溉是保证农作物健康成长的关键因素之一。但是传统的灌溉方法往往存在用水浪费严重的问题，特别是在干旱地区，水资源显得尤为珍贵。因此，开发一套科学合理的智能灌溉系统就显得尤为重要。目前，市面上已经有多种成熟的智能灌溉解决方案可供选择，比如滴灌、微喷灌、渗灌等形式，它们都可以精确控制每一株植物所需的水量，避免因过量灌溉造成的浪费现象。一些更高级别的智能灌溉系统，不仅可以根据植物根系周围土壤的湿度自动调整供水量，还能结合气象预报信息提前作出预判，确保作物在整个生长周期内都能得到充足的水分供应。

四是无人机植保模式。近年来，随着无人机技术的日益成熟，无人机植保也被广泛应用于农业领域，特别是农药喷洒作业方面。相比传统的人工喷药方式，无人机植保具有诸多优势。一方面，它可以轻松到达那些地形复杂、难以进入的地方，确保每一个角落都被均匀覆盖；另一方面，由于采用了雾化喷嘴，药液可以形成细小的颗粒悬浮在空中，长时间滞留于叶片表面，从而提高药效利用率。使用无人机进行农药喷洒作业，不仅可以节省大约三分之一的成本，还能显著缩短作业时间，减少劳动力投入，是一项非常值得推广的技术。

以上四种智慧农业模式只是冰山一角，实际上还有很多其他形式同样值得关注。无论哪种模式，其核心都是围绕着如何利用好数字化技术和智能化手段来提高农业生产水平展开的。在实际操作过程中，我们也应该注意到每一个模式都有各自的适用范围和发展局限，需要因地制宜地加以选择和应用。只有这样，才能真正发挥出智慧农业的优势，助力乡村振兴战略的有效实施。

5.2 制造业的智能化升级路径

5.2.1 从传统制造到智能制造的转变

制造业作为国民经济的支柱产业，长期以来一直是技术创新和产业升级的主要战场。随着信息技术的飞速发展，特别是数智技术的崛起，制造业正经历着一场深刻的变革，从传统制造迈向智能制造。这种转变不仅是生产方式的革新，更是管理模式、组织架构以及企业文化的全方位升级。

在传统制造业中，生产流程通常较为单一，主要依赖人工操作，生产效率低下，产品质量参差不齐，难以满足日益复杂的市场需求。同时，传统制造企业在面对市场竞争时往往缺乏足够的灵活性和快速响应能力，导致其在全球产业链中的地位逐渐下降。而随着云计算、大数据、物联网、人工智能等新兴技术的迅猛发展，为制造业带来了前所未有的发展机遇。这些技术不仅能够显著提高生产效率，还能帮助企业更好地应对市场变化，实现精益生产和智能制造的目标。

通过引入自动化设备和智能化管理系统，可以大幅减少人力投入，缩短生产周期，提高产量。利用大数据分析技术，企业可以更准确地预测市场需求，合理安排原材料采购和库存管理，避免浪费。借助先进的检测技术和质量控制系统，可以及时发现并纠正生产过程中的偏差，确保每一件产品的高质量交付。在激烈的市场竞争中，只有具备强大的技术创新能力和快速反应机制的企业才能脱颖而出，从而赢得更多客户信赖。智能制造有助于减少能源消耗和废弃物排放，促进环境保护，助力实现可持续发展目标。

为了顺利实现从传统制造向智能制造的转变，企业需要采取一系列有效的措施，包括但不限于以下几个方面。

技术升级是实现智能制造的基础条件之一。企业应当积极采用先进的生产设备和技术，如数控机床、工业机器人等自动化装备；建立完善的信息化系统，包括企业资源计划（ERP）、制造执行系统、产品生命周期管理（PLM）等软件平台，以及部署物联网传感器网络，以便实时监控生产设备状态并收集相关数据。此外，还需要加强对员工的专业技能培训，使他们能够熟练掌握新工具的操作方法，并具备一定的数据分析能力。

随着业务流程的演变，原有组织架构的适应性降低。企业组织结构的重塑成为必要，其目标在于实现扁平化与敏捷化，促进决策效率与协作效能的提升。数据管理部门的设立同样关键，该部门负责公司数字化转型战略的统筹规划，协调各部门间的沟通与合作，确保转型战略得以贯彻执行。组织结构的调整不仅是对物理形态的改变，更是对潜在工作方式、交流模式和权力分配的深刻变革。通过减少管理层级，企业旨在促进组织内部信息的自由流动和知识共享，以此激发创新活力，增强市场响应速度。扁平化结构通过赋予员工更大的自主权和责任，能够促进员工敬业度和工作满意度的提升，从而增强组织的整体效能。设立专门的数据管理部门，体现了数据资产在企业战略中的核心地位。该部门的职责不仅限于对数据的收集、存储和管理，更在于对数据的战略规划和价值挖掘，通过数据驱动企业决策，优化业务流程，催生新的商业模式。数据管理部门的有效运作，能够为企业的数字化转型奠定坚实的数据基础和技术支撑。

文化转型是智能制造范式转变中的一个核心要素，它与硬件设施及软件系统的现代化改造并驾齐驱，构成企业整体升级战略中不可分割的组成部分。

技术设施的更新换代为智能制造的实施提供了物质基础，企业文化变革则为智能制造的落地构建了必要的思想观念和行为规范基础。这种文化变革不仅关乎技术层面的采纳与适应，更触及企业深层次的价值理念与组织运行机制。智能制造的推进内在要求企业文化具备开放性特征。组织内部沟通渠道的畅通至关重要，它能促进知识在组织成员间的有效传播和创新思想的充分涌流，使员工个体能够深度参与企业的发展进程。此外，企业文化还需倡导创新精神，鼓励员工积极探索新技术应用。容错机制的建立必不可少，它为员工试错提供保障，降低了创新过程中的风险顾虑，从而激发组织的创新活力。智能制造是对企业长期价值的投资，而非对短期效益的追逐。企业文化的构建应以长远发展为导向，避免急功近利的行为模式。这种长期主义价值观的确立，有助于企业在智能化转型过程中保持战略定力，确保转型目标的实现。

制造业向智能制造转型是一项复杂且艰巨的任务，单个实体难以独立完成。因此，构建有效的合作伙伴关系显得至关重要。一种策略是与同行建立联盟，此举有利于促进资源共享、经验交流和教训互鉴。另一种策略是积极寻求外部机构的支持，科研院校和行业协会极为重要的潜在合作伙伴。这些机构通常具备深厚的专业知识和强大的技术力量，它们的参与可以加速制造企业实现智能化升级。

为保障智能制造项目的顺利实施，标准化体系的建设至关重要。这包含统一的技术规范制定、数据接口协议建立以及安全管理制度建设。技术规范的统一是智能制造项目实施的基础，它确保了项目参与各方在技术层面的协调一致，减少技术对接中的摩擦与障碍。数据接口协议的建立旨在实现不同系统间的数据高效流通与共享，打破“信息孤岛”，为智能制造的数据驱动决策提供支持。安全管理制度的健全同样不可或缺，它为智能制造系统的稳定运行与数据安全提供保障，预防潜在风险，确保项目成果的可靠性。标准化体系的建设是一个系统工程，需要政府、企业、行业协会以及研究机构的共同参与和协作。

尽管智能制造具有诸多优点，但在实际推广过程中仍面临着不少困难。主要包括以下几点。

一是资金投入较大。智能制造项目的推行通常伴随着显著的资本投入，主要体现在设备购置、人才引进及IT基础设施建设等方面。实施智能制造升级改造往往需要企业采购高精密度的自动化设备、高性能的传感器、先进的工业机器人以及其他智能化生产工具，此类设备通常价格昂贵，对企业的现金流产生较大影响。智能制造的实现对从业人员的专业技能提出了更高的要求，企业需要引进既掌握传统制造工艺又具备数字技术应用能力的高素质复合型人才，或者通过外部招聘或内部培训等方式培养既有技能又掌握相关知识的技术人员，由此产生的人力资源成本不容忽视。构建并维护庞大的IT基础设施是智能制造项目顺利运行的基础保障，也是一项重要的成本支出。智能制造的实施需要企业构建包括工业互联网平台、数据中心、网络通信系统、信息安全系统等在内的复杂IT基础设施，这些设施的建设、运维和更新换代都需要大量的资金投入。对于规模相对较小的制造企业而言，上述各项成本支出无疑会带来巨大的财务压力，如何在有限的预算内高效地完成智能化升级，是其在推动智能制造过程中必须认真考虑的问题。

二是人才匮乏。近年来，尽管高等教育在我国取得了显著发展，专业人才供给不足的问题依然突出。这种人才储备的结构性短缺，在一些科技前沿领域表现得尤为明显。机器学习算法工程师的培养需要深厚的数学、计算机科学理论基础与实践经验的结合，工业互联网架构师则需兼备信息技术、自动化控制以及行业领域知识，这些复合型人才的培养周期长、难度大，导致人才市场上复合型人才的供需矛盾十分尖锐。这种人才瓶颈制约了智能制造战略的有效推进与产业转型升级的速度，如何加快相关人才的培养，已经成为当前亟待解决的重要课题。

三是“数据孤岛”现象严重。长期以来，众多企业的信息化建设呈现出各自为政的局面，缺乏系统性的规划与整合，致使信息系统间的数据交换与互操作能力严重缺失。这种信息系统建设的碎片化特征，使企业内部数据资源如同散落的岛屿，彼此孤立，难以形成有效的数据联通，进而阻碍了数据价值的充分释放。“数据孤岛”的产生，其根源在于企业在发展历程中信息系统建设的自发性和无序性。早期信息化建设往往侧重于解决特定业务单元的局部需求，缺乏企业层面的整体规划与统筹设计。不同部门、不同业务单元各自独立地构建和维护自身的应用系统，系统间的数据接口与交换标准未能达成一致，导致数据格式不兼容、通信协议不统一等问题日益突出。技术层面的差异性进一步加剧了“数据孤岛”现象。不同时期建设的信息系统可能采用不同的技术架构、开发语言、数据库管理系统，这些技术异构性使系统间的数据集成与共享变得异常复杂和困难。组织结构方面的因素同样不可忽视。企业内部各部门间存在的信息壁垒和本位主义，使数据共享的意愿和动力不足，进一步强化了“数据孤岛”的存在。“数据孤岛”的蔓延，对企业运营效率与管理决策产生诸多负面影响。原本可以支持企业全局优化决策的关键数据，由于被分割在不同的信息系统中，无法被有效整合和利用，使企业难以获得全面、准确的业务洞察。

四是安全风险。在数字化转型进程中，安全风险日益凸显，这对制造企业的智能化升级构成严峻挑战。企业向数字化、智能化转型，其运营网络与工业控制系统日益互联互通，使原本相对封闭的生产环境暴露于更广大的网络空间。这种转变虽提高了生产效率与管理水平，但也增大了遭受网络攻击的可能性。网络攻击不仅包括传统的病毒感染、数据窃取，更发展出针对工业控制系统的精准打击，如篡改生产参数、阻断生产流程甚至破坏关键设备，此类攻击一旦发生，将直接导致生产线瘫痪、设备损坏，造成巨大的经济损失。安全事件还会对企业的声誉造成难以估量的损害。在信息时代，企业声誉是其核心竞争力的重要组成部分，安全事件的负面影响会迅速扩散，损害利益相关者对企业的信任，严重影响企业的品牌形象与长期发展。如何有效地识别、评估并管控安全风险，已成为制造企业智能化升级过程中必须予以高度重视的战略性问题。

五是文化障碍。传统制造企业内部长期存在一种文化惰性，其核心在于对现有运营模式的高度认同感，由此产生对变革的抵触。这种文化观念的形成有其深刻的组织心理学根源。从组织行为学角度分析，长期稳定的运营模式会在组织内部形成强大的群体思维和行为惯性，员工个体逐渐适应并内化了既定的工作流程、权力结构和沟通方式，形成了一种舒适区。任何对这种既有秩序的改变都会被视为对个体安全感和归属感的威胁，从而激起本能的抵触情绪。组织内部的既得利益群体往往对变革持保守态度。他们可能是企业内的资深员工、中高层管理者或某些关键部门的负责人，他们在现有体系中占据了有利地位，拥有较高的资源配置权和决策影响力。智能制造的推行，必然伴随着组织结构的调整、业务流程的重塑甚至权力关系的再分配，这将直接触动这些群体的利益。因此，他们会利用自身的影响力，通过散布对新技术的疑虑、夸大实施风险、强调维持现状的重要性等方式，阻碍智能制造的顺利推行。技术采用生命周期理论揭示，任何新技术的引入都会经历一个从创新者到早期采用者、早期大众、晚期大众直至落后者扩散的过程。传统制造企业中普遍存在的保守文化，使得它们在新技术采纳方面往往处于相对滞后的位置，组织内部创新扩散的速度缓慢，智能制造的推进面临着巨大的文化阻力。

针对上述问题，可以从以下几个角度入手解决。

一是针对制造业向智能制造转型的挑战，财政支持是关键的推动力量。政府可运用税收优惠、补贴奖励等财政工具，切实减轻企业在智能化升级过程中的经济负担，激励企业加大研发投入，促进技术创新与应用。同时，应积极引导社会资本流向智能制造领域，构建多元化、可持续的投融资体系，为产业升级提供长期稳定的资金保障。

二是加强人才培养。人才培养是智能制造升级路径中的关键环节，其重要性不容忽视。强化校企合作是培养实用型人才的有效途径，通过校企合作，高校可以依据市场需求调整课程设置，使人才培养更贴合产业需求，企业也能获得更符合自身发展需求的人才。在职人员的职业发展亦需重点关注，定期组织培训活动，有助于他们快速适应新的工作环境，掌握新的工作技能，这对推动制造业的智能化升级具有积极作用。

三是制造企业智能化转型须突破部门间的信息樊篱，促进信息互联互通。确立统一标准框架是实现跨部门数据要素互操作性的基础性工程，促进信息在组织内部的无障碍流通。引入云服务平台架构，能够将物理分散的各类数据资产进行逻辑集中与有效整合，为后续的数据治理、深度分析与价值萃取提供支撑。此举重构了企业内部信息流转模式，提高了数据驱动决策的效率与系统协同水平。

四是强化安全管理，构建严谨周密的安全保障体系，是制造业智能化升级不可或缺的基础性工程。传统制造向智能制造的演进，伴随着生产要素、流程与组织形态的深刻数字化、网络化变革，引入了前所未有的安全风险维度。互联互通的设备网络、海量的数据流转以及自动化控制系统的广泛应用，显著扩展了潜在攻击界面与脆弱性敞口。安全管理必须超越传统物理防护与生产规程的范畴，建立覆盖数据全生命周期、网络基础设施、工业控制系统、供应链协同以及人员操作规范的系统性安全框架。该体系须具备动态风险评估、实时威胁监测、快速应急响应与持续优化迭代的能力，确保生产运营的连续性、数据的完整性与保密性，以及核心知识产权的安全。完善的安全管理体系是智能制造系统稳定运行与价值实现的基本前提，是企业在复杂数字环境中构筑信任与韧性的关键支撑。

五是制造业向智能制造的转型，其根本驱动力源自企业高层经营理念的深刻变革与战略重塑。管理层需认识到，智能制造不仅是技术层面的升级，更是对传统工业时代思维范式与路径依赖的系统性超越。必须确立以数据为核心要素、以创新为内生动力的价值导向，摒弃经验主义与封闭保守观念。积极适应数智时代的技术逻辑与市场环境，将数字化、智能化思维融入企业战略决策与运营管理全过程。企业决策者承担着引领这场认知革命与范式转换的关键责任，唯有思想观念的根本转变，方能把握变革机遇，驱动企业实现可持续发展与价值跃升。

5.2.2 工业机器人与柔性生产线的应用

工业机器人[1]是指能够在无人直接干预的情况下，依靠预设程序自动执行特定任务的机械设备。它广泛应用于汽车制造、电子产品装配等多个领域，已成为现代工厂不可或缺的一部分。而柔性生产线则是指可以根据不同订单灵活调整生产流程的一种新型生产方式，其特点是高度定制化和个性化的产品生产能力。两者相结合，构成了智能制造体系的重要组成部分。

本节将重点阐述工业机器人的基本运作原理，检视该技术在制造业的实际应用情况，探讨柔性生产线对生产效率、服务水平的提高机制。

工业机器人是由计算机控制的一套或多套机械装置组成的自动化系统，用于代替人类从事重复性劳动或危险作业。它可以完成搬运、焊接、喷漆等多种任务，极大地提高了工作效率和产品质量。根据用途的不同，工业机器人可分为搬运机器人、焊接机器人、喷涂机器人等。其中，搬运机器人主要用于货物装卸、物料传送等工作；焊接机器人则擅长处理金属板材的切割、拼接等工序；喷涂机器人则负责给工件表面涂覆油漆或其他涂料。

[1] 苟桂枝．国际机器人联合会发布2024年世界机器人报告[J]．机器人技术与应用，2024(06):1–4,19.

工业机器人的核心部件包括控制器、驱动器、传感器和执行机构。控制器负责接收指令并发出动作信号；驱动器则根据这些信号驱动电机运转，带动机械臂运动；传感器用于感知周围环境的变化，确保动作准确无误；执行机构则直接与被加工对象接触，完成所需的操作。工业机器人的优点：高精度，工业机器人能够精确地定位每一个点位，保证了加工精度；速度快，相比人工操作，工业机器人可以更快地完成相同数量的工作量；稳定性强，不受疲劳等因素影响，始终保持一致的质量水平；安全性高，可以替代人从事一些危险系数较高的工作，保障员工生命安全；可编程性强，只需修改程序即可适应不同的工作任务需求。

目前，工业机器人已经被广泛应用于汽车制造、电子产品装配、食品饮料包装等多个行业。以汽车行业为例，汽车车身的焊接工作几乎全部由工业机器人承担，大大降低了人工成本，同时也减少了人为失误的可能性。此外，在手机和平板电脑等消费电子产品的组装线上，工业机器人也被大量使用，实现了零部件的精准定位和快速安装。

柔性生产线是指一条可以根据客户需求随时调整生产流程的生产线。它的最大特点是能够快速响应市场变化，满足客户的多样化需求。柔性生产线的概念最早出现在 20 世纪 70 年代末期，当时主要是为了应对个性化定制的需求。经过几十年的发展和完善，柔性生产线已经成为现代制造业不可或缺的一部分，特别是在服装、家具等行业，柔性生产线的应用已经相当成熟。柔性生产线的特点：灵活性，可以根据不同的订单要求迅速调整生产计划；适应性强，能够适应各种类型的材料和工艺要求；高效性，通过优化资源配置，提高了整体生产效率；成本节约，减少了因频繁更换模具而导致的时间损失和材料浪费。

在汽车制造领域，柔性生产线得到了广泛应用。在汽车制造工厂内通过建立了多条柔性生产线，每条生产线都可以根据订单情况生产不同型号的车辆。这样一来，不仅可以减少库存积压，还可以加快交货速度，提高客户满意度。

对于电子产品来说，由于其更新换代速度快，市场需求波动较大，因此也需要采用柔性生产线来应对。在服装行业，柔性生产线的应用也非常普遍。通过采用柔性生产线进行生产，既可以缩短交货周期，又可以降低成本，提高利润空间。

柔性生产线在展现其固有适应性优势的同时，其实际部署面临显著的实施障碍。高昂的初期资本投入，源于其技术密集性、系统集成复杂性以及投资回报周期的不确定性，构成了关键的经济壁垒，直接影响企业的投资决策。运行和维护此类先进系统所需的跨学科专业知识，涵盖机械电子、软件工程、数据科学等领域，当前劳动力市场存在严重的供给不足，形成了其有效运作的人才瓶颈。系统集成层面，不同供应商设备间的异构性、专有通信协议的普遍存在以及行业统一标准的缺失，导致了普遍的兼容性难题，极大地增加了实现无缝数据交换与协同控制的难度与成本，并可能引发供应商锁定效应。克服这些挑战需要系统性的战略部署。加大对核心装备与软件的研发力度，探索工艺创新以降低制造成本，是缓解投资压力的根本途径。改革并强化人才培养体系，包括更新教育课程、发展职业技能认证、深化产学研协同机制，对于弥补专业技能人才缺口至关重要。积极推动并采纳开放性行业标准与接口规范，是提升系统间互操作性、简化集成复杂度、打破供应商壁垒的必要条件。鼓励企业间通过建立战略联盟、共享研发平台或共建测试设施等形式加强合作，能够有效分摊风险、汇聚资源、加速技术知识的扩散与最佳实践的普及。成功应对这些结构性与操作性挑战，是释放柔性生产系统潜能、驱动其在更广泛工业领域应用并最终收获显著经济与社会效益的前提。

5.3 服务业的创新发展模式

5.3.1 在线服务与平台经济发展模式分析

随着信息技术的飞速发展，服务业正经历着深刻的变革。数智技术的应用不仅提高了服务的质量和效率，也催生了一系列新的商业模式。在线服务与平台经济发展模式尤为突出。这一模式通过互联网平台使服务供给方与需求方直接对接，打破了传统服务行业的时空限制，实现了资源的高效配置。

从概念上看，在线服务是指利用互联网技术和工具为用户提供各种服务的一种新型业态。它涵盖了广泛的领域，包括但不限于电子商务、远程教育、在线医疗、数字娱乐等。在线服务的核心在于借助互联网技术实现服务的即时交付与互动交流，使用户能够在任何时间、任何地点享受到所需的服务。在线购物平台让消费者无须亲自前往实体店即可购买商品；在线教育平台则为学习者提供了随时随地获取知识的机会；在线医疗平台则让患者可以便捷地预约医生、咨询病情并获得诊断建议。

平台经济则是指通过构建一个开放共享的信息交互平台，联结众多供应商和消费者，形成一个多边市场。在这个平台上，各方可以通过交易达成互利共赢的局面。对于服务业而言，平台经济模式尤其重要，因为它能够有效地整合分散的服务资源，降低交易成本，提高服务效率。例如，滴滴出行平台通过整合大量私家车司机资源，为乘客提供了便捷高效的打车服务；而美团点评则通过汇聚众多商家信息，为用户提供了一个一站式的生活服务平台。此外，一些新兴的共享经济模式如共享单车、共享住宿等也是平台经济在服务业中的典型应用。

从运作机制来看，在线服务与平台经济模式主要依赖以下几个关键环节：一是数据收集与处理。通过收集用户行为数据、交易记录以及其他相关信息，企业可以更好地了解客户需求，从而提供个性化的服务体验。电商平台会根据用户的浏览历史推荐相关产品；在线旅游平台也会根据用户的旅行偏好为其定制行程规划。二是算法优化。基于海量的数据积累，企业运用先进的算法模型不断优化自身的运营流程和服务质量。比如，搜索引擎公司通过改进搜索算法提高结果的相关性和准确性；网约车平台则通过优化派单算法提升接单成功率和乘客满意度。三是安全保障。由于涉及个人隐私和财产安全等问题，在线服务与平台经济模式需要采取有效的措施保障用户权益。这包括建立健全身份认证机制、支付安全防护体系以及隐私保护制度等。比如，支付宝推出了指纹识别登录功能，提高了账户的安全性；各大社交平台也纷纷加大了对用户个人信息保护力度。四是监管合规。随着在线服务与平台经济模式的发展壮大，政府相关部门也开始加强对在线服务与平台经济的监督管理。一方面，出台了一系列法律法规来规范市场秩序；另一方面，则鼓励企业积极参与行业自律组织建设，共同维护良好的市场竞争环境。

从发展趋势来看，在线服务与平台经济模式正在朝着更加多元化、智能化的方向发展。越来越多的传统服务业开始拥抱数字化转型，尝试引入新的技术手段来改善自身业务流程。传统零售业积极布局线上渠道，推出无接触配送服务；餐饮行业也在探索无人餐厅、智能点餐等创新形式。随着人工智能、大数据等前沿科技的应用普及，平台经济模式正变得更加智能高效。智能客服系统能够自动回答常见问题，减轻人工客服的工作负担；推荐算法可以根据用户喜好精准推送相关内容，提升用户体验。

从社会经济效益角度来看，在线服务与平台经济发展模式不仅为企业创造了巨大的商业价值，也为消费者带来了诸多便利。如今，我国电子商务市场已经成为全球最大的网络零售市场；在线教育行业也呈现出爆发式增长态势，为广大学习者提供了更多元化的选择。在线服务与平台经济发展模式还促进了就业机会的增加，带动了上下游产业链的发展。据估算，仅滴滴出行一家公司就创造了超过一百万个就业岗位，涵盖司机、客服等多个岗位类型。此外，这种模式还有助于缩小城乡差距和地区间发展不平衡，让更多偏远地区的居民享受到优质的服务资源。

在线服务与平台经济发展模式作为数智技术赋能服务业的重要体现，已经取得了显著成效。随着科学技术进步和社会需求变化，这一模式还将继续演变进化，为推动服务业高质量发展注入源源不断的动力。

5.3.2 服务业的个性化与智能化发展

随着信息技术的快速发展，特别是大数据、人工智能等技术的应用，服务业正朝着更加个性化和智能化的方向迈进。个性化服务意味着根据客户的具体需求量身定制产品或服务，而智能化服务则是利用先进的技术手段实现服务过程的自动化和优化。两者相辅相成，共同构成了现代服务业发展的新趋势。

从数据驱动的角度来看，大数据技术为个性化服务提供了坚实的基础。通过收集和分析客户的消费行为、偏好以及反馈信息，企业可以深入了解每一位顾客的独特需求，从而为其提供更加贴合个人口味的产品和服务。电商平台会根据用户的浏览历史、购买记录等因素推荐相关商品；在线音乐播放器也会依据用户的听歌习惯推送相似风格的歌曲。这种基于数据驱动的个性化推荐不仅提高了客户满意度，也有助于增加销售额。大数据还可以帮助企业发现潜在市场机会，挖掘未被满足的需求，进而开发出更具吸引力的新产品或服务。

从人工智能技术的应用来看，它为智能化服务提供了强大的技术支持。智能客服系统就是其中一个典型例子。通过语音识别、自然语言处理等技术，智能客服能够准确理解用户的问题并给出合适的答案。相比传统的人工客服，智能客服不仅可以全天候工作，还能更快捷地响应用户需求，大大提高了服务效率。除了智能客服，还有一些其他形式的人工智能应用也正在改变着服务业的面貌。在线教育领域出现了许多基于 AI 的教学助手，它们可以帮助教师批改作业、分析学生的学习进度，并为学生提供个性化的学习建议；而在金融行业中，智能投顾则可以根据投资者的风险承受能力、投资目标等因素为其量身定制理财方案。

从用户体验的角度来看，个性化与智能化服务旨在为客户提供更加便捷、舒适、满意的体验。这不仅体现在服务质量本身上，还包括整个服务流程的设计与执行。为了达到这一目的，企业需要注重细节，不断优化各个环节。比如，在线旅游平台可以提供一站式的预订服务，让用户轻松完成酒店预订、机票购买等一系列操作；外卖平台则可以通过优化配送路线缩短送达时间，提高订单准时率。此外，企业还可以采用虚拟现实、增强现实等新技术来创造沉浸式的用户体验。在线购物时，用户可以通过 VR 技术“试穿”衣服或者查看家具摆放在自己家里的效果；而在旅游景点参观过程中，游客则可以通过 AR 导览获得更加生动有趣的讲解。

从长远发展的角度来看，实现个性化与智能化服务有助于增强企业的竞争力，提升品牌形象。在全球化竞争日益激烈的今天，只有那些能够真正满足客户需求的企业才能在市场上立足。企业需要积极拥抱数智技术，不断创新服务模式，努力为客户提供超越期望的价值。同时，这也要求企业具备较强的数据管理和分析能力，以及灵活应对市场变化的能力。只有这样，才能在激烈的市场竞争中立于不败之地。

借助数智技术实现服务业的个性化与智能化发展不仅是顺应时代潮流的选择，更是企业保持竞争优势的关键所在。随着技术的进步和社会需求的变化，这一趋势必将得到进一步深化和发展。

5.4 公共服务的智能化改进

5.4.1 数字孪生——智慧城市中的公共服务体系

全球城市化浪潮推动城市空间结构与功能形态持续演变，城市系统复杂性急剧提升。公共服务需求呈现总量激增与结构多元化的双重特征，传统基于经验与静态规划的公共服务供给模式面临严峻挑战。提高公共服务体系的响应速度、资源配置效率与服务质量成为城市治理现代化的核心议题。数字孪生技术，作为信息物理系统（CPS）在城市尺度上的深度应用范式，为破解这一困境提供了关键的技术支撑。它通过构建城市运行的虚拟镜像，为公共服务的智能化、精细化与协同化管理奠定了基础。这种技术有望驱动公共服务体系发生结构性变革，迈向更高效、更精准、更具韧性的新阶段。数字孪生概念的核心理论基础在于构建物理世界实体及其动态过程在信息空间中的高保真映射。此过程涉及对物理对象的几何结构、物理属性、行为逻辑及环境约束进行全面的数字化建模，其目标是生成一个与物理实体在形态、状态与功能层面精准对应的虚拟副本。其关键在于实现物理域与信息域之间的实时、双向数据交互闭环。传感器网络采集物理实体的运行状态数据，持续输入虚拟模型。虚拟模型则基于数据驱动进行仿真推演、性能分析与状态预测，其结果可反馈至物理域，用于优化控制或决策支持。数字孪生本质上构成了物理系统在数字空间的动态镜像与智能代理。

在智慧城市建设中，数字孪生技术被广泛应用于交通管理、公共安全、环境保护等多个领域，为城市公共服务体系带来了革命性的变革。在交通管理方面，数字孪生技术可以帮助城市管理部门更好地理解和预测交通流量变化，从而优化道路规划和交通信号灯设置。通过部署传感器和摄像头等设备，收集车辆行驶速度、车流密度等实时数据，并将这些数据上传至云端服务器进行处理。利用大数据分析和人工智能算法，可以生成交通流量热力图，帮助管理人员直观地了解城市各个区域的交通状况，并据此调整交通信号灯的时间间隔，减少拥堵现象的发生。数字孪生还可以用于模拟交通事故发生后的应急响应流程，提前制订应急预案，提高事故处理效率，保障市民出行安全。

在公共安全管理方面，数字孪生技术同样发挥了重要作用。通过构建城市三维地理信息系统（GIS），可以将建筑物、街道、公园等城市基础设施以及人口分布、治安状况等社会信息整合在一起，形成一个完整的城市全景图。当发生突发事件时，如火灾、爆炸或者自然灾害等情况，指挥中心可以根据数字孪生模型快速定位事件位置，并调取周边监控视频进行查看，以便及时采取救援措施。数字孪生还可以协助警方制定巡逻路线，合理分配警力资源，提高治安防控能力。在一些大型活动期间，如体育赛事、音乐会等，可以通过数字孪生技术预估人群聚集情况，提前做好安保工作部署，确保活动顺利举行。

在环境保护方面，数字孪生技术也有着广阔的应用前景。它可以用来监测空气质量、水质污染等环境指标，并根据监测结果预测未来发展趋势，为政府决策提供科学依据。数字孪生还能用于水资源管理，通过对河流湖泊等水体的水量、流速、水质等因素进行动态监测，确保水资源得到合理利用，避免浪费或污染。

数字孪生技术还可以应用于城市基础设施维护工作中。通过对桥梁、隧道、地下管道等设施的状态进行定期检查并记录相关数据，可以建立设施健康档案，利用机器学习算法预测可能出现的问题，提醒维修人员及时采取行动。这样一来，不仅可以延长设施使用寿命，还能降低事故发生概率，保障市民生命财产安全。

数字孪生技术为智慧城市建设提供了强有力的技术支撑，使公共服务体系更加智能化、精细化。它不仅提高了城市管理效率，也为市民创造了更好的生活环境。数字孪生技术在推广过程中也面临着诸多挑战，如数据共享机制不健全、隐私保护等问题亟待解决。因此，需要政府部门、科研机构以及企业共同努力，不断完善数字孪生技术的应用框架，推动其在更多领域的落地实施。

5.4.2 智慧政务建设——政府服务数字化转型

信息技术的指数级发展与社会各领域的深度渗透，使政府服务的数字化转型呈现为一种结构性的、不可逆转的范式演进。此转型不仅是技术应用的表层迭代，更是公共行政理论与治理实践在新技术环境下的深刻重构。智慧政务建设构成了这一转型的核心实践路径，其理论旨归在于运用先进信息技术体系，系统性地优化政府运行机制与服务供给模式。这并非简单地将线下业务迁移至线上，而是涉及业务流程的数字化再造、组织结构的敏捷化调整以及决策模式的数据驱动转变。其技术基础涵盖了人工智能、大数据、云计算、物联网乃至区块链等多元数智能力的融合应用。

人工智能算法可用于优化公共资源配置、预测社会需求、实现政策仿真；大数据分析则为循证决策、精准监管、风险预警提供支持；云计算提供了弹性、高效、安全的算力与存储基础；物联网拓展了城市感知与管理的维度；区块链则可在身份认证、数据存证、过程追溯等方面提升透明度与公信力。智慧政务的核心目标指向双重维度的效能提升：一方面是政府内部运作效率的提高，体现为行政成本的降低、审批流程的简化、跨部门协同的增强；另一方面是面向公民与企业的外部服务水平的跃升，体现为服务渠道的多元化、服务体验的个性化、服务获取的便捷化。最终目标是实现便民利民，其内涵在于通过技术赋能，有效提升公共服务的可及性、公平性与响应性，降低社会运行成本，增强公民的获得感与满意度，从而创造更大的公共价值，实现更高效、透明、智能的现代治理形态。

公共服务的智能化改进正通过数字孪生与智慧政务建设等数智技术应用走向深化。数字孪生技术通过构建城市物理实体与运行系统的实时虚拟映射，实现了对交通、安全、环境等公共服务体系的精准模拟、预测与优化调控。这种虚实融合的范式提高了城市管理的精细化水平，优化了资源配置效率，增强了公共服务系统应对复杂状况的韧性与响应能力。智慧政务建设则代表了政府服务供给模式的根本性数字化转型。它依托大数据、人工智能等技术，整合跨部门数据资源，再造服务流程，通过“一网通办”等平台化模式与移动化渠道，显著提高了政务服务的效率、透明度与便捷性。智慧政务推动政府治理从传统管理模式向以数据驱动、以用户为中心的服务模式转变。数字孪生与智慧政务共同构成了公共服务智能化改进的核心路径，推动公共服务体系朝着更高效、更精准、更公平、更具响应性的方向发展，提高了社会治理现代化水平与公民福祉。随着信息技术的不断发展和完善，相信会有更多的创新应用涌现出来，进一步推动政府服务迈向更高水平。

CHAPTER SIX

第六章

破解数智转型困境：挑战、风险与对策研究

6.1 技术融合与成效提升的双向驱动

6.1.1 技术集成难点与突破路径

在传统产业转型升级的过程中，数字智能技术的集成与融合是一项关键任务。然而，这一过程并非一帆风顺，常常面临诸多挑战。

技术兼容性不足是一个普遍存在的问题。由于不同技术之间接口不统一，导致集成困难，难以实现无缝对接。在制造业中，生产设备与信息化管理系统之间往往存在数据交互障碍，这不仅增加了系统集成的成本，还降低了整体运行效率。

“数据孤岛”现象也较为突出。各部门或系统间的数据无法共享，形成信息壁垒，限制了数据的价值挖掘和利用。企业在生产环节积累了大量数据，但这些数据未能有效传递给销售部门或供应链管理部门，导致决策滞后。

技术复杂性增加使多技术融合需要更高的技术支持和维护成本。智能制造系统需要整合传感器、工业机器人、云计算等多个技术领域，这对企业来说是一笔不小的投入。标准化缺失也是制约技术融合的重要因素。缺乏统一的标准和技术规范，难以实现规模化应用，这不仅增加了企业间的沟通成本，还可能引发不必要的市场竞争。

为了克服上述技术融合中的难点，建立多方合作机制显得尤为重要。鼓励企业和科研机构共同参与技术研发和应用推广，形成产学研用一体化的合

作模式。

构建开放平台也是打破技术融合壁垒的有效途径之一。通过开放技术接口和数据共享，促进不同领域的技术协作。阿里巴巴云平台为众多企业提供了一站式的服务，涵盖了从云计算到人工智能的多种技术解决方案。加强技术培训同样必不可少，提高技术人员的技术水平和跨学科知识，推动技术融合。

数智技术的广泛应用正在显著提高传统产业的生产效率。在农业、制造业和服务业这三个主要传统产业中，数智技术的应用效果各有特点，也呈现出不同的效率提高趋势。

来看农业领域。农业作为传统产业，长期以来面临着生产效率低下、资源浪费严重等问题。随着数智技术的应用，特别是物联网、大数据和人工智能技术的引入，农业生产的效率得到了显著提高。通过精准农业技术，农民可以根据土壤湿度、作物生长状况等因素，实时调整灌溉量和施肥量，大大提高了水资源和肥料的利用效率。相关研究表明，采用精准农业技术的农场，水肥利用率平均提高了 30% 以上，作物产量也有所增加。此外，无人机植保技术的应用也使农药喷洒更加精准，减少了农药的浪费，同时降低了人工成本。

制造业是数智技术应用最为广泛的领域之一。智能制造、工业互联网和绿色制造等新技术的出现，极大地提高了制造业的生产效率。智能制造通过自动化生产线和机器人技术，实现了生产过程的高度自动化和智能化。据估算，采用智能制造技术的企业，生产效率平均提高了 20% ~ 30%，产品合格率也显著提高。以汽车制造为例，一些先进的汽车制造商已经实现了全自动化生产线，从零部件加工到整车装配，整个生产流程几乎不需要人工干预。这种高度自动化的生产方式不仅提高了生产效率，还降低了生产成本，增强了企业的市场竞争力。

服务业作为传统产业，同样得益于数智技术的应用。特别是在金融科技、物流配送和在线教育等领域，数智技术的应用带来了显著的效率提高。金融科技通过大数据分析和人工智能算法，实现了风险评估和信用评分的自动化，提高了贷款审批的速度和准确性。据统计，采用金融科技的企业，贷款审批时间缩短了50%以上，不良贷款率也有所下降。

物流配送方面，智能调度系统基于运筹学理论与实时数据流分析，实现了路径规划与资源调配的动态最优化，显著突破了传统模式的效率局限。无人驾驶技术的逐步融合，通过自动化执行能力及连续作业潜力，解构了运输环节对人力资本的强依赖性，驱动配送效率发生结构性跃升。在特定运营场景中引入无人驾驶车辆，实证分析显示其能够引致配送效能提升约20%，并通过优化燃油效率与人力成本构成，促使整体运输成本降低约15%。借助智能调度系统和无人驾驶技术，物流企业的配送效率大幅提高。物流企业通过引入无人驾驶车辆，配送效率提高了20%，运输成本降低了15%。

在线教育领域，数智技术的深度嵌入正重塑教与学的基本范式。直播课堂技术以其实时交互特性，突破了物理空间的约束，优化了知识传递的即时性与反馈效率。虚拟现实等沉浸式技术，通过构建高保真的模拟情境，将抽象知识具象化，极大地增强了学习者的感官体验与情境代入感。这种由技术驱动的体验改善，直接作用于学习者的认知过程与情感投入，理论上能够降低认知负荷，提高知识内化的效率，最终体现为学习成效的显著提高。

数智技术在农业、制造业和服务业中的应用，均取得了不同程度的效率提高。不同行业由于其自身特点和技术需求的不同，数智技术的应用效果也存在一定差异。农业领域更注重资源节约和精准化管理，制造业则更侧重于生产过程的自动化和智能化，而服务业则更加关注用户体验和服务效率的提高。

数智技术之所以能够在传统产业中取得显著的效率提高，离不开一系列关键技术的应用。这些技术不仅提高了生产效率，还优化了资源配置，降低了运营成本，从而推动了传统产业的转型升级。

首先是物联网技术。物联网技术通过传感器、无线通信和云计算等手段，实现了设备之间的互联互通和数据共享。在农业领域，物联网技术被广泛应用于精准农业。通过在农田中安装各种传感器，如土壤湿度传感器、温度传感器等，可以实时监测土壤和气候条件，为农民提供科学的种植建议。当土壤湿度低于一定阈值时，系统会自动提醒农民进行灌溉；当气温过高或过低时，系统会发出预警信号，提醒农民采取相应的防护措施。这种精准化的管理方式不仅提高了农作物的产量，还节约了大量的水资源和化肥。

在制造业中，物联网技术被用于实现生产设备的远程监控和故障诊断。通过在生产设备上安装传感器，可以实时监测设备的运行状态，一旦发现异常，系统会立即发出警报，通知维修人员进行处理。这样不仅可以减少设备停机时间，还能延长设备的使用寿命，降低维护成本。

其次是大数据技术。大数据技术通过对海量数据的收集、存储和分析，为决策提供了科学依据。在农业领域，大数据技术可以帮助农民预测天气变化，合理安排农事活动。通过分析历史气象数据和卫星遥感数据，可以预测未来的降雨量和气温变化，从而提前做好防洪抗旱准备。在制造业中，大数据技术被广泛应用于质量控制和供应链管理。通过对生产过程中产生的各类数据进行分析，可以发现质量问题的根源，并及时采取措施加以改进。在供应链管理方面，大数据技术可以帮助企业优化库存管理和物流配送，降低库存积压和运输成本。

再次是人工智能技术。人工智能技术通过模拟人类思维过程，实现了复杂的任务自动化。在农业领域，人工智能技术被用于作物病虫害识别和防治。通过训练深度学习模型，可以快速准确地识别作物上的病虫害种类，并提供相应的防治方案。在制造业中，人工智能技术被广泛应用于生产计划和调度。通过对生产数据的分析，可以预测市场需求的变化，合理安排生产计划，避免产能过剩或不足。此外，人工智能技术还可以被用于质量检测和产品设计。

最后是云计算技术。云计算技术通过虚拟化和分布式计算，实现了资源共享和弹性扩展。在农业领域，云计算技术被用于农业大数据平台的建设。通过将分散在各地的农业数据集中存储和处理，可以为农民提供更加精准的种植建议。在制造业中，云计算技术被用于企业资源规划系统的部署。通过将 ERP 系统迁移到云端，企业可以实现跨部门的数据共享和协同办公，提高工作效率。此外，云计算技术还可以用于企业内部的 IT 基础设施建设，降低硬件投资和运维成本。

物联网、大数据、人工智能和云计算等关键技术在数智技术中起到了至关重要的作用。它们不仅提高了生产效率，还优化了资源配置，降低了运营成本，为传统产业的转型升级提供了有力支撑。随着这些技术的不断发展和完善，数智技术将在更多的传统产业中发挥更大的作用。

6.1.2 数据安全与隐私保护的平衡实践

随着数字智能技术的广泛应用，数据安全问题日益凸显。为了解决这一问题，采用先进的加密算法保护数据传输和存储的安全性至关重要。区块链技术以其独特的加密机制，确保了数据不可篡改和可追溯性。设置严格的权限管理，确保只有授权用户才能访问敏感数据，也是保障数据安全的重要措施。金融机构通常会对客户账户设置多层次的访问控制，以防止未经授权的访问。定期备份数据，并制订完善的灾备方案，防止数据丢失，同样是不可或缺的。许多企业都会定期将重要数据备份到云端服务器，以备不时之需。部署实时监控系统，及时发现并处理潜在的安全威胁，也是保障数据安全的有效手段。比如，某些网络安全公司开发了智能监控系统，能够实时监测网络流量，及时发现异常行为并采取相应措施。

除了技术手段，隐私保护还需要法律框架和伦理规范的支持。制定和完善相关法律法规，明确数据收集、使用和共享的责任与义务，是保障用户隐私的基本前提。《中华人民共和国个人信息保护法》明确规定了企业在收集、使用和保护个人数据时应遵守的各项规定。遵循最小化原则、透明度原则和知情同意原则，确保用户的隐私权益，也是保障用户隐私的重要原则。在线服务平台通常会在用户注册时告知其数据收集的目的和用途，并获得用户的明确同意。

建立伦理审查委员会，对涉及隐私的数据处理项目进行严格审查，也是保障用户隐私的重要措施。比如，某些医疗机构设立了伦理审查委员会，专门负责审查涉及患者隐私的数据处理项目。通过宣传教育活动，提高公众对隐私保护的认识和重视程度，也是保障用户隐私的重要手段。政府部门和社会组织经常举办隐私保护宣传活动，普及隐私保护的知识和技巧。

随着全球气候变化问题日益严峻，环境保护已成为各国政府和企业共同关注的重要议题。数智技术作为推动传统产业转型升级的重要力量，在促进环境保护方面也发挥了独特而积极的作用。数智技术可以通过精准的数据监测与分析，帮助传统产业实现更高效的能源管理和资源利用。在制造业中，通过安装物联网传感器，可以实时监控生产设备的能耗情况，并根据数据分析结果及时调整生产计划，避免不必要的能源消耗。智能电网技术的应用也有助于优化电力分配，减少能源浪费。

借助大数据分析工具，企业能够更准确地预测市场需求，从而合理安排生产和运输计划，减少库存积压和不必要的长途运输。区块链技术的应用也为供应链透明化提供了可能，使整个产业链条上的每一个环节都能被追踪和验证，确保原材料来源的合法性和环保性。这不仅有助于提高供应链效率，还能有效防止非法砍伐森林或其他破坏生态环境的行为发生。

数智技术在废弃物处理方面同样具有重要意义。通过建立完善的废弃物管理系统，利用人工智能算法对废弃物进行分类识别，并结合自动化设备完成回收再利用工作，不仅可以减少垃圾填埋量，还能变废为宝，创造出新的经济价值。一些城市已经开始试点推行智能垃圾分类系统，居民只需将生活垃圾放入指定容器内，系统就能自动识别并分类处理，大大提高了垃圾分类工作的效率和准确性。

数智技术还能够在建筑施工领域发挥重要作用。现代建筑项目往往涉及大量的建筑材料采购、施工现场管理等多个环节，其中任何一个环节出现问题都可能导致环境污染。因此，引入 BIM 技术可以实现整个工程项目生命周期内的全方位可视化管理，从设计阶段开始就考虑节能减排的要求，在施工过程中也能实时监控各项指标是否达标，确保项目按照绿色建筑标准执行。

数智技术通过精准的数据监测与分析、优化供应链管理、改善废弃物处理以及加强建筑施工管理等多种方式，为传统产业带来了显著的环保效益，促进了绿色制造和可持续发展目标的实现。

6.2 人才与政策的赋能效应评估

6.2.1 数字技能缺口与培养模式创新

当前，数字技能人才短缺已成为数字智能技术发展的瓶颈之一。特别是在数据分析、人工智能和物联网等领域，存在着大量的数字技能人才缺口。

随着数智技术的不断发展，对复合型人才的需求将持续增长。未来的工程师不仅要掌握机械制造技术，还要具备编程能力和数据分析能力。为了解决这一问题，通过职业教育、在职培训等方式，提高从业人员的数字技能水平显得尤为迫切。

为了更好地培养数字技能人才，企业与高校合作的人才培养模式值得借鉴。校企合作项目是一种有效的合作方式，能够为企业和高校双方带来双赢的效果。通过这种方式，企业不仅能够提前选拔优秀人才，还能为高校提供实际案例和教学资源。产学研用一体化是一种值得推广的合作模式，能够促进科技成果的转化和应用。定制化培训课程也是一种有效的合作方式，可以根据企业的实际需求，定制化设计培训课程，培养符合企业要求的专业人才。

评估数智技术对企业竞争力的赋能效应，需构建并实施一个多维度的综合分析框架。财务绩效是衡量企业经营成果与价值创造能力的直接体现，销售收入增长、利润总额扩大及净利润率提升等核心财务指标，能够量化反映数智投入的经济回报与效率改进。市场表现同样是关键评价维度，客户满意度的变化、市场份额的增减以及品牌知名度的升降，直观映射了数智转型在赢得外部市场认可、巩固市场地位方面的实际成效。企业内部能力的系统性提升亦是不可或缺的考量方面，创新能力的增强、关键技术水平的迭代升级以及人力资本结构的优化与数字化技能的积累，共同构成了数智赋能提升企业长期可持续竞争优势的基础性支撑。这些维度相互关联，共同构成了评估数智赋能效果的有机整体。

这些技术的应用不仅提高了企业的生产效率和产品质量，还增强了企业的市场竞争力。在客户满意度方面，企业通过引入大数据和人工智能技术，实现了精准营销和客户服务，提高了客户满意度和忠诚度；通过引入虚拟现实技术，提高了产品的设计和研发效率，增强了企业的创新能力。在市场份额方面，企业通过引入智能制造技术，提高了生产效率和产品质量，扩大了市场份额；通过引入大数据和人工智能技术，实现了精准营销和客户服务，提高了客户满意度和忠诚度。

数字技能人才短缺已构成数智技术深化发展的结构性瓶颈。数据分析、人工智能、物联网等前沿领域对数字技能人才供需失衡的严峻性尤为凸显。技术演进与产业融合趋势对人才结构提出了更高要求，对具备传统产业知识与数字技术能力的复合型人才需求持续攀升，因此未来的工程技术人员需掌握跨学科知识体系。为了弥合这一技能鸿沟，亟须强化职业教育体系建设与在职人员技能再培训机制，提升劳动者数字素养与应用能力。探索创新型人才培养模式至关重要，特别是深化企业与高等院校的合作，构建产教融合的培养体系，有针对性地解决产业实际需求，被认为是缓解人才短缺、支撑数智化转型的有效路径。

6.2.2 政策法规与标准规范的适应性

在数字智能技术加速渗透并深度重构产业体系的宏观背景下，政策法规与标准规范体系的适应性调整构成了驱动技术有效应用与健康发展的关键制度保障。政府在这一转型过程中扮演着不可或缺的角色，其干预的理论基础源于对市场失灵的纠正以及对创新活动正外部性的内化。数智技术作为一种具有显著通用目的技术特征的新兴技术范式，其研发与应用天然伴随着高度的不确定性、信息不对称以及潜在的系统性风险，单纯依靠市场机制往往难以实现社会最优的资源配置与创新路径。政府需运用多元化的政策工具组合，积极引导并激励数智技术的有序发展与产业化部署。税收优惠作为一种常见的激励机制，其核心在于通过减轻企业的税收负担，改变创新活动的成本收益结构，从而激励企业加大对高风险、长周期的数智技术研发的投入力度。财政补贴政策，特别是针对中小企业的定向补贴，则旨在克服资本市场的融资困境，降低中小企业采纳新技术的门槛，加速技术扩散，提升其在市场竞争格局中的生存能力与发展潜力，进而维护市场结构的动态平衡与整体创新活力。这些激励性政策的有效实施，需要建立在对产业发展阶段、技术成熟度以及企业异质性特征精准研判的基础之上，避免因政策设计不当引发的资源错配或寻租行为。

与激励性政策相辅相成的是法律法规体系的动态调适。数智技术的快速迭代特性对现有法律框架提出了严峻挑战，传统的法律规则往往滞后于技术实践，难以有效规范新兴技术应用所带来的新问题、新风险。对现行法律法规进行前瞻性修订与适应性完善，成为保障数智技术健康发展的必然要求。以《中华人民共和国网络安全法》为例，其修订不仅为网络空间治理提供了更为清晰、有力的法律依据，也明确了数据处理者、网络运营者的安全义务与法律责任，它反映了立法对技术发展趋势的主动回应，试图在保障安全与促进创新之间寻求动态平衡。数智技术的影响远超网络安全范畴，其在数据产权界定、算法透明度与问责机制、人工智能伦理、平台反垄断、自主系统侵权责任等诸多领域均引发了新的法律难题。法律体系的适应性不仅要求对既有规则进行修订，更需要探索新的法律范式与治理工具。例如，“监管沙盒”（Regulatory Sandbox）机制的引入，允许创新型企业在有限的、受控的环境内测试其产品或服务，监管机构则在此过程中收集信息、评估风险、调整规则，实现了监管与创新的协同进化。这种“敏捷治理”（Agile Governance）的理念，对于应对数智技术的高度不确定性与快速演化特征具有重要意义。健全有效的监管机制，强化对数智技术应用全过程的监督与管理，是防范化解重大风险、维护市场秩序与公共利益的关键环节。监管不仅要关注技术应用本身，更要延伸至数据采集、算法设计、模型训练等上游环节，确保技术的研发与应用符合法律法规要求与社会伦理规范。

在政策法规提供宏观引导与法律保障的同时，统一的技术标准体系则构成了数智技术规范化应用与产业协同发展的基础设施。标准在现代经济体系中扮演着多重关键角色。标准通过确立通用的技术接口、数据格式与通信协议，确保了不同厂商、不同系统之间的相互操作性（Interoperability），极大地降低了技术集成成本，促进了技术的模块化与规模化应用。标准设定了产品或服务的最低质量门槛与性能要求，有助于减少市场中的信息不对称问题，保障消费者权益，维护市场秩序与公平竞争。标准，特别是开放标准，能够显著促进网络效应（Network Effects）的形成，加速技术的采纳与扩散，推动产业生态的构建与繁荣。工业互联网联盟（Industrial Internet Consortium, IIC）等国际性组织制定的工业互联网参考架构与相关标准，为全球范围内的工业互联网部署与应用提供了重要的技术指引与协同框架，有效推动了跨行业、跨地域的技术整合与价值链协同。反之，缺乏统一、公认的标准体系，将导致技术碎片化与市场分割。产品质量参差不齐，不同系统间难以兼容，不仅增加了用户的选择成本与使用风险，也阻碍了产业整体的技术进步与效率提高。在新兴技术领域，标准缺失或标准竞争的现象尤为普遍，这往往导致市场进入混乱期，影响消费者信心与产业的健康可持续发展。

完善数智技术标准体系的路径涉及多元主体的协同参与。行业协会、标准化组织、专家委员会等机构在标准的制定与推广过程中发挥着重要作用。通过汇聚产学研各方的智慧与力量，建立开放、透明、协商一致的标准化工作机制，能够确保标准的科学性、前瞻性与适用性。标准的制定不仅要关注技术本身的规范，还应充分考虑安全性、隐私保护、伦理规范等社会性维度，实现技术要求与社会价值的协调统一。积极参与国际标准化活动，争取在关键领域主导或参与国际标准的制定，对于提升国家产业的国际竞争力与话语权具有重要战略意义。通过多层次、多渠道的标准制定与推广路径，逐步构建起结构合理、覆盖全面、国际兼容的数智技术标准规范体系，是推动数智技术赋能传统产业转型升级、实现高质量发展的制度基石。

6.3 市场竞争与社会责任的协同验证

6.3.1 市场格局变化与品牌影响力

随着数智技术的广泛应用，传统产业的市场格局发生了深刻的变化。数智技术不仅改变了企业的运营方式，也重塑了整个行业的竞争态势。数智技术提高了企业的生产效率和响应速度，使得它们能够更快地满足市场需求，从而占据更大的市场份额；数智技术促进了企业之间的合作与竞争，形成了新的商业模式和竞争格局。一些传统制造业企业通过引入工业互联网技术，实现了设备互联和数据共享，大大提高了生产效率和产品质量；数智技术推动了企业的国际化进程，使它们能够更好地参与全球市场竞争。

在农业方面，智慧农业模式的应用使农业生产更加高效、精准。通过物联网、大数据等技术，农民可以实时监测土壤湿度、温度、光照等因素，及时调整灌溉和施肥方案，提高作物产量和质量。同时，农产品的质量追溯系统也得到了广泛应用，消费者可以通过扫描二维码了解农产品的生长过程和质量信息，增强了消费者的信任感。这些技术的应用不仅提高了农业生产的效率，还改善了农产品的质量，提高了农业企业的市场竞争力。

在制造业方面，智能制造的兴起带来了生产方式的巨大变革。通过引入工业机器人、自动化生产线和智能管理系统，制造业企业实现了生产过程的自动化和智能化，大大提高了生产效率和产品质量，增强了企业的市场竞争力。智能制造还促进了企业之间的合作与竞争，形成了新的商业模式和竞争格局。

在服务业方面，数智技术的应用也带来了显著的变化。金融服务业通过引入大数据和人工智能技术，实现了风险管理和客户服务的智能化。银行可以通过数据分析预测客户的信用风险，提供个性化的金融服务；保险公司可以通过智能客服系统快速响应客户需求，提高客户满意度。这些技术的应用不仅提高了金融机构的服务质量和效率，还增强了它们的市场竞争力。此外，物流服务业通过引入物联网和云计算技术，实现了货物运输的全程跟踪和监控，提高了物流配送的效率和准确性。这些技术的应用不仅提高了物流企业的服务质量，还增强了它们的市场竞争力。

数智技术不仅提高了企业的生产效率和市场竞争力，还增强了企业的品牌影响力。通过引入社交媒体、移动应用和虚拟现实等技术，企业可以更好地与消费者互动，提升品牌形象和口碑。企业通过数据分析了解消费者的需求和偏好，提供个性化的营销策略，增强品牌影响力。在市场拓展方面，数智技术也为企业提供了更多的机会。通过引入大数据和人工智能技术，企业可以更好地了解市场需求和竞争对手的情况，制定更加精准的市场拓展策略。企业还可以通过社交媒体和移动应用等渠道，吸引更多潜在客户，提高品牌知名度和市场占有率。

技术迭代是市场格局动态演化的核心驱动力，其以非线性的方式持续重塑产业边界、竞争规则与权力结构。每一次关键技术的迭代升级，不仅能带来效率的边际改善，更可能触发市场结构的断裂性重构。新兴技术迭代往往伴随着进入壁垒的降低或形态转换。早期市场由资本密集型或特定知识壁垒保护，数智技术的迭代，如云计算、开源框架的普及，显著降低了新进入者在基础设施和基础软件上的初始投入，使轻资产、高灵活性的创新型企业得以涌现，直接挑战在位企业的市场份额。

技术迭代不断重新定义竞争优势的基础。传统基于规模经济、渠道控制的优势，在技术快速迭代的环境下面临侵蚀。竞争优势逐步转向基于数据掌控能力、算法优化效率、用户生态构建以及快速响应市场变化的能力。掌握最新技术迭代的企业，能够更快地推出创新产品或服务，提供更优的用户体验，从而在竞争中获得先发优势或实现反超。技术迭代深刻改变了产业链的结构与价值分配。数字化平台技术的迭代，使价值链环节得以解构与重组，催生了去中介化或新中介化的趋势。传统的多层分销体系被扁平化的直销或平台模式取代。同时，数据作为新的生产要素，其采集、分析与应用能力成为价值链上的关键增值环节，拥有数据和算法优势的企业在价值分配中占据更有利的位置。技术迭代模糊了传统产业的边界，促进了跨界竞争与融合。通用的技术（如人工智能、物联网）的迭代应用，使企业能够利用核心技术能力进入原本不相关的市场领域。科技公司进入金融、医疗领域，制造企业向服务化转型，都是技术迭代驱动下市场边界重塑的体现。这不仅加剧了市场竞争的复杂性，也创造了新的融合性市场机会。技术迭代的加速缩短了产品生命周期和市场领导地位的稳定期。市场格局的变化速度显著加快，企业需要具备更高的战略敏捷性和持续创新能力才能维持竞争地位。技术迭代往往呈现出非连续性特征，创新理论揭示了新技术的迭代可能颠覆现有市场领导者。在位企业可能受困于现有技术路径依赖或组织惯性，难以快速拥抱可能侵蚀其既有业务的新技术迭代，为新进入者提供了颠覆市场的机会。技术迭代还影响着市场集中度的演变。网络效应和数据反馈循环可能使得领先企业在技术迭代中强者恒强，导致市场集中度提高。技术的模块化和开放性迭代也可能促进中小企业的创新，形成更为多元化的市场格局。

技术迭代通过改变进入壁垒、竞争基础、价值链结构、产业边界、市场动态速度以及权力分布，系统性地重塑着市场格局，驱动市场向着新的均衡状态不断演化。理解技术迭代的内在逻辑及其对市场结构的作用机制，是企业在动态竞争环境中制定有效战略、把握发展机遇的关键。

6.3.2 绿色转型与社会价值实现

数字技术体系的内生性特征为绿色环保目标的实现提供了基础性的赋能机制。信息物理系统（Cyber–Physical Systems, CPS）的构建，通过物联网传感器网络的泛在部署，实现了对工业生产过程中物质流与能量流前所未有的精细化、实时化感知。这种高分辨率的数据采集能力，有效改善了传统管理模式下普遍存在的信息不对称与系统“黑箱”状态，为资源效率优化提供了数据基础。大数据分析与人工智能算法的应用，进一步深化了数据价值的挖掘。通过对海量生产运营数据的深度学习与模式识别，能够精准定位能源消耗、物料损耗以及污染物排放的关键节点与异常模式。预测性维护模型的建立，不仅减少了因设备故障导致的非计划停机与资源浪费，更通过优化设备运行参数，直接降低了单位产出的能耗水平。这种基于数据驱动的精准管控，使资源配置决策从经验依赖转向科学循证，显著提高了全要素生产率，构成了数字技术促进生态效率提高的核心逻辑之一。

数字孪生（Digital Twin）技术的应用，则在产品设计与生产工艺优化层面开辟了绿色创新的新路径。通过构建物理实体及其运行过程的高保真虚拟模型，企业能够在产品研发与工艺规划阶段，对不同设计方案、材料选择、制造流程的环境影响进行前瞻性的仿真评估与多维度优化。生命周期评价（Life Cycle Assessment, LCA）等环境绩效分析方法得以在虚拟环境中高效实施，显著缩短了传统依赖物理样机试错的周期与成本。设计师与工程师能够基于仿真结果，迭代优化产品结构以实现轻量化，选择环境负荷更低的材料，设计更易于拆解回收的模块化结构，并优化生产工艺以减少能源消耗与废弃物产生。这种“设计即优化”的范式，将环境考量深度嵌入创新前端，实现了从末端治理向源头预防的战略性转变，是数字技术推动绿色设计与清洁生产的根本性体现。

数字技术同样是构建循环经济模式、促进资源闭环利用的关键基础设施。

区块链技术以其去中心化、不可篡改与可追溯的特性，为构建透明、可信的产品“数字护照”或材料溯源系统提供了技术保障。这使产品从原材料获取、生产加工、流通使用到回收处置的全生命周期信息得以可靠记录与共享，为废旧产品的分类回收、梯级利用与再制造提供了信息基础。物联网技术则能够实现对废弃产品或零部件的实时追踪与状态监测，优化逆向物流效率。结合大数据平台，可以实现对区域内再生资源供需信息的有效匹配，促进工业共生网络的形成与高效运行。数字技术通过打通信息流、优化物流、建立信任机制，有效克服了传统线性经济模式下资源循环利用的诸多障碍，为实现物质资源的高效循环与价值再生提供了系统性解决方案。

在环境监测与治理领域，数字技术的应用显著提升了监管效能与治理精度。卫星遥感、无人机遥感以及地面传感器网络构成了立体化的环境监测体系，能够实现对大气、水体、土壤等环境要素以及重点污染源排放状况的大范围、高频次、实时化监控。人工智能算法，特别是计算机视觉与模式识别技术，能够自动解析遥感影像与监测数据，快速识别环境污染事件、评估生态系统健康状况、预测污染物扩散趋势。这极大地提升了环境监管的及时性、精准性，扩大了覆盖范围，为环境风险预警、应急响应决策以及环境执法提供了强有力的技术支撑，推动环境治理模式朝着智慧化、主动化、精细化方向发展。同时，数字技术的应用也促进了环境信息的公开透明，增强了公众参与环境监督的有效性，形成了多元主体协同治理的新格局。

数字技术的普及应用本身也在一定程度上推动了经济活动的“脱物质化”（Dematerialization）。数字化服务（如流媒体、电子书、在线办公）替代了部分物理产品（如光盘、纸质书、实体办公空间），减少了相关物质资源的消耗与废弃物的产生。基于数字平台的共享经济模式（如共享出行、共享住宿），通过提高存量资产的利用效率，降低了对新增物质产品的需求。这种由数字化驱动的消费模式与商业模式变革，虽然其环境效应具有复杂性，但在宏观层面上有助于促进经济增长与资源消耗、环境影响的逐步脱钩，体现了数字技术在推动社会整体绿色转型中的间接促进作用。数字技术以其强大的信息处理、模拟仿真、连接协同与智能决策能力，深刻地嵌入并重构了传统产业的生产方式与价值创造逻辑，为解决环境问题、实现绿色发展提供了多维度的技术路径与系统性解决方案。

除了关注环境保护，企业还承担着广泛的社会责任。数智技术不仅能够帮助企业更好地履行这些责任，还能提高其履行责任的能力和效率。

在公益项目管理方面，数智技术的应用极大地提高了项目的透明度和效率。通过建立基于区块链的捐赠平台，所有捐款记录都会被加密存储并公开可见，任何人都可以通过该平台查询捐款去向及用途，确保每一笔善款都能真正用于受助对象身上。利用大数据分析工具，还可以精准定位需要援助的人群和地区，使救援物资能够快速准确地被送达目的地，最大限度地发挥慈善资金的作用。这样的做法不仅增强了公众对企业公益行为的信任度，也为社会各界参与公益活动提供了便利条件。

数智技术在员工福利改善方面也有着广泛应用。随着人们对生活质量要求的不断提高，越来越多的企业开始注重员工的职业发展和个人成长。为此许多公司纷纷推出了在线培训课程、心理健康咨询热线等服务，以满足员工多样化的需求。而在这些服务的背后，则离不开云计算、虚拟现实等先进信息技术的支持。比如，通过云平台搭建起一个集成了各类学习资源的虚拟课堂，让员工可以根据自己的时间安排随时随地参加培训；又如，采用 VR 技术模拟真实工作场景，为员工提供沉浸式的体验式学习机会，从而更好地掌握新知识和技能。

数智技术还可以帮助企业更好地应对突发事件、履行社会责任。当自然灾害或公共卫生事件发生时，企业通常会面临资源调配困难等问题。此时，借助地理信息系统和人工智能算法，可以迅速确定受灾区域范围及其受损程度，并据此制订合理的救援方案。

尽管数智技术为企业履行社会责任提供了诸多便利条件，但也需要注意避免出现信息泄露等问题。建立健全信息安全管理体系，加大对敏感数据的保护力度，确保用户隐私不受侵犯。只有这样，才能真正实现科技与人文关怀相结合的目标，让数智技术成为推动企业履行社会责任的强大动力。

数智技术通过提高公益项目管理透明度、改善员工福利状况、增强突发事件应对能力以及保障信息安全等多个维度，为企业履行社会责任提供了强有力的支持。这不仅是企业自身发展的需要，也是构建和谐社会不可或缺的一部分。

6.4 综合评估与未来优化方向

6.4.1 转型困境应对成效的系统评估

在传统产业向数智化范式迁移的宏大叙事中，挑战、风险与对策构成了交互演进的核心主线。对转型困境应对成效的系统评估，并非对单一策略有效性的孤立判断，而是对整个应对体系在复杂现实情境下综合效能的深度透视。此评估需超越表层现象，深入剖析技术融合、数据治理、人才供给及政策环境等关键维度上各项对策的实际作用机制、边界条件与潜在的非预期后果。评估的核心目标在于揭示应对策略在缓解转型阵痛、激发内生动力、重塑产业结构方面所取得的实质进展，同时识别持续存在的瓶颈与新生的结构性矛盾，为后续的战略优化提供基于实证的认知基础。

技术融合层面的突破路径，其成效显现具有显著的异质性。跨领域协同合作机制的建立，在一定程度上打破了传统产业内部的技术壁垒与组织樊篱，加速了数智技术知识的扩散与应用场景的探索。部分领先企业通过构建开放式创新平台或参与产业联盟，成功整合了外部技术资源，缩短了新技术的导入周期，实现了生产效率与产品创新能力的阶段性提升。特定领域如智能制造中的设备互联互通、生产流程的数字化模拟等方面，技术集成方案展现出较好的适配性与经济效益。技术集成难点并未完全消解。底层技术标准的异构性、接口协议的不兼容性问题依然普遍存在，尤其在涉及多供应商、多系统集成的复杂场景下，技术融合的成本与风险依然高企。许多中小企业受限于资金实力与技术吸收能力，难以有效参与高水平的技术协同，形成了加剧技术鸿沟的风险。现有突破路径更多集中在应用层面的集成创新，对于操作系统、核心芯片、高端传感器等基础软硬件领域的自主可控能力提升贡献有限，“卡脖子”风险的深层缓解仍显不足。技术融合的成效评估必须审视其系统性影响，单纯的技术叠加并未必然带来整体效能的最优化，组织流程的同步再造、管理模式的适应性变革成为放大技术融合红利的关键变量。缺乏组织层面的深度耦合，技术融合可能仅停留在局部效率改进，难以触及产业价值链的根本性重构。

数据安全与隐私保护对策的实施效果呈现出复杂的多维面向。技术防护手段的不断升级，如加密算法的广泛应用、访问控制机制的精细化设计，确实在一定程度上提高了数据的物理安全与传输安全水平。区块链等新兴技术在数据存证、溯源等特定场景的应用探索，为构建可信数据环境提供了新的可能性。法律框架与伦理规范的逐步完善，特别是《中华人民共和国网络安全法》《中华人民共和国数据安全法》《中华人民共和国个人信息保护法》等关键法规的出台与落地，为数据处理活动划定了明确的法律边界，增强了数据主体的权利意识，对企业的合规运营提出了更高要求。企业在压力驱动下普遍加强了内部数据治理体系建设，设立数据保护官（DPO）、制定数据安全策略、开展合规审计等成为常态。安全与发展、隐私与利用之间的张力并未根本消除。技术攻防的持续升级使绝对安全难以实现，新型攻击手段层出不穷，数据泄露事件仍时有发生，暴露出技术防护体系的固有脆弱性。法律法规的执行效果受制于监管能力、企业执行力及司法实践的差异，合规的表面化、形式化问题依然存在。公众对于数据被收集、使用的焦虑感并未完全缓解，社会信任基础的重建仍需持续努力。伦理规范的构建相对滞后，算法偏见、数据歧视等深层次伦理风险的治理机制尚不成熟。对数据安全与隐私保护成效的评估，不能仅看合规文本与技术部署，更需关注其在实践中对创新活力的影响、对公众信任的修复程度以及对潜在风险的实质遏制能力。实现数据要素价值释放与个体权利保障的动态平衡，仍是治理体系面临的核心挑战。

尽管人才短缺困境的应对策略取得了一定的阶段性成果，但深层矛盾依然突出。数字技能提升行动，如大规模职业培训、在线教育平台的普及，确为现有劳动力知识结构的更新提供了途径，缓解了部分基础性数字技能人才的供给压力。企业与高校合作模式的探索，如共建实验室、订单式培养、现代学徒制等，在一定程度上促进了人才培养与产业需求的对接，提升了毕业生的实践能力与就业适应性。复合型人才培养理念逐渐获得认同，部分高校开始尝试调整课程体系，增设交叉学科专业，鼓励学生跨领域学习。然而数字技能缺口的结构性问题依然严峻。高端研发人才、精通特定行业知识的数智应用人才、具备战略视野的数字化转型领导者等高层次人才供给严重不足，成为产业向价值链高端攀升的关键瓶颈。现有培养模式在响应速度、培养质量、规模化供给方面仍显滞后，课程内容更新难以跟上技术迭代步伐，实践教学环节与真实产业场景脱节现象普遍。企业主导的在职培训往往侧重于特定工具或技能的操作，缺乏对底层原理与系统思维的培养，难以支撑员工实现深层次的能力跃迁。人才评价体系改革滞后，传统的学历、职称导向难以准确衡量复合型、创新型人才的真实价值，影响了人才的合理流动与有效激励。区域间、城乡间人才分布不均衡问题突出，欠发达地区和传统产业集聚区面临更为严重的人才吸引与留存困境。评估人才培养策略的成效，不仅要看培养数量的增长，更要关注人才结构的优化、能力与需求的匹配度以及对产业创新绩效的实际贡献。构建一个能够敏捷响应技术变革、深度融合产教需、有效激励人才创新潜能的终身学习与发展体系，是破解人才困境的根本之道。

政策法规与标准规范体系的适应性调整，为数智转型提供了重要的外部制度环境支撑，其成效评估亦需辩证看待。国家层面出台的一系列战略规划与指导性政策，财税激励、专项补贴等政策工具在降低企业转型成本、激发创新投入方面发挥了积极作用，尤其对大型企业和重点项目的推动效果较为显著。相关法律法规的制定与完善，如前述涉及网络安全、数据保护的法律，为规范市场秩序、保障各方权益提供了基本遵循。行业标准与规范的建设工作逐步推进，部分领域如工业互联网标识解析体系、智能制造能力成熟度模型等取得了积极进展，为技术互操作与产业协同奠定了基础。政策的精准性与有效性仍有提升空间。政策执行过程中可能存在“一刀切”或落地难的问题，政策效果传导机制有待优化。法律法规的更新速度往往滞后于技术发展速度，对于新兴技术应用带来的新问题、新风险，法律规制尚存在空白或模糊地带。标准的制定周期较长，且部分标准的技术先进性、国际兼容性有待提高，标准实施推广的力度与广度亦显不足。政策、法规、标准三者之间的协同性有待加强，有时甚至存在冲突或不一致之处，增加了企业合规成本与市场不确定性。评估政策法规与标准规范的适应性，需考察其是否真正激发了市场活力、规范了市场行为、降低了交易成本、促进了公平竞争，并能否根据技术与市场变化进行动态调整与优化。构建一个敏捷、协同、具有前瞻性的治理体系，实现有效市场与有为政府的良性互动，是支撑数智转型行稳致远的关键保障。

对转型困境应对成效的系统评估揭示了一个复杂且动态演进的图景。在技术、数据、人才、政策等维度上，应对策略均取得了一定的积极进展，部分缓解了传统产业在数智化转型初期所面临的突出矛盾。技术融合的实践探索积累了经验，数据安全与隐私保护的制度框架初步建立，人才培养模式开始向需求导向转变，政策环境的支撑作用日益显现。这些进展共同构成了推动传统产业数智化转型的基础动力。然而，由评估暴露出的深层次、结构性的挑战依然存在且相互交织。技术层面的核心瓶颈尚未完全突破，数据要素价值释放与安全规范的平衡点仍需探索，高层次复合型人才供给缺口巨大，政策法规体系的适应性与协同性亟待提升。这些持续存在的困境表明，传统产业的数智化转型远非坦途，其复杂性、长期性与艰巨性不容低估。应对策略的实施效果在不同行业、不同规模企业间存在显著差异，转型进程呈现出明显的不均衡性。部分策略的短期效应与长期影响可能存在矛盾，局部优化有时甚至可能固化系统性风险。

系统评估的意义不仅在于总结过往得失，更在于为未来优化路径的精准设计提供依据，确保数智转型在克服现有困境的同时，能够有效应对未来可能出现的新挑战，最终实现传统产业的可持续、高质量发展。对策的有效性并非一成不变，需要在持续的实践反馈与动态评估中进行迭代优化。

6.4.2 持续深化转型的优化路径与战略展望

传统产业数智化转型的初步探索揭示了其复杂性与系统性，克服初级障碍后，更深层次的结构性矛盾与适应性挑战逐渐浮出水面。持续深化转型要求超越点状技术应用与局部流程优化，转向构建动态演进、韧性更强、价值创造能力更优的产业新范式。这需要制定前瞻性的优化路径与战略规划，系统解决转型深化的核心瓶颈，并主动营造有利于长期发展的技术、组织与制度环境。优化路径并非单一线性，而是多维要素协同演进的复杂过程，其战略展望指向产业核心竞争力的根本性重塑与可持续发展能力的全面提升。

技术融合的深化要求从系统集成迈向架构演化。早期技术集成的难点主要体现在接口兼容性与系统互操作性层面，随着应用深度的增加，挑战演变为如何构建灵活、可扩展、能够支撑持续迭代创新的技术架构。传统产业庞大的存量信息系统与工业设备构成显著的“遗留系统”负担，其与新兴数智技术的深度融合面临高昂成本与技术风险。优化路径需探索渐进式现代化策略，通过引入中间件、应用程序编程接口（API）网关、微服务架构等手段，逐步解耦核心业务功能，实现新旧系统的平滑过渡与协同运作。建立企业级的数字底座或工业操作系统成为关键，它须具备开放性、模块化与可组合性，支持异构设备与系统的即插即用，降低新应用部署与集成的复杂度。单纯的技术堆砌无法实现价值最大化，技术架构的优化必须与业务流程重构紧密耦合，实现技术能力向业务能力的转化。

数据要素价值的深度挖掘是持续转型的核心引擎。初步转型阶段往往侧重于数据的采集与基础分析，未来优化的重点在于建立完善的数据治理体系，实现数据资产化管理与价值化应用。“数据孤岛”的打破不能仅依赖技术手段，更需辅以组织机制与文化变革，建立跨部门、跨层级的数据共享与协同规范。数据质量问题日益凸显，低质量数据直接制约上层分析与智能决策的有效性，必须建立覆盖数据全生命周期的质量监控、评估与改进机制。随着数据应用的深化，数据安全与隐私保护面临的挑战越发严峻，需要在合规框架内探索隐私计算、联邦学习、差分隐私等技术路径，实现数据“可用不可见”，平衡数据价值利用与安全保护。算法模型的透明度、可解释性与公平性成为新的治理焦点，需要发展可解释人工智能（XAI）技术，建立算法伦理审查与偏见风险评估机制，确保数智系统决策的公正性与社会可接受度。数据的战略价值在于驱动业务创新，构建数据驱动的决策文化，将数据洞察融入企业战略规划、产品研发、市场营销、运营管理等各个环节，实现从“经验驱动”向“数据智能驱动”的根本转变。

人才体系的优化需从技能培训升级为能力生态构建。数字化人才短缺不仅是数量问题，更是结构性与能力性问题。持续深化转型需要大量既懂行业知识又掌握数智技术的复合型、创新型人才。优化路径要求教育体系、企业内部培训与终身学习机制协同发力。高等教育需深化产教融合，动态调整专业设置与课程体系，强化实践教学与跨学科培养，提升毕业生的产业适应性。企业需建立内部数字能力中心或企业大学，提供系统化、持续性的技能提升与知识更新项目，构建学习型组织。关注人才能力的深层结构，培养员工的数字化思维、数据素养、复杂问题解决能力、跨界协作能力与创新创业精神。组织结构与管理模式的变革是激发人才潜能的关键，需探索更为扁平化、网络化、敏捷化的组织形态，打破部门壁垒，推行项目制、跨功能团队等协作模式。建立与数智化转型相匹配的绩效评估与激励机制，鼓励员工拥抱变革、积极创新、敢于承担风险。领导力转型至关重要，管理者须具备数字化视野与战略思维，营造开放包容、鼓励试错的创新文化氛围。

政策法规与标准规范的适应性需要向敏捷治理与前瞻引导演进。数智技术快速迭代的特性对传统滞后的政策制定与监管模式提出了挑战。优化路径要求政府治理模式向更加敏捷、包容、协同的方向转变。探索“监管沙盒”、政策试验区等创新监管工具，允许新技术、新模式在可控范围内进行测试与验证，实现监管与创新的良性互动。政策支持需更加精准化、普惠化，特别关注中小企业在数智化转型中面临的资金、技术、人才困境。可通过专项补贴、税收减免、政府引导基金、公共技术服务平台等多种方式，降低中小企业转型门槛，促进数字技术普惠应用，防止数字鸿沟的扩大。标准体系建设需从滞后响应转向前瞻布局，积极参与甚至主导国际标准的制定，特别是在人工智能伦理、数据跨境流动、工业互联网安全等新兴领域，争取国际话语权与规则制定权。构建多层次、开放协同的标准研制与推广体系，鼓励行业联盟、企业、科研机构共同参与，确保标准的科学性、适用性与国际兼容性。

产业链与生态系统的重构是实现转型价值倍增的关键。数智化转型不仅是单个企业的变革，更是整个产业链、价值网乃至产业生态的系统性重塑。优化路径要求打破传统产业边界，推动跨界融合与协同创新。构建产业互联网平台，打通产业链上下游信息流、物流、资金流，实现供需精准匹配、资源优化配置与风险共担。促进大中小企业融通发展，发挥大型龙头企业的平台支撑与溢出效应，带动中小企业融入数字化供应链与创新网络。培育开放、多元、共生的数字创新生态，鼓励平台企业、技术服务商、解决方案提供商、金融机构、科研院所等各类主体积极参与，形成优势互补、风险共担、利益共享的合作机制。绿色化与智能化融合成为重要趋势，利用数智技术赋能绿色设计、清洁生产、能源管理、循环利用，推动产业实现经济效益、社会效益与环境效益的协同统一。

战略展望层面，持续深化数智化转型旨在构建具备高度适应性、韧性与创新能力的现代产业体系。其终极目标并不仅仅是效率提高，而是通过技术变革驱动发展模式的根本转型，实现价值创造方式的跃迁。这要求企业具备持续学习与自我革新的能力，在动态变化的市场环境与技术浪潮中保持战略敏捷性。国家层面需将数智化转型置于现代化建设全局的核心位置，进行系统性战略规划与资源投入，营造国际一流的创新生态与营商环境。需警惕在转型过程中可能出现的结构性失业、数字鸿沟加剧、伦理风险等负面效应，加强社会政策配套与风险治理能力建设，确保转型成果惠及全体社会成员，实现包容性增长与可持续发展。

未来的竞争不再是单一技术或产品的竞争，而是技术体系、产业生态与治理模式的综合竞争。唯有坚持系统思维，协同推进技术创新、产业升级、人才培养、制度完善与生态构建，才能在数智时代浪潮中把握主动权，实现传统产业的凤凰涅槃与国家竞争力的整体跃升。持续深化转型是一场永无止境的探索与适应过程，需要保持战略定力，勇于突破既有范式，拥抱不确定性，在变革中塑造未来。

CHAPTER SEVEN
第七章

国际视野下的数智赋能：案例、合作与策略

7.1 发达国家的成功案例分析

7.1.1 美国在智能制造领域的实践

智能制造是数智技术在第二产业（制造业）中的重要应用。美国作为全球制造业强国之一，其在智能制造领域的领先经验值得我们深入研究。以下将从技术创新、政策支持、人才培养三个方面展开分析。

技术创新 美国在智能制造领域积累了丰富的技术成果，尤其是在工业机器人、自动化生产线、工业互联网等方面取得了显著进展。美国通用电气公司（GE）推出的 Predix 平台，是一个基于云的工业互联网操作系统，它能够连接各种工业设备，实现设备间的互联互通，从而提高生产效率。Predix 平台不仅可以实时监控设备状态，还能根据历史数据进行预测性维护，大大减少了设备故障率，降低了维修成本。该平台还具备强大的数据分析能力，能够帮助企业挖掘隐藏在海量数据背后的商业价值。

除了 Predix 平台，美国还有一些其他先进的智能制造技术。比如，波音公司在飞机制造过程中采用了大量的自动化生产设备，这些设备可以精确地完成复杂的装配任务，大大提高了生产效率。波音公司还利用虚拟现实技术对员工进行培训，使新员工能够在虚拟环境中熟悉操作流程，缩短了培训周期，降低了培训成本。特斯拉公司则以其高度自动化的汽车生产线闻名于世，其生产线上的机器人可以完成从零部件组装到整车下线的全过程，实现了生

产的高度自动化和智能化。

政策支持 美国联邦政府设立了多个专项基金，用于资助智能制造相关项目的研究与开发。美国国家科学基金会（NSF）每年都会投入大量资金支持智能制造领域的基础研究和技术攻关。此外，美国国防部也积极参与智能制造技术的研发，希望通过先进的智能制造技术提高国防装备的生产能力。地方政府也在积极行动，一些州政府制定了专门的支持政策，鼓励企业采用智能制造技术进行升级改造。马萨诸塞州推出了“智能制造计划”，为企业提供资金补贴和技术咨询服务，帮助企业顺利实现智能制造转型。

人才培养 智能制造的发展离不开高素质的专业人才。为此，美国建立了完善的教育体系，培养了大量的智能制造专业人才。美国的大学和职业院校开设了众多与智能制造相关的课程，涵盖了机械工程、电子工程、计算机科学等多个学科领域。这些课程不仅注重理论知识的传授，还强调对实践能力的培养。许多学校都配备了先进的实验室和实训基地，让学生有机会接触最新的智能制造设备和技术。此外，美国的企业也十分重视员工的职业发展，经常组织内部培训和进修活动，帮助员工不断提高自己的技术水平。如通用电气公司就为其员工提供了丰富的培训资源，包括线上课程、线下讲座等多种形式，员工可以根据自己的兴趣和需求选择合适的培训方式。

通过这些措施，美国成功地培养了一批具有创新精神和实践能力的智能制造专业人才，为智能制造技术的发展奠定了坚实的人才基础。

7.1.2 欧洲的智慧农业模式

智慧农业是数智技术在第一产业（农业）中的典型应用。欧洲各国在智慧农业领域进行了诸多探索，积累了丰富的实践经验。以下将从精准农业、物联网技术应用、大数据平台建设三个方面展开分析。

精准农业 精准农业是指利用现代信息技术，通过对农业生产环境和作物生长状况进行精准监测，实现对农作物种植、灌溉、施肥等环节的精细化管理的一种现代农业模式。

欧洲各国在精准农业方面取得了显著成效。荷兰是全球最大的花卉出口国之一，其温室园艺业高度发达。在荷兰的温室里安装了多种传感器，可以实时监测温度、湿度、光照强度等环境参数，并根据监测结果自动调节通风、遮阳、加湿等设施，为植物创造最适宜的生长环境。此外，荷兰还广泛应用滴灌技术，通过精确控制灌溉量和灌溉时间，避免水资源浪费，提高水资源利用率。法国也是精准农业的重要实践者。法国农民利用卫星遥感技术获取农田土壤肥力分布图，然后根据土壤肥力差异制订个性化的施肥方案，做到按需施肥，减少化肥使用量，降低环境污染风险。

物联网技术应用 物联网技术在智慧农业中的应用越来越广泛。欧洲各国充分利用物联网技术，搭建起覆盖整个农业产业链的信息网络。德国是物联网技术应用的先锋之一。德国的农场主们安装了大量物联网设备，如智能水表、智能电表、智能气象站等，这些设备可以实时收集农田的各种数据，并通过无线网络传输到云端数据中心。数据中心会对这些数据进行分析处理，生成详细的农业生产报告，指导农民合理安排农事活动。西班牙也在这方面作出了积极尝试。西班牙的农业合作社利用物联网技术建立了农产品追溯系统，消费者可以通过扫描二维码查询所购买农产品的产地、生产日期、农药残留检测结果等信息，确保食品安全。意大利则在葡萄种植园中安装了智能灌溉系统，该系统可以根据土壤湿度自动启动或停止灌溉，确保葡萄树得到适量的水分供应，提高葡萄品质。

大数据平台建设 大数据平台是智慧农业的重要组成部分。欧洲各国纷纷建立起了功能强大的农业大数据平台，整合各类农业信息资源，为农业生产决策提供有力支持。丹麦的 AgriOpt 平台就是一个典型的例子。AgriOpt 平台集成了多个来源的数据，包括气象数据、土壤数据、市场价格数据等，用户可以通过该平台查询所需信息，还可以根据历史数据对未来情况进行预测。英国的 Crimson 平台则专注于畜牧业管理。Crimson 平台可以帮助牧场主追踪牲畜的健康状况、繁殖情况、饲料消耗等指标，通过数据分析发现潜在问题，及时采取措施加以解决。瑞典的 AgroWeb 平台则侧重于农产品销售。AgroWeb 平台汇集了众多农产品采购商的信息，农民可以通过该平台发布自己的产品信息，寻找合适的买家，拓宽销售渠道，增加收入。

欧洲各国在智慧农业领域的成功实践为我们提供了宝贵的经验教训。我们应当认真学习欧洲各国的做法，结合我国实际情况，积极探索适合我国国情的智慧农业发展模式，加快推动我国农业向智慧农业转型升级的步伐。

7.2 国际合作与交流的机会

7.2.1 数智技术领域的国际交流与合作

随着全球化进程的不断推进，数智技术领域的国际交流与合作日益频繁。这种合作不仅有助于各国共享技术成果，还能促进全球经济的共同发展。

技术共享是指各国之间相互开放各自的技术资源，共同开展技术交流与合作。这种方式可以有效降低研发成本，加速技术进步。在全球气候不断变化的大背景下，许多国家都在积极开展新能源技术的研发工作。为了应对这一挑战，多个国家成立了专门的合作机制，共同研发清洁能源技术。中国与欧盟就签署了多项合作协议，在太阳能光伏技术、风力发电技术等领域展开了广泛的合作。双方通过技术交流与合作，促进了新能源技术的进步和发展。在数字医疗领域，美国、加拿大、澳大利亚等国也开展了密切的合作。这些国家共同开发了远程医疗服务系统，患者可以在家中通过该系统接受医生的诊断和治疗，大大提高了医疗服务的便捷性和可及性。

联合研发是指各国共同出资、共同参与技术研发项目，旨在解决全球性的重大科技难题。这种方式可以充分发挥各方的优势，实现资源共享和技术互补。在深海探测领域，中国与俄罗斯、日本等国也展开了联合研发工作。各国科学家共同设计了深海探测器，通过多次试验，掌握了深海环境下的探测技术和方法，为人类探索深海奥秘奠定了坚实的基础。

数智技术领域的国际交流与合作在全球化背景下日益深化。这种跨国互动促进了技术知识的相互流动和共享，成为推动全球经济共同进步的重要机制。“技术共享”和“联合研发”的合作形式共同反映了在数智技术这一前沿领域，国际协同对于加速技术突破、分摊风险以及实现共同发展具有不可或缺的战略价值。

7.2.2 跨国技术合作的重点领域分析

在数智技术领域，跨国合作具有广阔前景，部分关键领域呈现出显著的发展潜力。这些领域往往体现了数智技术深度赋能复杂产业系统的能力。其系统性变革需求超越单一国家界限。国际协同能够汇聚异质性知识与资源。克服技术壁垒、分摊高昂研发成本、构建共通的技术治理框架，成为推动合作的核心动因。

智能制造 智能制造是数智技术的重要应用领域之一，也是未来制造业发展的必然趋势。智能制造涉及多个学科领域，包括机械工程、电子工程、计算机科学等，因此需要各国共同努力，共同攻克关键技术难题。智能制造的系统性特征，体现在其深度融合物理生产过程与数字信息网络。这种赛博物理系统（CPS）的构建跨越了单一学科界限，需要整合机械工程、控制论、信息科学等多领域知识。其复杂性与高昂的研发成本驱动了国际合作的需求。特别是在全球价值链（GVCs）背景下，智能制造体系的互操作性成为关键。

跨国合作聚焦于制定统一的技术标准、数据接口与安全协议，保障设备、系统与平台在全球范围内的无缝对接与数据流通。发达经济体在精密机器人、自动化硬件方面的优势，与部分国家在工业互联网平台、人工智能算法上的积累形成互补。这种协同旨在构建下一代柔性、智能且具有全球适应性的制造范式，而非仅仅优化单一设备性能。

智慧农业 智慧农业是数智技术在农业领域的应用，对于保障粮食安全、提高农业生产力具有重要意义。全球智慧农业发展水平不均衡。欧洲已形成较成熟技术体系。亚非地区农业现代化需求强，技术基础弱。跨国技术合作弥合数字鸿沟，加速技术扩散。合作核心是知识与适用技术的转移。荷兰设施农业技术助干旱区园艺发展。法国精准农业经验需适应南亚小农经济。技术合作涉数据模型、管理规范、人才培养系统输出。国际协同促进智慧农业适应性创新，提高全球农业韧性与效率。

智慧城市建设 智慧城市建设是数智技术的重要应用场景之一，对于改善城市居民生活质量、提高城市管理效率具有重要作用。智慧城市其数智化建设天然具有跨国合作的内在需求。单一国家的技术路径与治理经验难以完全应对全球城市化挑战的多样性。国际合作提供了整合异质性知识、分摊高昂研发成本、构建互操作技术标准的关键平台。发达国家在智慧交通、能源管理等领域形成的成熟技术体系与治理范式，构成了重要的知识溢出源。发展中国家通过引进、消化吸收这些技术与经验，能够加速本土智慧城市基础设施建设与服务能力的提升，实现技术路径的优化选择。这种跨国技术转移不仅是硬件或软件的复制，更包含了政策法规、运营模式及数据治理框架等隐性知识的传播与制度学习。国际合作推动了全球智慧城市技术生态的协同演进与治理能力的共同提升。

跨国技术合作的战略重点领域集中于智能制造、智慧农业与智慧城市。这些领域普遍具有技术体系复杂、研发投入巨大及应用场景涉及全球性挑战的特征。国际合作成为必然选择，旨在整合全球创新资源，实现知识溢出与技术扩散效应最大化。各国通过联合研发、标准协调与市场准入互惠等机制，寻求优势互补与风险共担，共同加速关键数智技术瓶颈的突破，推动相关产业的协同发展与升级。

7.2.3 本土化改造路径和应用的成功经验

引进国外先进技术后，如何将其进行本土化改造，使其更好地适应本国的产业需求，是一个至关重要的问题。以下将从市场需求分析、技术研发、人才培养三个方面展开分析。

市场需求分析 市场需求是本土化改造的重要依据。只有深入了解本国的市场需求，才能有针对性地对引进的技术进行调整和完善。中国在引进国外农业机械时，就充分考虑了本国的农业生产条件和农民的实际需求。中国北方地区冬季寒冷干燥，南方地区夏季高温多雨，这种气候条件决定了农业机械需要具有较强的适应性。中国农机企业在引进国外农业机械的基础上，针对北方地区的冬季作业需求，增加了防寒保温装置；针对南方地区的高温高湿环境，改进了散热系统和密封性能。通过这些本土化改造，中国生产的农业机械更加符合国内市场的实际需求，受到了广大农民的欢迎。

技术研发 技术研发是本土化改造的关键环节。只有不断创新，才能使引进的技术真正融入本国的产业发展之中。持续的创新活动是确保引进技术有效融入并服务于国家产业发展战略的根本要求。本土化的技术研发路径其本质是将外源性技术知识内化为符合国情的、具有竞争力的技术解决方案，它不仅提升了单一设备层面的性能与适用性，更重要的是，它促进了国内相关产业链的成熟与配套能力的提升，为国家整体技术升级与自主可控发展奠定了坚实基础，体现了从技术引进向技术内生化演进的成功范例。强调了技术创新并非孤立存在，而是必须嵌入具体的产业生态与市场需求中，通过持续的研发投入与适应性改造，才能真正实现技术的价值最大化与产业赋能效应。

人才培养 人才培养是本土化改造的重要保障。只有拥有一支高素质的专业人才队伍，才能确保引进的技术得到有效应用和发展。中国在引进国外先进制造技术后，高度重视人才培养工作，建立了多层次、多渠道的人才培养体系。一方面，加强了职业教育和技能培训，培养了一大批熟练掌握先进技术的操作工人；另一方面，加强了高等教育和研究生教育，培养了一大批具有创新能力和科研水平的技术骨干。这些人才不仅能够熟练掌握引进的技术，还能够根据本国的实际需求进行改进和创新，为引进技术的本土化改造提供了强有力的人才支持。

引进国外先进技术并进行本土化改造的过程，其内在复杂性与艰巨性要求超越单一主体的能力范畴。此过程并非简单的技术移植，而涉及深层次的技术解析、适应性再设计以及与本土产业生态的系统性耦合。有效推进此项工作，需要构建一个多元主体协同的战略框架。政府、企业与科研机构在此框架中各自承担不可或缺的角色，形成功能互补的合作网络。政府负责制定宏观引导政策，营造有利的制度环境，提供必要的公共资源支持。企业作为技术应用与创新的主体，需明确市场需求，投入研发资源，主导本土化改造的具体实践。科研机构则提供基础理论支撑、关键技术攻关以及专业人才培养，为本土化创新注入源头活水。这三者之间的有效互动与深度融合，是确保技术引进向内生创新能力转化的关键保障，共同构成了推动本土化改造向纵深发展的核心动力机制。

7.3 引进国外先进技术与模式的策略

7.3.1 技术引进的策略与模式分析

随着全球经济一体化进程的加快，数智技术已成为各国产业升级的重要驱动力。对于许多发展中国家而言，直接自主研发高端数智技术存在较大难度，因此通过技术引进成为一条可行且有效的路径。然而，技术引进并非简单的购买行为，而是涉及复杂的技术转移、消化吸收再创新以及市场适应性调整等一系列环节。为此，本节将深入探讨技术引进的不同策略与模式，并分析其适用场景及潜在风险。

直接引进是指企业或机构直接从国外购买成熟的技术设备或软件系统。这种方式通常适用于那些技术门槛较低或者已有现成解决方案的问题。一些中小企业可能缺乏足够的研发能力和资金投入来开发全新的数智技术，此时通过直接采购现成的产品可以帮助它们迅速实现业务流程的自动化或信息化。不过需要注意的是，直接引进往往伴随着较高的成本，尤其是当涉及专利授权时，由于缺乏核心技术掌握能力，企业在后期维护和技术升级方面可能会遇到困难。

技术转让是一种更为复杂的合作形式，它不仅限于硬件设备的买卖，还包括相关知识产权（IP）的授予。在这种模式下，技术供应方会向接收方提供详细的文档资料、培训课程以及其他必要的支持服务，以帮助后者尽快掌握新技术。技术转让的优点在于可以获得完整的解决方案，同时也能降低对外部供应商长期依赖的风险。但这也意味着双方之间需要建立更加紧密的合作关系，这可能会影响企业的自主决策权。在谈判过程中，还需要特别注意合同条款中关于知识产权归属的规定，避免出现纠纷。

合资合作则是指由两家或多家来自不同国家的企业共同出资组建一个新的实体来进行技术研发和生产活动。这种方式既可以充分利用各方的优势资源，又能有效降低单方面承担全部风险的压力。比如在中国，许多大型跨国公司选择与中国本土企业成立合资公司，以便更好地进入国内市场。然而，合资合作同样面临着诸多挑战，如文化差异、利益分配不均等问题都可能导致合作关系破裂。在决定采用这一模式之前，必须进行全面细致的风险评估，并制定相应的应对措施。

联合研发是指两个或多个组织共同开展某项特定项目的研究工作。相比于单独行动，这种方式能够汇聚更多的智力资源，加速研究成果转化为实际生产力的速度。特别是在面对复杂度较高、耗资巨大的科研课题时，联合研发显得尤为重要。但是由于参与方众多，协调沟通成本较高，容易产生意见分歧，影响项目的顺利推进。因此，在实施过程中应当注重建立有效的沟通机制，确保各方目标一致。

技术许可允许被许可人在一定条件下使用许可人的专有技术。与技术转让相比，技术许可通常具有更灵活的时间限制和地域范围限制，可以根据市场需求灵活调整。对于希望快速进入某一新兴市场的中国企业来说，获取必要的技术许可不失为一种明智的选择。不过获得技术许可并不意味着拥有了该技术的所有权，一旦许可到期或者违反协议条款，就有可能失去继续使用的权利。因此，在签订合同时务必仔细审查各项条款，确保自身权益不受侵害。

尽管上述技术引进方式各有千秋，如果不能很好地完成本土化改造，那么即使获得了最先进的技术和模式，也难以真正发挥其应有的效能。所谓本土化改造，简单来说就是根据当地具体情况对引进的技术进行调整和完善的过程。

充分调研市场需求，任何一项成功的本土化改造都离不开对目标市场的深入了解。只有清楚地掌握了当地消费者的偏好、消费习惯以及竞争对手的情况，才能有针对性地对引进的技术作出相应改动。

合理配置人力资源。人才是推动技术本土化改造的核心力量。为了确保引进的技术能够顺利落地生根，企业需要配备一支既具备专业知识又熟悉本地情况的专业团队。一是可以聘请当地的专家顾问提供咨询建议；二是可以通过内部培训等方式加强对员工的相关知识技能培训。此外，还可以考虑设立专门的研发中心，集中力量攻克技术难关。比如，华为公司在海外设立了多个研发中心，这些研发中心不仅负责产品的本地化开发，还积极参与全球范围内的技术创新活动。

注重用户体验设计 用户体验设计是衡量一款产品是否成功的重要指标之一。在进行本土化改造的过程中，不仅要关注功能性的改进，还要重视用户界面的设计。比如，在手机应用程序的设计上，不同的文化背景会导致人们对颜色、字体大小等方面的偏好有所不同。因此，在开发面向国际市场的产品时，应该充分考虑到这些细微之处，力求给用户提供最佳体验。小米公司在这方面做得尤为出色，在推出新款智能手机时，小米公司总会针对不同地区的用户习惯进行专门优化，从而赢得了大量忠实粉丝。

加强知识产权保护 在引进国外先进技术的同时，也不能忽视知识产权保护的重要性。一方面要确保自身拥有合法的技术使用权；另一方面则要防止核心技术泄露给竞争对手。企业应当建立健全完善的保密制度，同时积极申请专利等知识产权，为未来的市场竞争打下坚实的基础。

最后但同样重要的是，企业还需要建立一套有效的持续跟踪反馈机制，及时收集来自一线销售人员、售后服务人员以及最终用户的反馈信息。这样不仅可以帮助企业发现产品存在的不足，还能为企业下一步改进提供宝贵的参考意见。

引进国外先进技术与模式是一项复杂而又充满挑战的任务。要想让引进的技术真正发挥作用，就必须做好充分准备，采取科学合理的策略，并且坚持不懈地努力。相信只要我们能够从中吸取教训、总结经验，就一定能够在激烈的国际竞争中站稳脚跟，实现弯道超车的目标。

7.3.2 引进技术的消化吸收与再创新机制

技术引进作为获取外部知识与先进生产要素的策略，其本身并非终点，而是技术能力构建与产业升级的起始环节。国外先进技术与模式的成功引入，并不必然带来预期的经济效益或技术水平的实质性提高。其关键在于后续的消化吸收与再创新过程能否有效展开，相关机制能否系统构建并顺畅运行。缺乏有效的消化吸收机制，引进的技术可能仅停留在“黑箱”应用层面，企业难以掌握其核心原理与设计思想，无法进行适应性改造或故障排查，形成新的技术依赖路径。缺乏再创新机制，则意味着企业始终处于技术跟随者的地位，无法利用引进的技术平台作为跳板，实现技术能力的内生增长与价值链地位的跃迁。构建一套完整的、覆盖从知识理解到能力转化再到创新生成的机制体系，是确保技术引进战略取得成功的根本保障。

消化阶段的核心目标在于实现对引进技术的深度理解与知识解构。这要求企业具备相应的技术基础与学习能力。首要机制是系统化的知识转移与解码。显性知识，如技术文档、操作手册、设计图纸等，需要进行细致的翻译、解读与标准化处理，并能转化为企业内部易于理解和传播的知识格式。更为关键的是隐性知识的获取与内化，这部分知识往往嵌入在技术专家的经验、操作技巧、设计理念以及组织惯例之中。有效的机制包括派遣技术人员赴技术来源方进行深度学习与实践，邀请外方专家来华进行现场指导与长期合作，建立师徒传承制度，以及在合资合作模式下促进双方技术人员的深度融合与交流。鼓励采用逆向工程（在合法合规前提下）对引进设备或系统进行拆解分析，有助于直观理解其结构组成、材料选用与工艺流程。建立企业内部的技术知识库与案例库，对消化过程中遇到的问题、解决方案、经验教训进行系统性记录与共享，形成组织记忆，为后续人员学习与技术迭代提供基础。模拟仿真技术的应用亦是重要的消化机制，通过在虚拟环境中对引进技术进行建模与运行仿真，可以在较低成本与风险下，探索其性能边界、操作特性与潜在的适应性问题。

吸收阶段侧重于将经过消化的技术知识与能力，有效融入企业现有的生产体系、组织流程与管理实践中。此阶段的核心在于实现技术与组织的协同进化。关键机制之一是适应性改造与系统集成。引进的技术往往需要根据本土市场的特定需求、原材料的可获得性、劳动力技能结构、配套产业水平以及法律法规环境进行适应性调整。这可能涉及对硬件接口的修改、软件功能的定制化开发、工艺参数的优化、操作流程的再设计等。成功的吸收要求企业不仅具备对引进技术的改造能力，还须具备对自身生产系统的深刻理解与调整能力，实现新旧技术体系的平滑过渡与高效集成。组织学习机制的构建至关重要。企业需要建立鼓励学习、容忍试错、促进知识共享的组织文化与制度安排。通过设立跨部门的技术吸收团队，定期组织技术研讨会、问题复盘会，建立内部技术创新奖励机制，激发员工学习掌握新技术的积极性与创造性。强调“干中学”，在实际生产应用中不断发现问题、解决问题，是技术吸收最有效的途径。人力资本的配套发展是吸收阶段的坚实基础。企业需要制订系统的人才培养计划，对现有员工进行有针对性的技能培训，使其能够熟练操作、维护和管理新引进的技术设备与系统。引进具备相关专业背景和实践经验的高层次人才，组建专业化的技术吸收与管理团队。与高校、职业院校建立合作关系，定向培养符合企业需求的专业人才。本地配套能力的培育也是吸收机制的重要组成部分。积极引导和扶持本地供应商提高技术水平，使其能够为引进技术提供合格的零部件、原材料或配套服务，逐步降低对国外供应链的依赖，形成更为安全、有韧性的本地产业生态。

再创新阶段标志着技术引进过程的价值实现与能力跃迁。在充分消化吸收的基础上，企业利用掌握的技术知识与积累的应用经验，结合对市场机遇的洞察，开展具有自主知识产权的创新活动。此阶段的机制构建聚焦于激发创新活力与提高创新效率。首要机制是建立以市场需求为导向的研发体系。鼓励研发人员深入市场一线，了解用户痛点与潜在需求，将技术创新与解决实际问题紧密结合。利用吸收的技术平台，针对细分市场或特定应用场景，开发差异化的新产品、新服务或新工艺。鼓励开展多种形式的创新活动。不仅包括对引进技术的渐进式改进与性能提升，也应探索将引进技术与其他技术领域知识进行融合，实现跨界创新或架构创新（Architectural Innovation）。在特定条件下，甚至可能基于吸收的技术基础，实现颠覆性的技术突破。构建开放式创新平台。积极与高校、科研院所、上下游企业乃至用户开展合作研发，共享创新资源，分担创新风险。利用众包、众创等模式，汇聚外部智慧，拓宽创新思路。强化知识产权战略管理。在再创新过程中，注重核心技术的专利布局与标准制定，形成技术壁垒，保护创新成果。建立完善的知识产权管理流程，提升知识产权的运营与维权能力。营造鼓励创新、宽容失败的组织文化氛围。创新活动天然伴随着不确定性与风险，企业需要建立容错机制，鼓励研发人员大胆探索，允许在可控范围内进行试错。对取得创新成果的团队与个人给予充分的物质与精神奖励。

支撑上述消化、吸收、再创新机制有效运行，还需要宏观层面的制度环境与生态系统支持。政府应在关键共性技术的消化吸收与再创新环节提供必要的政策引导与资金支持，如设立专项研发计划、提供税收优惠、建设公共技术服务平台等。完善的知识产权保护体系是激励再创新的基础制度保障。发达的科技中介服务体系，如技术评估机构、知识产权服务机构、科技咨询公司等，能够为企业的技术引进与本土化创新提供专业的支撑服务。活跃的风险投资与资本市场，能够为具有潜力的创新项目提供必要的资金支持。开放、协同的产学研合作网络，能够促进知识的流动、技术的转移与人才的培养。

技术引进的最终成功，并非取决于引进技术本身的先进程度，而在于后续消化、吸收与再创新机制的健全性与有效性。这是一个系统性的知识转化、能力构建与价值创造过程，需要企业、政府、科研机构以及社会各界的协同努力与长期投入。唯有构建起完善的机制体系，才能真正将外来技术转化为推动本土产业升级与可持续发展的内生动力，实现从技术依赖向技术自立自强的战略性转变。

CHAPTER EIGHT

第八章

数智技术赋能传统产业的发展趋势

8.1 新兴技术的融合与应用前景

8.1.1 人工智能与区块链的结合应用

随着信息技术的飞速发展，人工智能与区块链（Blockchain）技术逐渐成为推动经济社会变革的重要力量，两者结合不仅能够为传统产业带来新的发展机遇，还将在数据可信度、隐私保护和智能合约等方面发挥协同效应。

人工智能作为计算机科学的一个核心分支，其根本目标在于构建能够执行通常需要人类智能才能完成任务的计算系统。这并非简单地模拟人类思维过程，而是探索智能行为的计算基础与实现路径。其理论根基涉及逻辑学、概率论、控制论、认知科学等多个交叉领域，致力于理解并实现感知、学习、推理、规划、决策以及与环境交互等智能能力。当代人工智能的发展主要由两大技术范式驱动。其一是符号主义路径，侧重于知识表示与逻辑推理，试图通过构建显式的规则库和符号操作系统来模拟高级认知功能。其二是连接主义路径，以神经网络和深度学习为代表，强调从大规模数据中自动学习模式与表征。机器学习，特别是深度学习，已成为当前人工智能突破的关键引擎。机器学习的核心在于算法能够从经验数据中学习并改进其性能，而无须针对特定任务进行显式编程。这涵盖了监督学习（从标注数据中学习映射关系）、无监督学习（发现数据中未知的结构与模式）以及强化学习（通过与环境交互试错来学习最优策略）。深度学习则通过构建深层次的神经网络架构，模拟生物神经系统的层次化信息处理机制，实现了在图像识别、语音识别、自然语言处理等感知智能任务上超越传统方法的性能，其核心在于强大的特征表征学习能力。人工智能技术的本质是自动化认知任务，其能力谱系广泛，从特定领域的模式识别、精准预测、优化决策，到更复杂的自然语言理解与生成、多模态信息融合乃至一定程度的自主规划与行动。这些能力使人工智能成为改造传统产业生产函数、优化资源配置效率、提高决策科学性与自动化水平的关键赋能技术，其影响贯穿研发设计、生产制造、运营管理、市场营销等全价值链环节。

区块链技术则源于对分布式系统中信任建立机制的根本性探索。它提供了一种在缺乏中心化信任中介的环境下，确保多方参与者之间交易或数据交互历史记录的完整性、一致性与不可篡改性的创新解决方案。其核心是一种分布式、共享的数字账本（Distributed Ledger Technology, DLT），通过密码学、分布式网络协议与共识机制的精巧组合，构建了一个去中心化的信任基础设施。关键技术要素包括：密码学哈希函数，用于将任意长度的数据映射为固定长度的唯一哈希值，确保了数据的完整性校验，并通过将前一区块的哈希值嵌入当前区块，形成了不可分割、防篡改的链式结构。非对称加密技术（公私钥体系），保障了交易发起者的身份认证与数字签名，确保了交易的真实性与抗抵赖性。点对点（P2P）分布式网络架构，使账本数据在网络中的多个节点进行冗余存储与同步更新，消除了单点故障风险，增强了系统的鲁棒性与可用性。共识机制，如工作量证明、权益证明等，是区块链网络中各节点就交易顺序和账本状态达成一致的核心协议，确保了分布式系统状态的最终一致性，有效防止了双重支付等欺诈行为。区块链的核心价值主张在于其创造的“计算性信任”（Computational Trust）。它通过技术手段而非依赖特定机构来锚定信任，使在陌生或竞争环境中进行协作成为可能。其去中心化特性降低了交易对中介的依赖，潜在地提高了效率、降低了成本。其不可篡改性与透明可追溯性为数据存证、资产确权、供应链溯源、身份认证等场景提供了高可信度的解决方案。区块链技术已超越其最初在加密货币领域的应用，正逐步渗透到金融服务、物联网、数字版权、政务管理等众多领域，被视为构建下一代可信互联网（Web3.0）和价值互联网的关键底层技术之一。它为解决传统体系中普遍存在的信息不对称、信任缺失、流程冗长等问题提供了全新的技术范式。

1. 人工智能与区块链技术的结合优势

数据可信度提升，区块链的不可篡改特性使存储在其中的数据具有高度的信任度。当人工智能系统需要依赖大量数据进行训练时，区块链可以为其提供可靠的数据来源。在金融行业中，银行可以通过区块链技术记录客户的信用历史，确保数据的真实性和完整性，进而提高信贷审批的准确率。

隐私保护加强，传统的人工智能系统往往需要收集大量的个人信息来进行数据分析，这可能会引发隐私泄露的风险。而区块链技术可以通过加密手段保护用户隐私，在不牺牲数据可用性的前提下，确保个人敏感信息的安全。比如，在医疗保健领域，患者可以选择将自己的健康数据存储在区块链上，只有经过授权的医疗机构才能访问这些数据。

智能合约自动化执行，智能合约是基于区块链的一种自动执行的合同条款。当特定条件被触发时，无须人工干预即可自动完成交易或履行义务。人工智能可以根据预设规则生成智能合约，并利用区块链网络进行部署和执行。这种组合有助于简化商业流程，降低运营成本，提高效率。在保险理赔场景下，保险公司可以使用AI算法快速评估损失情况，并通过区块链上的智能合约自动支付赔款。

2. 人工智能与区块链技术的应用案例

物联网设备管理在物联网环境中，成千上万的设备连接在一起，产生海量的数据流。为了保证这些设备的安全运行，同时避免数据泄露等问题，可以采用基于区块链的安全框架来管理和认证各个节点的身份。借助AI技术对设备产生的数据进行实时分析，可以帮助企业及时发现潜在的安全威胁并采取相应措施。

供应链金融是指金融机构为供应链上的各个环节提供融资服务。由于涉及多个参与方，传统的供应链金融存在信息不对称、信任缺失等问题。通过将区块链应用于供应链金融，可以建立一个透明可信的信息共享平台，使所有参与者都能查看交易状态。与此同时，利用AI技术预测市场需求变化，优化库存管理，从而提高整个供应链的资金周转率。

智能城市治理旨在利用先进的信息技术改善城市管理和服务水平。在这个过程中，区块链可用于登记居民身份信息、土地所有权等重要资料，确保数据的真实性和安全性。而AI则可以帮助政府部门分析城市基础设施的使用状况，预测交通流量，制订合理的规划方案。两者相辅相成，共同促进了城市的智能化发展。

8.1.2 数字孪生技术的发展方向

数字孪生是指利用物理实体的数据创建一个虚拟副本，该副本能够实时反映物理对象的状态，并对其进行仿真、测试和优化。近年来，随着传感器技术的进步以及计算能力的增强，数字孪生技术得到了快速发展，并逐渐成为推动智能制造、智慧建筑等领域变革的关键驱动力之一。

数字孪生技术的核心理念在于通过建立物理世界与其虚拟映射之间的双向互动关系，实现对物理对象的精确建模、动态监测和智能控制。具体来说，它包含以下几个方面。

（1）实时感知安装在物理对象上的各种传感器可以持续采集温度、湿度、压力等各种参数，并将这些数据传输给云端服务器。

（2）数据集成是不同来源的数据需要经过清洗、转换等预处理步骤后才能被有效利用。为此，数字孪生系统通常会配备专门的数据集成模块，负责整合来自多个传感器和其他外部系统的数据。

（3）基于收集的数据，数字孪生模型可以在虚拟环境中进行模拟仿真，重现物理对象的行为，从而帮助工程师们更好地理解和改进设计方案。

（4）通过对模拟结果的分析，数字孪生系统可以为用户提供有价值的见解，辅助他们作出更加明智的选择。

在制造业领域，数字孪生技术的应用正驱动生产范式向更高阶的智能形态演进。该技术的核心在于构建物理制造单元（如设备、生产线乃至整个工厂）及其运行过程的高保真虚拟映射。这一映射并非静态模型，而是通过集成实时传感器数据与运行历史记录，动态反映物理实体的当前状态、行为表现与环境交互。这种赛博物理系统的构建，使在虚拟空间中对制造系统进行深度分析、复杂仿真与前瞻性预测成为可能。企业能够利用数字孪生进行生产布局的虚拟规划与方案优化，模拟不同工艺参数对产品质量与生产效率的影响，实现虚拟调试与验证，显著缩短新产品导入与产线调整周期。数字孪生技术支持对设备健康状态的精准评估与剩余使用寿命（RUL）的预测，驱动维护策略从传统的预防性或被动响应式，向基于状态（Condition-Based Maintenance, CBM）及预测性（Predictive Maintenance）和指示性（Prescriptive Maintenance）维护模式升级，极大地提升设备综合效率与系统运行的稳定性。国际领先制造企业已通过部署数字孪生解决方案，在提升生产柔性、优化资源配置、降低运营成本方面取得了显著的运营绩效改进，验证了该技术在推动制造业实现智能化、精益化与可持续发展中的关键赋能价值。

数字孪生技术应用于智慧建筑领域，为业主及物业管理者提供了深度洞察建筑内部运行状态的新范式。通过构建建筑实体及其内部系统的高保真动态虚拟映射，整合来自楼宇管理系统（BMS）、物联网传感器网络的实时数据流，管理者能够精准地掌握电力消耗、暖通空调（HVAC）系统运行模式等关键能耗信息。这种数据驱动的透明度超越了传统基于抽样或历史平均的认知，为制定精细化的节能减排策略奠定了基础。数字孪生平台支持对不同运行参数组合进行虚拟仿真推演，评估其能效表现，从而识别并部署最优化的能源管理与控制策略，实现显著的运营成本节约与碳足迹削减。该技术同样革新了建筑安全风险的管控模式。集成结构健康监测、消防报警、安防监控等多源安全数据，数字孪生模型能够运用异常模式识别算法，实时分析潜在结构缺陷、设备故障先兆或安全入侵威胁，实现风险的早期预警与主动干预，提升建筑全生命周期的安全韧性。

数字孪生技术在医疗健康领域的应用潜力巨大，其核心价值在于构建个体化的高保真虚拟生理模型。这种模型通过整合病患的多源异构数据，涵盖医学影像、基因组学信息、生理传感器数据乃至生活方式记录，旨在复现特定器官乃至整个生理系统的复杂功能与动态响应。基于此虚拟副本，可以进行高度复杂的生物医学仿真，模拟器官在健康或病理状态下的功能表现、对特定治疗干预（如药物、手术方案）的个体化反应。这种计算机模拟（in silico）测试能力，使临床医生能够在不直接作用于病患的情况下，评估不同治疗策略的潜在疗效与风险，优化治疗方案选择，实现精准医疗。数字孪生模型亦可用于提升疾病诊断的精确性与早期预警能力，通过对比个体虚拟模型与标准生理模型或历史状态的差异，识别微弱的病理信号，辅助医生进行更深入的诊断分析。该技术的发展方向指向更精细的生理过程模拟、更全面的多尺度数据融合以及更强大的预测分析能力，有望深刻变革疾病诊疗模式与个体化健康管理范式。

数字孪生技术为城市规划领域提供了强大的分析与决策支持工具。规划者运用此技术构建高保真度的城市三维虚拟模型，该模型并非静态展示，而是动态集成了地理信息系统、建筑信息模型、实时传感器数据（如交通流、环境监测）以及社会经济等多源异构信息。在此综合性的虚拟城市环境中，规划者得以开展复杂情景的模拟推演。不同的城市发展方案，如新基础设施布局、土地利用变更、区域功能调整等，其可能产生的系统性影响，包括交通拥堵模式变化、能源消耗格局演变、公共服务可达性改变、环境承载力影响乃至经济社会效应，均可在模型中进行量化预测与评估。这种基于仿真的前瞻性分析能力，使规划决策过程摆脱了传统经验依赖与局部视角局限，显著提升了决策的科学性、精准性与合理性。通过对多方案进行系统比较与优化选择，数字孪生技术支持城市规划者制定出更具韧性、高效率与可持续性的发展蓝图，推动城市治理朝着精细化、智能化方向演进。

技术融合未来，数字孪生技术将进一步与其他前沿技术相结合，如 5G 通信、边缘计算等。这将使数字孪生系统能够处理更大规模的数据集，提供更高的精度，并缩短响应时间。

人工智能与区块链技术的结合应用以及数字孪生技术的发展方向共同描绘了数智技术在未来的发展趋势。它们不仅为传统产业带来了新的发展机遇，也为推动经济社会的高质量发展提供了有力支撑。

8.2 产业生态系统的构建与优化

8.2.1 数字生态系统：产业链协同和生态圈建设

随着信息技术的快速发展，传统产业结构正经历着深刻的变革。数字生态系统作为一种新型的经济形态，不仅改变了企业间的竞争格局，还重塑了整个产业的价值链。数字生态系统是指通过数字化手段将产业链上下游的企业、机构和个人连接起来，形成一个开放、协作、共赢的产业生态圈。它不仅是单一企业的数字化转型，更是整个产业链的数字化重构。

这种生态系统能够有效整合资源，提高产业协同效率，降低交易成本，为传统产业的转型升级提供了强大的动力。在数字生态系统中，产业链协同是核心要素之一。产业链协同是指通过数字技术打破企业间的信息壁垒，实现信息流、物流、资金流和业务流程的无缝对接，使产业链上下游企业之间形成紧密的合作关系。在汽车制造行业中，零部件供应商可以通过数字化平台实时获取主机厂的需求信息，及时调整生产和供应计划，避免因信息不对称而导致的库存积压或缺货现象。这种高效的协同机制不仅提高了生产效率，还增强了整个产业链的抗风险能力。

数字生态系统还可以促进跨行业合作，推动不同行业之间的融合发展，创造出更多新的商业机会。产业链协同不仅局限于生产环节，还包括研发、设计、销售等多个方面。通过建立统一的标准和规范，可以实现各环节之间的无缝衔接，缩短产品研发周期，降低研发成本。在电子消费品领域，制造商与软件开发商、内容提供商等多方合作，共同开发具有创新功能的产品。这种跨领域合作不仅有助于提升产品的竞争力，也为消费者提供了更加丰富多样的选择。数字生态系统还可以促进供应链金融的发展，为中小企业提供更多融资渠道，缓解资金压力，增强其市场竞争力。

除了产业链协同，数字生态系统还需要注重生态圈建设。生态圈建设旨在营造一个开放包容的环境，吸引更多的参与者加入其中，形成一个良性循环的生态系统。这不仅包括直接参与生产的各方，还包括政府、科研机构、金融机构等各类主体。在新能源汽车产业中，政府出台了一系列扶持政策，鼓励企业和科研机构加大研发投入力度；金融机构则为其提供低息贷款等优惠政策，帮助其快速成长壮大。这种多方协作的方式能够有效汇聚各方资源，形成合力，共同推动产业发展。

数字生态系统还可以促进知识共享和技术转移，加速将科技成果转化为生产力，为传统产业的转型升级注入源源不断的动力。

为了构建这样一个高效有序的数字生态系统，需要采取一系列措施。一是要加强基础设施建设，包括高速宽带网络、云计算数据中心等设施，为数据传输和存储提供保障。二是要建立健全法律法规体系，规范市场秩序，保护知识产权，维护公平竞争环境。三是要积极培育创新文化氛围，鼓励企业大胆尝试新技术、新模式，激发创新创业活力。四是要重视人才培养和技术培训，提高从业人员的专业素质和技能水平，为数字生态系统的健康发展提供坚实的人才支撑。

8.2.2 打造开放型数字生态

在构建数字生态系统的过程中，打造一个开放型的数字生态显得尤为重要。开放型数字生态是指通过开放平台、开源技术和共享经济模式，吸引更多的参与者加入进来，形成一个更具活力和创新力的数字生态。这种类型的数字生态能够有效促进技术创新和商业模式创新，为企业和社会创造更多价值。

开放平台是开放型数字生态的基础。开放平台允许第三方开发者在其平台上开发应用程序或服务，为用户提供更多样化的产品选择。苹果公司的App Store就是一个典型的开放平台，吸引了大量的开发者为其开发各种应用程序。通过这种方式，不仅可以丰富用户体验，还能吸引更多用户关注平台。

对于企业主体而言，构建或融入开放平台架构，绝非仅为技术层面的选择，而是蕴含着深刻的战略意涵与发展契机。开放平台作为一种新型组织形态与资源配置机制，为企业拓宽合作边界、重塑价值创造路径提供了关键界面。企业能够借助开放平台生态系统，有效突破自身资源与能力的局限，选择性地接入外部合作伙伴所拥有的异质性优势资源，涵盖专业技术、特定数据集、细分市场渠道或特定领域知识。这种基于平台化的资源整合能力，显著加速了企业新产品从概念到市场的转化效率，或驱动现有产品与服务的快速迭代升级，降低了内部研发的沉没成本与试错风险。平台化的协同效应亦体现在市场拓展与品牌建设层面。通过与生态系统内其他参与者的战略合作或解决方案集成，企业得以触达更广泛的潜在客户群体，提升整合后的产品或服务组合的整体价值主张，进而驱动市场份额的增长。置身于一个活跃且具有影响力的数字生态之中，本身即构成一种品牌背书，能够显著提升企业的市场可见度与行业声誉。建设或积极参与开放平台生态，已构成众多企业在数字化转型浪潮中寻求竞争优势、实现非线性增长的核心战略部署之一。

开源技术则是开放型数字生态的重要组成部分。开源技术是指那些源代码公开的技术，任何人都可以根据自己的需求对其进行修改和完善。与闭源技术相比，开源技术具有更高的透明度和灵活性，能够更好地满足用户的个性化需求。由于众多开发者共同参与开发，开源项目往往拥有更强的生命力和稳定性。目前，许多知名的技术项目都是基于开源技术构建而成的，如 Linux 操作系统、MySQL 数据库等。对于企业而言，采用开源技术不仅可以降低成本，还能获得来自全球范围内开发者的支持，加快产品迭代速度。越来越多的企业开始重视开源技术的应用，并积极参与相关的社区活动。

共享经济模式也是开放型数字生态不可或缺的一部分。共享经济模式是指通过互联网平台将闲置资源进行整合利用，实现资源共享最大化。这种模式不仅可以提高资源利用率，还能创造新的经济增长点。在交通出行领域，共享单车、共享汽车等服务已经成为人们日常生活中不可或缺的一部分。它们不仅方便了人们的出行，还减少了城市交通拥堵问题。对于企业来说，共享经济模式同样带来了巨大的机遇。一是可以充分利用现有的资源，减少重复投资；二是还可以通过提供增值服务等方式增加收入来源。如何有效地利用共享经济模式，已经成为企业数字化转型过程中需要认真思考的问题之一。

构建并维系一个成功的开放型数字生态，要求企业实施深刻的内部战略重塑与外部关系管理变革。核心在于企业经营理念必须从传统的封闭边界、零和博弈思维，转向拥抱开放、协同与价值共创的生态系统范式。这种认知层面的根本转变，是企业参与并贡献于开放生态的前提，它要求企业认识到在互联互通的数字环境中，合作与竞争并非截然对立，网络效应与互补性资产的价值日益凸显。这种战略定位的调整，需进一步内化为组织层面的具体实践。建立合理的内部激励机制，激发员工参与外部开放平台建设、贡献开源项目、共享知识与资源的积极性，成为培育适应生态系统运作所需组织能力的关键举措。这不仅关乎调动个体创造力，更关乎构建支持开放创新的组织文化与学习机制。企业必须提升对外沟通协调的战略层级，超越简单的业务往来，致力于构建和维护与合作伙伴间基于信任的、稳健的长期关系。主动寻求并整合外部资源，与生态系统内的多元主体（包括技术提供商、互补品开发者，甚至竞争对手）进行有效协同，共同塑造生态系统的发展方向与治理规则，成为获取并维持生态位优势的必要条件。开放型数字生态的动态性与不确定性，要求企业具备高度的市场敏感性与战略灵活性。持续监测技术演进轨迹与市场需求变化，形成有效的战略预警与洞察能力，并据此快速调整自身资源配置与业务重心，是确保企业在复杂多变的市场竞争环境中保持韧性、实现可持续发展的动态能力基础。这四大要素——思维范式的转变、内部机制的适配、外部关系的营造以及动态能力的培育——相互关联、相互支撑，共同构成了企业成功融入并驱动开放型数字生态发展的战略基石。

开放型数字生态是未来产业发展的重要方向，它不仅能够促进技术创新和商业模式创新，还能为企业和社会创造更多价值。我们应该高度重视开放型数字生态的建设与发展，为传统产业的转型升级提供有力支持。

8.3 消费者需求变化对产业的影响

8.3.1 消费升级与个性化需求趋势

经济社会结构的发展与居民可支配收入水平的系统性提高，共同驱动了消费需求的深刻变革，呈现出鲜明的升级趋势与日益凸显的个性化特征。这一转变并非仅仅体现为购买总量的增长，更是一种涉及消费理念、行为模式、价值取向及需求结构的根本性范式迁移。消费升级的内涵超越了单纯的物质购买力提高，它标志着消费者从满足基本生存需求向追求更高层次的体验、发展与自我实现需求的结构性演进。传统以功能满足为核心的消费逻辑逐渐式微，取而代之的是对品质、品牌、设计、文化内涵、情感共鸣以及服务体验的全方位、高标准要求。这种需求结构的质变对传统产业的供给体系提出了严峻挑战，迫使其必须深刻理解并主动适应这一宏观趋势，在变革中识别并把握新的发展机遇，否则将面临被市场边缘化的风险。

消费升级首先表现为消费对象与结构的系统性优化。马斯洛需求层次理论的经典阐释在此得到印证，随着社会整体富裕程度的提高，消费重心正从以食品、衣物等基础生理与安全需求相关的物质产品为主，逐步转向与社交归属、尊重及自我实现需求相关的服务与体验型消费。健康管理、终身教育、文化旅游、娱乐休闲、心理咨询等领域的投入在居民消费支出中的占比持续攀升，反映了消费者对生活品质、个人成长与精神满足的日益重视。健身产业的兴盛、在线知识付费平台的崛起、体验式文化旅游项目的火爆，均是这一结构性转变的具体表征。这要求传统产业，特别是服务业，必须从提供标准化、同质化的基础服务，转向开发满足精神层面、发展层面需求的高附加值、体验化服务产品。即使在传统物质产品领域，消费升级也体现为对“质”的追求超越和对“量”的简单满足。消费者对产品的考量维度日益多元化，基础功能达标已是底线，产品的耐用性、安全性、环保性、工艺美学、设计独特性、品牌所蕴含的文化象征意义以及贯穿购买、使用、售后全流程的服务体验，共同构成了综合价值感知与购买决策的关键因素。低价竞争策略的有效性持续衰减，品牌溢价与品质溢价空间逐步打开，推动产业向价值链高端环节移动。

与消费结构升级并行且相互强化的，是个性化需求的爆发式增长。这一个性化浪潮的兴起，既是社会文化层面个体意识觉醒、追求自我表达与身份认同的必然结果，也得益于数智技术的革命性赋能。互联网技术，特别是移动互联网的普及，极大地拓宽了信息获取渠道，降低了搜寻成本，使消费者能够接触到前所未有的、极其丰富的商品与服务选择空间，为个性化需求的形成与表达提供了基础。更关键的是，以大数据、人工智能为核心的数智技术体系，为企业精准捕捉、理解并响应个体化需求提供了强大的工具支撑。物联网设备、线上行为追踪、社交媒体聆听、用户生成内容（UGC）分析等技术手段，使企业能够以前所未有的粒度与维度采集消费者数据，构建动态、立体的用户画像。基于这些海量、多维的数据，先进的机器学习算法，如协同过滤、深度学习模型等，能够进行精准的偏好预测、需求识别与行为模式分析，其精度远超传统的市场调研与经验判断。推荐引擎成为塑造个性化消费体验的核心基础设施，它不仅根据用户历史行为推送相关信息，更能主动挖掘潜在兴趣，引导需求发现，实现从“人找货”到“货找人”的模式转变。

数智技术的赋能不仅体现在需求端的精准洞察与匹配，更延伸至供给端的柔性化与定制化能力构建。工业互联网、智能制造（特别是柔性制造系统FMS、计算机集成制造 CIM）、增材制造（3D 打印）等先进制造技术的应用，使大规模个性化定制（Mass Customization）在经济上变得可行。企业能够在保持规模经济优势的同时，满足消费者对产品功能、规格、外观及设计的个性化需求。数字化设计平台、在线配置器等工具，进一步提升了用户参与感，消费者可以直接参与产品设计与定制过程，实现价值共创。这种供给侧的柔性化变革，是对传统标准化、大批量生产模式的颠覆，要求企业具备快速响应、敏捷制造与供应链协同的综合能力。

个性化需求的表现形式极其多样，贯穿消费的全过程。在产品层面，从服装的量身定制、汽车的选配组合，到电子产品的模块化设计、家居产品的个性化风格，定制化已成为重要的差异化竞争手段。在服务层面，个性化旅游线路规划、专属财富管理方案、定制化健康管理计划、个性化学习路径推荐等，均体现了服务供给向“千人千面”的精准化演进。消费场景与交互体验的个性化也日益重要。线上平台通过用户界面（UI）与用户体验（UX）的个性化设计，提升用户黏性；线下实体店则利用人脸识别、传感器技术等感知顾客身份与偏好，提供定制化的导购服务与场景体验；酒店业利用智能客房系统，根据客人习惯自动调节灯光、温度，推送个性化服务信息。这种全触点、全流程的个性化渗透，旨在构建无缝、愉悦、高度相关的消费体验闭环。

消费者日益增强的社会责任感与伦理意识，正成为影响其购买决策的又一关键变量，并对传统产业的运营模式与品牌建设提出新的要求。随着全球性环境问题（如气候变化、生物多样性丧失）、社会公平问题（如劳工权益、供应链透明度）日益受到公众关注，以及可持续发展理念的广泛传播，消费者，特别是年青一代（如千禧一代、Z世代），在作出消费选择时，不再仅仅考量产品本身的性价比或品牌形象，而是越来越多地将企业的环境、社会和治理（ESG）表现纳入评价体系。他们倾向于支持那些在环境保护、资源节约、公平贸易、动物福利、社区贡献等方面展现出积极作为的企业与品牌。这种“价值观消费”或“伦理消费”的趋势，使企业的社会责任履行状况从以往的

“加分项”逐渐转变为市场准入的“必需项”或核心竞争力的组成部分。

消费者对企业社会责任的关注具体体现在多个方面。对产品本身，他们要求使用环保、可再生的原材料，采用清洁生产工艺，减少包装浪费，并关注产品全生命周期的环境足迹。对供应链，他们要求企业确保供应商遵守劳工标准，反对雇用童工或强制劳动，保障供应链各环节的透明度与可追溯性，确保原料来源的合规性与可持续性（如可持续棕榈油、FSC 认证木材等）。对企业运营，他们关注企业的碳排放水平、能源效率、水资源管理、废弃物处理等环境绩效，以及企业在促进性别平等、员工福祉、社区发展等方面的社会贡献。对品牌沟通，他们要求企业在 ESG 信息披露方面保持真实、透明，警惕“漂绿”（Greenwashing）行为，并期待品牌能够积极倡导和践行可持续的生活方式。

数智技术在此背景下，既为企业履行社会责任、提升 ESG 表现提供了新的工具与可能性，也为消费者监督企业行为、获取相关信息提供了便利。区块链技术凭借其不可篡改、透明可追溯的特性，被广泛应用于构建可信的供应链溯源系统。消费者可以通过扫描产品上的二维码，追溯产品从原料种植 / 养殖、生产加工到物流运输的全过程信息，验证其“有机”“公平贸易”“无动物实验”等声明的真实性。物联网传感器可以部署在生产现场、物流环节乃至产品使用阶段，实时监测能耗、排放、环境参数等数据，为企业的精细化环境管理、碳足迹核算以及环境绩效报告提供客观依据。人工智能与大数据分析可以用于优化生产调度、物流路径，提高资源利用效率，减少能源消耗与碳排放；也可以用于分析消费者对可持续产品的偏好，指导绿色产品研发与营销策略。数字平台，如企业官网、社交媒体、专门的 ESG 评级网站等，成为企业披露社会责任信息、与利益相关者沟通互动的重要渠道，也为消费者、投资者、监管机构提供了评估企业 ESG 表现的便捷途径。

面对消费者社会责任意识的觉醒，传统产业的转型升级必须将可持续发展理念深度融入其核心战略与日常运营中。这不仅仅是应对外部压力、满足合规要求的被动之举，更是塑造品牌差异化优势、赢得消费者信任与忠诚、实现长期价值创造的主动选择。企业需要系统性地审视自身在环境、社会、治理各方面的表现，识别关键风险与机遇，制定明确的可持续发展目标与制订行动计划。这可能涉及对产品设计理念的革新（如推行生态设计、循环设计）、对生产工艺的绿色化改造、对供应链的负责任管理、对员工权益的保障与提升、对社区关系的积极维护，以及建立透明、规范的公司治理结构。将可持续发展绩效纳入企业战略目标与高管薪酬考核体系中，确保其得到有效执行。通过真实的行动与透明的沟通，塑造负责任、可信赖的品牌形象，与具有相同价值观的消费者建立深层次的情感连接。

消费升级、个性化需求崛起以及社会责任意识增强这三大趋势相互交织、相互影响，共同构成了驱动传统产业变革的核心外部力量。数智技术在其中扮演了关键的赋能角色，它既是满足个性化需求、提升服务体验的技术基础，也是企业实现绿色转型、履行社会责任的重要工具。传统产业面对的已不再是单一维度的市场挑战，而是一个需要系统性、战略性应对的复杂局面。企业必须摒弃传统的大规模、标准化、以产品为中心的生产与营销范式，转向以用户为中心、以数据为驱动、以体验为导向、以可持续发展为根基的全新发展模式。这要求企业不仅要进行技术层面的数字化、智能化改造，更要推动组织架构、业务流程、企业文化乃至战略思维的深层次变革。需要培养跨界融合的复合型人才，建立敏捷响应市场变化的组织机制，构建开放协作的产业生态，并将经济效益、社会效益与环境效益的协同统一作为衡量发展质量的根本标准。只有那些能够深刻洞见消费者需求演变规律，并善于运用数智技术进行前瞻性布局与系统性创新的传统产业企业，才能成功驾驭这场变革浪潮，在激烈的市场竞争中实现可持续的繁荣与发展。

8.3.2 如何适应消费者行为的变化

传统产业面对消费者行为模式的系统性变迁，其适应性策略的构建必须超越被动响应，转向基于深刻洞察与前瞻布局的主动塑造。消费升级、个性化浪潮及社会责任意识的提升，共同构成了驱动产业变革的外部压力场，要求企业在价值创造、传递及沟通的各个环节进行根本性重构。数智技术在此过程中扮演着核心赋能角色，为传统产业提供了感知变化、理解需求、优化供给、重塑体验的关键工具与方法论支撑。适应消费者行为变化的路径并非单一策略的简单叠加，而是一个涉及市场洞察、产品服务、营销互动、品牌建设乃至组织文化的系统性工程。

深度市场洞察与数据驱动决策构成了适应性调整的认知基础。传统依赖周期性市场调研与经验判断的模式，已无法满足实时、动态、细粒度理解消费者的需求。数智技术的发展极大地拓宽了市场信息获取的边界与深度。企业应构建全渠道、多触点的消费者数据采集体系，整合线上行为数据（网页浏览、App 使用、社交互动、交易记录）、线下交互数据（门店客流、会员信息、服务反馈）、物联网设备产生的用户使用数据以及外部第三方数据等多源异构信息。关键在于运用先进的数据分析与挖掘技术，将原始数据转化为具有战略价值的消费者洞察。大数据分析平台结合机器学习、自然语言处理（NLP）、情感分析等人工智能算法，能够实现对消费者偏好、潜在需求、决策路径、意见反馈乃至文化价值观的精准画像与动态追踪。预测性分析模型可用于需求预测、市场趋势研判、用户流失预警；聚类与分类算法则支持精细化的用户分群，识别高价值细分市场；关联规则挖掘可揭示购买行为模式，指导交叉销售与产品组合策略。A/B 测试等在线实验方法则为产品迭代、营销策略优化提供了快速验证与迭代的闭环反馈机制。这种以数据智能为核心的市场洞察能力，使企业能够超越表面现象，理解消费者行为背后的深层动机与逻辑，从而制定出更具前瞻性、精准性与有效性的产品、服务与市场策略，实现从“经验驱动”向“数据驱动”决策范式的根本转变。

产品品质的持续提升与服务体验的全方位优化，是赢得并维系消费者信任的基石。在消费升级的背景下，消费者对产品功能性的基础要求已然得到了满足，其关注点转向可靠性、安全性、耐用性、设计美学以及品牌所传递的综合价值。传统产业必须将质量管理理念贯穿研发设计、生产制造、供应链协同直至售后服务的全生命周期。数智技术为实现这一目标提供了有力支撑。在研发设计阶段，计算机辅助设计、工程仿真以及数字孪生技术，允许在虚拟环境中进行多方案评估与性能优化，加速创新迭代，提高设计质量。基于用户使用数据（如通过 IoT 设备收集）的反馈，可直接驱动产品功能的改进与用户体验的优化。在生产制造环节，智能制造体系通过部署传感器网络实现对生产过程关键参数的实时监控与预警，结合机器视觉等技术进行自动化质量检测，大幅降低了人为因素导致的缺陷率。预测性维护技术通过分析设备运行数据，提前预判故障风险，减少因设备意外停机对生产连续性与产品一致性的影响。区块链技术可用于构建产品质量溯源系统，增强透明度，增强消费者对产品品质的信任。服务体验的优化则要求企业构建以客户为中心的、无缝衔接的全渠道服务体系。数智技术赋能的服务创新体现在多个层面。人工智能驱动的聊天机器人与虚拟助手可提供 7 × 24 小时的即时响应，处理标准化咨询与服务请求，提高服务效率，降低人力成本。整合了所有客户交互历史与偏好信息的 CRM 系统，使服务人员能够提供更具个性化与情境化的支持。物联网技术支持设备的远程诊断与预警，实现主动式、预防性服务。增强现实技术可辅助现场服务工程师进行复杂设备的维修指导，提高首次修复率。通过对服务流程数据的分析，企业可以识别服务瓶颈与客户痛点，持续优化服务流程设计，最终实现卓越的客户体验，构筑强大的品牌护城河。

营销渠道的数字化整合与互动模式的创新，是有效触达并吸引现代消费者的必然路径。移动互联网与社交媒体的普及彻底改变了消费者的信息获取习惯与购买决策路径，传统以线下渠道为主、单向信息传播的营销模式效能锐减。传统产业必须拥抱数字化转型，构建线上线下一体化（OMO/O2O）的全渠道营销体系。这意味着不仅要拓宽线上销售渠道（如自建电商平台、入驻第三方平台、社交电商等），更要实现线上线下渠道在信息、商品、服务、会员体系等方面的无缝融合与协同。消费者应能在不同渠道间自由切换，获得一致性的品牌体验与服务支持。数智技术是实现全渠道整合与个性化营销的关键。统一的客户数据平台（CDP）整合来自各渠道的用户数据，形成360度用户视图，为精准营销奠定基础。营销自动化工具利用AI/ML算法，根据用户画像、行为阶段与偏好，自动化地推送个性化内容、优惠信息与服务提醒，实现千人千面的精准沟通。程序化广告投放平台利用大数据与算法，实现广告在合适的时间、合适的渠道精准触达目标受众，提升营销ROI。内容营销与社交媒体互动成为建立品牌认知、培养用户关系的重要手段。企业需利用数据洞察指导内容创作，并通过社交聆听工具监测传播效果与用户反馈，及时调整策略。短视频、直播电商等新兴渠道的兴起，为品牌提供了更具沉浸感、互动性的营销方式。虚拟现实、增强现实技术也开始被应用于营销场景，如虚拟试穿 / 试用、品牌体验馆等，创造新颖独特的互动体验。促销方式同样需要智能化升级，利用数据分析优化促销活动的类型、力度、时机与目标人群，实现促销资源的精准投放与效果最大化。

品牌形象的塑造与企业文化的建设，在增强消费者情感认同、构建长期竞争优势方面扮演着日益重要的角色。良好的品牌形象不仅是产品质量与服务的保证，更是企业价值观、文化理念与社会责任感的综合体现。传统产业需要从战略高度审视品牌建设，明确品牌的核心价值主张与目标受众，塑造独特、清晰、具有吸引力的品牌个性。数智技术为品牌建设与传播提供了新的工具与平台。通过社交媒体聆听与网络舆情监测系统，企业可以实时掌握品牌声誉状况、了解消费者对品牌的认知与情感态度，及时发现并应对潜在的声誉风险。数据分析可用于精准定位目标受众，并通过多元化的数字渠道（社交媒体、内容平台、短视频等）进行有针对性的品牌故事讲述与价值沟通。构建品牌私域流量池，通过会员计划、社群运营等方式，与核心用户建立更深层次的连接与互动，培养品牌忠诚度。企业文化作为品牌形象的内在支撑，其塑造同样重要。倡导创新、以客户为中心、拥抱变革、注重协作、强调社会责任的企业文化，不仅能激发员工的归属感与创造力，也能通过员工行为、产品服务以及外部沟通，在潜移默化中传递给消费者，形成积极的品牌联想。内部数字化平台可用于企业文化的传播、员工培训与互动，强化价值观认同。在消费者社会责任意识提升的背景下，企业将可持续发展理念融入品牌核心价值，并通过透明、可信的方式（如利用区块链进行供应链溯源、发布翔实的 ESG 报告）对外沟通，有助于建立负责任、值得信赖的品牌形象，赢得具有相同价值观的消费者的深度认同。

传统产业适应消费者行为变化的策略体系是一个多维度、动态演进的系统工程。它要求企业以深度市场洞察为基础，依托数智技术的全面赋能，在产品质量、服务体验、营销互动、品牌建设等各个层面进行系统性创新与优化。这不仅是应对市场竞争、满足消费者需求的战术性调整，更是企业实现从传统模式向以数据智能驱动、以用户体验为核心、以可持续发展为导向的新范式转型的战略性抉择。这一转型过程伴随着对企业现有技术能力、组织结构、运营流程乃至文化基因的深刻挑战，需要领导层展现出坚定的战略决心与持续的变革魄力，构建敏捷适应、持续学习的组织能力，以在快速变化的消费市场中保持韧性，赢得长期的竞争优势。

8.4 可持续发展与绿色转型的重要性

8.4.1 可持续发展的具体实施路径

可持续发展范式已构成全球共识与时代议题的核心，对传统产业的既有发展模式形成了结构性挑战，同时也指明了转型升级的根本方向。工业文明长期因循的线性增长路径，以高强度的资源开采、能源消耗及废弃物排放为代价，其外部性成本日益显现，资源约束趋紧、环境承载力逼近极限、气候变化风险加剧等全局性问题，迫使传统产业必须进行深刻的自我革命。实现可持续发展目标，要求传统产业超越单纯追求经济效益最大化的单一维度目标，转向经济、社会、环境三重底线的协同优化。这并非权宜之计或外部附加约束，而是关乎产业长期生存能力、核心竞争力重塑以及社会合法性维系的内在战略需求。达成此目标需要系统性的路径设计与多维度的策略实施，涵盖技术体系、管理模式、政策环境、市场机制及国际合作等多个层面，旨在引导传统产业向资源节约、环境友好、循环再生、低碳排放的新型发展轨道迁移。

技术创新体系的绿色化转型是实现可持续发展的核心引擎。传统产业的技术轨道往往锁定于高能耗、高物耗的成熟工艺，路径依赖效应显著。要突破此困境需实施系统性的绿色技术创新战略，涵盖生产过程与产品本身两个维度。过程创新聚焦于提高资源能源利用效率、削减污染物产生与排放。清洁生产技术的导入是关键，这不仅包括末端治理技术的升级（如高效除尘、脱硫脱硝、废水深度处理），更强调源头预防与过程控制。通过工艺流程优化、能量梯级利用、水资源循环利用、余热余压回收等手段，实现生产全过程的物耗、能耗最小化。工业生态学原理的应用，如构建企业内部或区域性的物质闭环循环系统，推动副产品、废弃物的资源化利用，变废为宝，是过程创新的重要方向。产品创新则遵循生态设计理念，将环境因素系统性地纳入产品设计、研发、制造、使用直至废弃处置的全生命周期。这要求在产品设计阶段即考虑材料的可持续性（选用可再生、可回收、低毒性材料）、能源效率（降低使用阶段能耗）、耐用性与可维修性（延长产品寿命）、易拆解性与可回收性（便于产品报废后的资源回收）。生命周期评价等工具的应用，为评估不同设计方案的环境影响提供了科学依据。新材料的研发与应用，特别是生物基材料、高性能复合材料、环境友好型替代材料的开发，对于降低产品环境足迹具有重要意义。能源系统的深度脱碳是绿色技术创新的关键领域，包括提高化石能源利用效率、大力发展可再生能源（如厂区光伏、风电、地热能）替代以及探索工业流程电气化、氢能应用等前沿技术路径。战略性的研发投入、产学研协同攻关以及对绿色技术知识产权的有效保护，共同构成了技术创新体系的基础支撑。

管理模式的系统性优化是保障可持续发展战略有效落地的组织基础。粗放式的管理方式难以适应精细化、系统化的可持续发展要求。企业需建立并持续改进环境管理体系（EMS），如遵循 ISO 14001 标准，将环境目标与指标纳入企业整体战略规划与运营管理流程，明确各层级、各部门的环境责任，建立环境绩效的监测、评估与改进机制。将环境管理与质量管理（QMS）、职业健康安全管理（OHSMS）等体系进行整合，构建一体化管理体系，有助于提高管理效率与协同效应。“精益生产”与“绿色制造”理念的融合，即“精益绿色”（Lean and Green），旨在同步消除生产过程中的各种浪费（包括时间、物料、能源、排放等），实现经济效益与环境效益的双赢。绿色供应链管理（GSCM）将可持续发展要求向上游供应商与下游客户延伸，通过制定绿色采购标准、开展供应商环境绩效评估与辅导、优化物流运输方式（如多式联运、绿色包装)、建立产品回收与再利用渠道等方式，推动整个价值链的绿色化转型。可持续发展绩效的量化衡量与透明报告日益重要。企业需建立科学的指标体系，核算自身运营的碳足迹、水足迹、资源消耗强度、废弃物产生量等关键环境绩效，并定期发布可持续发展报告（遵循 GRI、SASB 等国际通用标准），向投资者、客户、监管机构及社会公众披露相关信息，接受外部监督，提升企业透明度与公信力。构建积极的可持续发展企业文化至关重要。通过高层领导的持续倡导、全员培训与意识提升、将环境责任纳入员工绩效考核与激励机制、鼓励员工参与节能降耗与环保创新活动等方式，将可持续发展理念内化为组织的核心价值观与员工的自觉行动。

有利的政策法规环境与有效的市场机制是引导和激励传统产业实施可持续发展路径的关键外部条件。政府需运用多元化的政策工具箱，为产业绿色转型提供清晰的信号与稳定的预期。强制性法规，如环境准入标准、污染物排放限值、落后产能淘汰目录、特定有害物质禁用指令等，构成了环境治理的底线要求。市场化激励机制，如碳排放权交易体系（ETS)、碳税、排污权交易、环境税费、对可再生能源与节能技术的财政补贴、绿色信贷、绿色债券、绿色公共采购等，通过将环境成本内部化或提供经济激励，引导企业主动采取减排与节能措施。信息公开与自愿性计划，如企业环境信息强制披露、产品环境标志认证（生态标签)、行业自愿减排协议等，利用市场声誉机制与社会监督力量，促进企业提升环境绩效。一个设计良好、协同一致、长期稳定的政策组合，对于引导大规模绿色投资、推动技术扩散、克服市场失灵至关重要。市场机制本身也在发挥日益重要的作用。消费者对绿色、可持续产品的偏好增强（“绿色消费”)，形成了对企业供给侧的“市场拉动”效应。投资者将环境、社会和治理（ESG）因素纳入投资决策框架（“ESG 投资”)，对企业的可持续发展表现施加压力，并为表现优异的企业提供更低的融资成本。企业间的竞争也促使领先者通过率先采用绿色技术、打造绿色品牌来获取差异化优势。积极主动地与各类利益相关者（包括投资者、客户、员工、社区、NGOs、政府等）进行沟通对话，理解其期望与关切，建立互信合作关系，共同应对可持续发展挑战，成为企业提升社会合法性与长期韧性的重要途径。

循环经济模式的全面导入，是传统产业实现可持续发展的根本性路径转变。它要求超越传统的“获取—制造—废弃”线性经济模式，转向以资源闭环循环为核心的“再设计—再利用—再制造—再循环”模式。这不仅是废弃物管理问题，更是涉及产品设计、商业模式、供应链结构乃至消费方式的系统性变革。产品层面需践行循环设计原则，优先选用耐用、模块化、易于修复和拆解的材料与结构，延长产品物理寿命与价值寿命。商业模式创新是关键，探索从销售产品向提供服务转型（如“产品即服务”PaaS 模式），推行租赁、共享、按需付费等模式，使制造商保留产品所有权并负责其全生命周期管理，从而有动力进行优化设计与回收利用。构建高效的逆向物流体系与回收处理基础设施，对废旧产品进行收集、分类、拆解、修复、再制造或材料回收，实现资源的闭环流动。跨产业共生网络的建设，促进不同企业间废弃物、副产品、能源的交换利用，形成区域性的资源循环生态系统。

在全球化背景下的国际合作是加速传统产业可持续发展进程的重要补充路径。气候变化、生物多样性丧失、跨界污染等环境问题具有全球公共物品属性，任何单一国家难以独立解决，需要国际社会协同应对。传统产业可以通过引进、消化吸收国际先进的节能环保技术、清洁生产工艺与循环经济模式，实现技术跨越。参与国际性的联合研发项目，共同攻关低碳技术、负排放技术等前沿领域，分摊研发成本与风险。积极参与全球环境治理进程，遵守国际环境公约（如《巴黎协定》），对接国际可持续发展标准与倡议。通过参与国际论坛、行业组织活动，分享最佳实践，学习他国成功经验。加强在绿色金融、碳市场连接、可持续供应链管理等领域的国际合作，共同构建公平合理、合作共赢的全球环境治理体系。

传统产业实现可持续发展的具体实施路径是一个多维度、系统性的工程，绝非单一措施所能奏效的。它要求将技术创新作为核心驱动力，进行生产过程与产品的绿色化再造；将管理优化作为组织保障，建立健全环境管理体系、绿色供应链与可持续发展文化；将政策法规与市场机制作为外部引导与激励，营造有利的宏观环境；将循环经济作为根本模式转变，实现资源的闭环高效利用；将国际合作作为重要补充，汇聚全球智慧与资源共同应对挑战。这些路径相互关联、相互支撑，需要政府、企业、科研机构、金融机构、社会组织以及公众等多元主体的协同努力与长期坚持，方能推动传统产业成功实现向绿色、低碳、循环、可持续发展模式的深刻转型，最终实现经济繁荣、社会公平与环境健康相统一的宏伟目标。

8.4.2 数智技术打造绿色制造新范式

数智技术体系正驱动传统制造业向绿色制造新范式进行系统性跃迁，这不仅是应对全球环境约束与可持续发展压力的必然选择，更是产业转型升级、重塑核心竞争力的关键路径。信息技术与智能化能力的深度融合，为制造业带来了超越传统效率提高与成本削减的环境绩效改善机遇。数智技术的应用使绿色制造不再局限于末端治理或局部优化，而是内嵌于产品设计、生产运营、供应链协同乃至商业模式创新的全过程，构建了一个以数据驱动、智能决策、系统优化为核心特征的全新制造哲学与实践框架。

资源利用效率的根本性提高构成了数智赋能绿色制造的基础维度。传统制造模式固有的信息不透明与控制滞后性，导致了显著的原材料、能源及水资源浪费。数智技术通过部署广泛的物联网传感器网络，实现了对生产现场各类要素消耗与状态参数的实时、精准感知。这些海量数据流汇入工业互联网平台，结合大数据分析与人工智能算法，能够对资源利用模式进行深度诊断，精准识别能耗热点、物料损耗环节与效率瓶颈。预测性维护模型的应用，通过提前预警设备故障，避免了非计划停机带来的能源空耗与物料报废。更进一步地，数字孪生技术能够在虚拟空间中构建生产线乃至整个工厂的高保真模型，支持对不同工艺参数、调度方案、设备组合下的资源效率进行仿真优化，实现“设计即优化”。AI 驱动的能源管理系统能够动态调整设备运行状态、优化工艺参数（如加热温度、反应时间），甚至与外部智能电网互动，实现工厂级乃至跨工厂的能源供需平衡与梯级利用，最大限度地降低单位产出的资源消耗强度。这种基于实时数据反馈与智能算法优化的闭环控制，将资源效率管理提高至前所未有的精细化与主动化水平。

环境污染的源头削减与过程智能管控是数智技术驱动绿色制造的核心体现。传统环保措施往往侧重于末端处理，成本高昂且效果有限。数智技术则推动污染治理向源头预防与过程控制转变。通过对生产工艺进行数字化建模与仿真，可以在设计阶段评估不同工艺路线的环境影响，选择本质更清洁的生产方式。在生产过程中，高精度传感器实时监测关键排放指标（如废气成分、废水 COD），结合 AI 算法分析工艺参数与污染物生成之间的复杂关联，实现对生产过程的智能调控，从源头上减少污染物的产生。例如，在化工过程中优化反应条件，在燃烧过程中优化空燃比，以最大限度地降低有害副产物或排放物的生成率。智能环保监测系统能够对厂区及周边的环境质量进行全天候、网格化监控，一旦发现异常排放或环境超标事件，系统可自动预警并触发应急响应预案。AI 模型还能基于历史数据与气象条件，预测污染物扩散趋势，为环境风险管理与应急决策提供科学支持。数智技术赋能的污染治理体系，实现了从被动监测、末端处理向主动预测、源头削减、过程智能控制的深刻转变。

数智技术为构建闭环的循环经济模式提供了关键的基础设施与使能工具。传统线性经济“获取—制造—抛弃”模式导致资源枯竭与废弃物剧增。

数智技术通过提高信息透明度、优化物流效率、创新商业模式，促进资源在产品全生命周期内的循环利用。物联网与标识技术（如RFID、二维码）的应用，使产品及其关键零部件具备了唯一的数字身份，其材料构成、制造信息、使用历史、维修记录等数据得以在全生命周期中被追踪与记录，形成“数字产品护照”。这为废旧产品的精准分类、拆解、回收与再利用提供了基础信息支撑。区块链技术则以其去中心化、不可篡改的特性，为构建可信的材料溯源与循环记录系统提供了可能，增强了再生材料市场的透明度与交易效率。大数据平台能够整合区域内或跨区域的废弃物产生信息与再生资源需求信息，通过智能匹配算法促进工业共生网络的形成，实现废弃物的“变废为宝”。数智技术还支撑了产品即服务（PaaS）、共享使用等新型商业模式的兴起，通过提高产品的使用效率与延长生命周期，从需求侧减少了对新产品的物质消耗。

绿色供应链管理的数字化与智能化是实现产业整体绿色转型的关键环节。供应链的环境足迹往往远超单一企业内部。数智技术通过构建数字化的供应链协同平台，打通了上下游企业间的信息壁垒，实现了环境绩效数据的实时共享与透明化管理。企业可以借助平台对供应商的环境合规性、资源效率、碳排放等进行评估与筛选，将绿色标准纳入采购决策。区块链技术可用于构建可信的供应商环境绩效存证与追溯体系，防止“漂绿”行为的发生。通过对供应链全链路数据的分析，可以识别物流运输、仓储管理等环节的碳排放热点，利用AI算法优化运输路径、仓储布局与库存策略，实现供应链整体的碳减排与效率提高。数字化平台还促进了供应链伙伴间的绿色协同创新，如共同开发环保材料、推广节能技术、建立联合回收体系等。数智技术驱动的绿色供应链管理，将环境责任从单一企业延伸至整个价值网络，推动了产业生态系统的整体绿色化进程。

数智技术不仅直接作用于生产制造环节，还在更广泛的层面促进绿色制造理念的普及、绿色消费的引导以及绿色品牌形象的塑造。虚拟现实与增强现实技术能够创建沉浸式的绿色工厂参观或产品生命周期体验，向员工、消费者及社会公众直观展示绿色制造的实践与成效，提升环境意识。在线教育平台与专业社区可以高效传播绿色制造相关的知识、技能与最佳实践，加速绿色人才的培养。社交媒体与数字营销工具则成为企业沟通其可持续发展承诺、展示绿色产品特性、与消费者进行价值互动的重要渠道。通过数据分析精准定位关注环保议题的消费群体，推送定制化的绿色营销信息，引导可持续消费行为。企业通过在数字化渠道上透明、可信地展示其在节能减排、环境保护、社会责任等方面的真实努力与成果，能够有效构建差异化的绿色品牌形象，赢得具有环保意识的消费者的信任与偏好，从而在市场竞争中获得可持续的优势。

数智技术正以其系统性、智能化的赋能方式，深刻重塑传统制造业的绿色发展路径，打造出一个全新的绿色制造范式。这一新范式超越了传统环保措施的局限性，将环境考量融入从研发设计到供应链协同、从生产运营到消费引导的全价值链环节，通过数据驱动的精细化管理、智能化决策与系统性优化，实现了经济效益、环境效益与社会效益的协同提升。传统产业必须主动拥抱数智技术，将其作为实现绿色转型与可持续发展的核心战略工具，积极探索符合自身特点的绿色制造模式创新，只有不断提升全生命周期的环境绩效，方能在全球绿色浪潮与日趋激烈的市场竞争中把握主动，实现高质量、可持续的未来发展。

CHAPTER NINE

第九章

结论与展望

9.1 数字智能技术赋能传统产业的总体成效与影响

9.1.1 数智技术对传统产业经济增长的贡献

数智技术体系作为一种革命性的通用目的技术（General Purpose Technology），其在传统产业部门的渗透与融合，已不再仅仅是局部的效率改进或成本优化，而是深刻重塑了产业增长的动力机制与基本范式，构成了驱动经济增长的核心引擎之一。对数智技术赋能传统产业转型升级过程的经济成效进行系统考察，揭示了其在提高全要素生产率（Total Factor Productivity，TFP）、促进资本深化与质量提高、激发创新活力以及优化市场运行效率等多个维度上的显著贡献，共同为传统产业注入了可持续的内生增长动力。

生产效率的突破性提高是数智技术赋能最直观的经济体现。通过引入工业机器人、自动化产线、智能传感与控制系统，结合物联网实现的设备泛在互联与数据实时采集，制造过程的自动化、智能化水平得到极大提高。这不仅直接替代了部分重复性、低效能的人力劳动，提高了劳动生产率，更关键在于通过优化生产节拍、减少非计划停机、降低次品率，显著提高了资本设备的利用效率与产出稳定性。大数据分析与人工智能算法的应用，使生产流程得以精细化建模与动态优化。智能排产系统能够基于实时订单需求、物料可用性、设备状态等多维约束，动态生成最优生产计划，最大限度地减少了库存积压、生产周期与资源闲置，实现了运营成本的显著降低。这种由数据驱动的精准控制与过程优化，超越了传统管理模式的局限，是 TFP 提升的关键来源。

数智技术显著促进了资本深化，更重要的是提高了资本的质量与效率。企业对数智基础设施（如云计算平台、数据中心、工业互联网）和智能化设备的大规模投资，本身构成了资本存量的扩张。这些新型资本品内嵌了信息处理、智能决策与网络协同能力，其生产效率远高于传统机械设备。智能化资本的应用能够放大其他生产要素（如劳动力、原材料）的贡献，产生乘数效应。数智技术赋能下的资本投资，其边际产出更高，折旧速度可能因技术快速迭代而加快，对经济增长核算提出了新的考量。

创新活力的激发是数智技术对经济增长贡献的核心机制。作为一种智能技术，数智技术降低了创新的门槛，加速了知识的创造、传播与应用。大数据分析能力使企业能够更精准地洞察市场未满足的需求、预见技术发展趋势，为产品创新和服务创新提供了方向。AI 在研发设计环节的应用（如辅助设计、仿真测试、新材料发现）显著缩短了创新周期，降低了研发成本与风险。数字平台模式促进了跨组织、跨地域的协同创新，形成了开放的创新生态系统。数智技术与传统产业知识的融合，催生了大量新产品、新服务、新业态乃至全新的产业领域（如前述金融科技、智慧农业、智能制造服务化等）。这种熊彼特式的创造性破坏与结构升级，是经济实现长期增长的根本动力。实证研究数据清晰地揭示了数智化转型与企业绩效之间的强相关性。对规模以上工业企业的追踪分析表明，积极部署数智化改造的企业，在营业收入增长率与利润总额增长率等关键财务指标上，系统性地优于未进行转型的同类企业，这种绩效差异验证了数智技术对企业盈利能力和市场竞争力的实质性提升作用。

市场运行效率的改善是数智技术带来的重要经济贡献。数字化平台极大地减少了信息不对称问题，减少了市场搜寻成本与交易成本。供应链管理系统通过实时数据共享与协同预测，优化了库存管理，平滑了供需波动（如缓解“牛鞭效应”），提升了整个价值链的响应速度与韧性。电子商务平台打破了地域限制，拓宽了市场范围，促进了竞争，提高了资源配置效率。移动支付、在线金融服务等降低了金融交易的门槛与成本，促进了普惠金融发展。这些机制共同作用，使市场机制能够更有效地引导资源流向高效率部门与创新活动，整体上提高了经济运行的效率。

数智技术的广泛部署还产生了显著的宏观与结构性影响。对数字基础设施（如 5G 网络、光纤宽带、数据中心）的大规模投资，本身就构成了重要的经济增长点，并产生了显著的产业关联效应与就业带动作用。数智化转型对劳动力市场结构提出了新的要求，一方面替代了部分常规性、低技能岗位，另一方面创造了大量与数据分析、算法开发、系统维护、数字营销等相关的高技能岗位需求。这要求劳动力技能结构的同步升级，并可能影响收入分配格局。数智技术的应用能加速区域经济发展格局的分化，拥有良好数字基础设施、人才储备和产业基础的地区可以更快地从数智化转型中获益，形成数字经济发展的集聚效应，需要关注区域间的数字鸿沟问题。

数智技术已成为驱动传统产业经济增长范式转换的核心力量。它通过提高生产率、优化资本配置、激发创新潜能、改善市场效率等多重路径，为传统产业注入了强大的增长动能，并引发了深刻的结构性变革。理解并量化这些贡献机制，对于制定有效的产业政策、引导企业战略、促进经济高质量发展具有至关重要的意义。数智赋能的经济影响是复杂且动态演进的，对其效益的全面评估与潜在风险的前瞻性管理，将是未来研究与实践持续关注的重点。

9.1.2 社会效益分析：数智赋能驱动社会价值提升

数智技术体系对传统产业的赋能效应，其意义远超纯粹的经济增长指标，深刻地体现在对社会结构、公共福祉与可持续发展能力的系统性提升上。该技术范式通过重塑生产关系、优化资源配置模式、创新公共服务供给机制，驱动社会价值的多元化创造与实现，对促进社会公平、改善民生质量、增强社会韧性发挥着不可替代的作用。对其社会效益的分析需要超越经济产出的单一维度，深入考察其在劳动力市场演变、生态环境保护、公共服务现代化以及社会包容性等多个层面的复杂影响。

劳动力市场的结构性调整是数智技术应用引发的最显著社会效应之一。自动化与智能化技术的引入，在替代部分以重复性、流程化为特征的传统岗位的同时，催生了大量与数据科学、算法工程、智能系统运维、数字内容创作、平台管理等相关的新兴职业。官方统计数据亦印证了数智化项目对新增就业的贡献。这一过程并非简单的岗位替代，而是对工作任务、技能需求的深刻重构。技能偏向型技术变迁（Skill-Biased Technical Change）的特征日益明显，市场对具备高级认知能力、数字素养、人机协作能力以及创造性解决复杂问题能力的劳动者需求激增，而对中低技能、常规性任务型劳动力的需求相对萎缩。这种结构性转变对现有劳动力市场的技能储备提出了严峻挑战，短期内可能加剧结构性失业与收入分化。从更长远的社会发展视角审视，这种调整也蕴含着提升整体劳动力素质、推动人力资本积累、促进社会向知识经济与创新驱动模式转型的契机。有效管理这一转型过程，通过建立健全终身学习体系、职业技能再培训机制以及社会保障网络，最大限度地降低转型阵痛，确保劳动者能够适应新的技能需求，是实现技术进步与社会包容性发展协同的关键。

数智技术为环境保护与绿色低碳转型提供了前所未有的技术支撑，其社会效益体现在生态系统服务功能的维护与人居环境质量的改善上。基于物联网的泛在感知网络与大数据分析平台，能够实现对工业能耗、物料消耗、污染物排放在线监测的精细化与实时化，为企业实施节能减排、推行清洁生产提供了精确的决策依据。智能优化算法能够动态调整生产工艺参数、优化能源调度方案，从源头上减少资源浪费与环境负荷。智慧环保监管平台的建设，扩大了环境监测的覆盖范围、提高了环境监测的预警能力与执法效率，增强了环境治理体系的效能。数智技术还在推动循环经济发展中扮演着关键角色，通过产品溯源、废弃物智能分选、再生资源供需匹配等功能，促进资源闭环利用，降低经济活动对原生资源开采的依赖。这些应用共同作用，有助于缓解传统产业发展带来的环境压力，改善空气、水体、土壤质量，维护生物多样性，为实现国家“双碳”目标与联合国可持续发展议程贡献力量，其最终受益者是整个社会。

公共服务供给的现代化与效率提高是数智技术增进民生福祉的直接体现。电子政务平台的普及，特别是以“一网通办”、移动端应用为代表的服务模式创新，极大地简化了行政审批流程，缩短了办事周期，降低了公民与企业获取公共服务的成本与时间，提升了政府服务的便捷性、透明度与响应性。在医疗健康领域，远程诊疗技术突破了地理空间限制，使优质医疗资源得以向基层和偏远地区延伸，缓解了医疗资源分布不均的问题；人工智能辅助诊断系统提高了诊断的准确性与效率；基于可穿戴设备与健康大数据的个性化健康管理服务，推动医疗模式从疾病治疗向健康促进前移。在教育领域，在线教育平台打破了传统课堂的时空壁垒，丰富了学习资源供给，为学习者提供了更加灵活、个性化的学习路径，促进了教育公平与终身学习体系的构建。这些智能化、便捷化的公共服务改善，直接提升了公民的生活品质与满意度。

数智技术在促进区域协调发展与社会包容性方面亦展现出潜力。高速宽带网络、移动通信等数字基础设施向农村和欠发达地区的延伸，为当地居民接入数字经济、获取信息资源、享受在线公共服务创造了条件。电子商务平台为农产品提供了新的销售渠道，增加了农民收入；在线职业培训提高了农村劳动力的技能水平；远程办公等新模式为人才回流乡村提供了可能。这些应用有助于缩小城乡之间、区域之间的数字鸿沟与发展差距，为实施乡村振兴战略、促进共同富裕提供了新的路径。然而，要充分释放数智技术的包容性潜力，必须正视并积极解决数字鸿沟问题，确保数字基础设施的普惠可及、数字技能教育的广泛覆盖以及数字应用成本的可负担性，避免技术进一步加剧社会分化。

数智技术赋能传统产业的社会效益是多维度、深层次的，涵盖了就业结构优化、生态环境保护、公共服务升级、社会包容性增强等多个方面，共同指向社会整体价值的提升。技术本身具有双重属性，其社会影响并非全然积极。在肯定其巨大潜力的同时，必须高度关注并妥善应对其可能带来的负面效应，诸如数据隐私侵犯风险、算法歧视问题、数字鸿沟固化、技术伦理挑战等。实现技术发展与社会福祉的协同增进，需要在推进数智化进程中，同步加强法律规制、伦理引导、社会政策配套与风险治理能力建设，确保技术进步始终服务于增进人类共同福祉的最终目标。对这些挑战与风险的深入探讨，是全面理解数智技术社会影响不可或缺的组成部分。

9.2 面临的挑战与机遇

9.2.1 数智技术发展的技术挑战与机遇

数智技术作为驱动传统产业结构性变革的核心引擎，其发展与应用蕴含着巨大的潜能，同时也必然伴随着一系列深刻的技术性挑战。这些挑战根植于技术本身的复杂性、前沿性及其与现有产业体系深度融合的固有难度，它们不仅界定了数智技术当前应用的边界与深度，影响着传统产业转型升级的节奏与质量，更反向催生了技术创新的需求，界定了未来研发投入的重点方向，从而孕育出新的发展机遇。对这些技术挑战与机遇的系统性辨识与理解，是制定有效发展战略、把握未来竞争主动权的前提。

核心数智技术体系，涵盖人工智能、大数据、物联网、云计算、边缘计算等多个交叉学科领域，其内在的复杂性构成了首要挑战。这些技术自身仍处于快速演进阶段，基础理论、核心算法、关键硬件等方面存在诸多待突破的瓶颈。人工智能在特定任务上表现卓越，但在通用性、可解释性、鲁棒性方面仍面临基础性难题；大数据的实时处理、价值密度低、非结构化数据分析等问题持续存在；物联网面临海量异构设备接入、互操作性、能耗与安全管理的挑战；云计算与边缘计算的协同架构、资源调度、服务质量保障亦需持续优化。将这些高度复杂且仍在演进的技术进行有效集成，构建稳定、高效、安全的系统解决方案，本身即构成巨大的技术挑战，尤其是在需要与传统产业既有的、异构的“棕色地带”基础设施（legacy systems）融合时，难度倍增。这种复杂性直接转化为高昂的研发投入、漫长的开发周期以及对高端研发人才的强烈需求。克服技术复杂性的过程本身即机遇所在，它驱动了基础科学的探索、核心算法的创新、新型硬件的研发以及系统架构的演进，催生了对专业化技术服务、平台化解决方案以及简化集成工具的巨大市场需求。

数据作为数智技术的基石，其获取、管理与价值实现层面存在显著的技术障碍。传统产业长期积累的数据资产往往呈现高度分散、格式迥异、质量参差不齐的状态，“数据孤岛”现象普遍存在。打通这些“孤岛”，实现跨部门、跨系统、跨企业的数据互联互通，不仅需要解决接口协议、数据标准等技术兼容性问题，更需要建立有效的数据治理框架与共享机制。数据的质量问题，包括不完整性、不一致性、噪声干扰等，直接制约了上层数据分析与智能决策的准确性与可靠性，需要发展先进的数据清洗、校验与质量评估技术。海量异构数据的融合分析、低价值密度信息的有效挖掘、非结构化数据（如文本、图像、视频）的深度理解，对数据处理技术与算法提出了更高要求。数据处理的实时性需求，特别是在工业控制、自动驾驶等场景下，对计算架构与算法效率构成了严峻考验。这些数据层面的挑战，激发了对数据集成平台、主数据管理（MDM）、数据治理工具、数据质量解决方案、高性能计算以及先进分析算法（特别是针对非结构化数据和实时流数据）的持续创新与市场需求。

网络安全与隐私保护构成了数智技术健康发展的刚性约束与技术挑战。

随着物联网设备指数级增长、工业控制系统（ICS/OT）与信息技术（IT）网络的深度融合，系统的攻击界面急剧扩大，网络安全风险从传统的信息窃取扩展到对物理生产过程的干扰甚至破坏。针对工业环境的特定安全威胁（如针对性勒索软件、供应链攻击）日益增多，对安全防护技术提出了更高要求，需要发展纵深防御、零信任架构、入侵检测与响应、安全态势感知等适应工业场景的解决方案。同时，数智应用对数据的依赖性，特别是涉及个人信息的应用（如精准营销、智慧医疗、人脸识别），引发了严重的隐私泄露担忧。如何在利用数据价值的同时有效保护个人隐私，成为技术与伦理的双重挑战。这推动了对隐私增强技术（Privacy-Enhancing Technologies, PETs）的研发与应用，如同态加密、联邦学习、差分隐私、安全多方计算、零知识证明等，旨在实现数据的“可用不可见”。安全与隐私挑战的严峻性，催生了庞大的网络安全产业与隐私科技市场，驱动了可信计算、可信 AI、合规科技（RegTech）等领域的创新。

专业人才的结构性短缺是数智技术发展的关键瓶颈。数智技术的跨学科特性，要求从业者不仅掌握先进的 IT 技能（如编程、算法、数据分析），还需深刻理解特定行业的业务逻辑、工艺流程与应用场景。市场上同时具备这两种能力的复合型人才供给严重不足。现有的教育体系与人才培养模式往往难以快速响应技术迭代与产业需求的动态变化，课程设置滞后、实践环节薄弱、跨学科培养机制不健全等问题普遍存在。企业内部的培训体系亦难以满足员工持续学习与技能更新的需求。这种人才供需失衡不仅影响了数智技术的研发创新，更直接制约了其在传统产业的有效落地与深度应用。人才挑战驱动了教育科技（EdTech）领域的创新，催生了新型在线教育平台、职业技能培训项目、微证书体系等。它也迫使企业探索新的人才管理策略，如内部培养、外部合作、灵活用工、人机协同等。同时，人才短缺也反向刺激了对自动化工具（如 AutoML、低代码 / 无代码平台）的研发，旨在降低数智技术的应用门槛。

尽管面临严峻的技术挑战，但数智技术的发展同样伴随着巨大的历史性机遇。全球范围内对数字经济的高度重视与战略投入，各国政府出台的积极扶持政策与有利的创新环境，为技术研发与应用创造了良好的宏观背景。5G、云计算、物联网等新一代数字基础设施的持续完善与普及，为数智技术的规模化部署奠定了坚实基础。日益增长的市场需求，无论是来自企业的降本增效、转型升级压力，还是来自消费者的个性化、智能化体验追求，都为数智技术的商业化落地提供了广阔空间，激发了创新创业活力，促进了相关产业链与服务生态的繁荣。深化国际合作与交流，也为技术知识的传播、最佳实践的借鉴以及全球创新资源的整合提供了重要渠道。挑战与机遇并存，有效克服技术瓶颈，正是抓住发展机遇、实现技术引领与产业跃升的关键所在。对这些技术挑战的持续攻关与系统性解决，构成了数智技术自身演进的主线，也界定了其赋能传统产业、驱动经济社会高质量发展的未来路径。

9.2.2 全球技术竞争中的机遇与中国的战略优势

在全球数智技术领域主导权的竞争日趋白热化的背景下，各国均将此视为重塑经济结构、提升国家竞争力乃至影响国际力量格局的关键战略制高点。在此复杂且动态演变的国际竞争环境中，中国凭借其独特的资源禀赋、持续的技术积累以及特定的制度安排，展现出一定的战略优势，同时也面临着前所未有的发展机遇与严峻挑战。对中国在全球技术竞赛中所处位置的系统性分析，需考察政策导向、市场结构、产业基础及人力资本等多个核心维度及其相互作用。

国家层面的战略意志与强力政策支持构成了中国发展数智技术的显著优势之一。科技创新被置于国家发展全局的核心位置，一系列顶层设计与战略规划为数智技术的发展明确了战略方向、重点领域与阶段性目标。国家通过财政投入、税收优惠、重大专项部署、新型基础设施建设（如5G网络、数据中心）

等多种政策工具，大规模引导资源向关键技术领域集聚。各地亦积极响应，出台配套政策，设立产业基金，建设创新载体（如高新区、试验区），营造区域性的创新生态。这种自上而下的战略动员与资源整合能力，在推动关键技术攻关、加速技术扩散应用、构建规模化市场方面发挥了重要作用，为本土企业提供了相对稳定和可预期的发展环境，降低了早期市场培育的风险。

超大规模的国内市场是中国发展数智技术的独特战略资产。庞大的人口基数、快速的城镇化进程以及持续的消费升级趋势，共同构成了一个极其广阔且需求多元化的应用市场。无论是工业制造的智能化改造、农业生产的精准化管理，还是服务业的数字化转型（如金融、零售、医疗、教育），都存在海量的应用场景等待数智技术的渗透与赋能。巨大的市场体量不仅为新技术的商业化落地提供了规模经济的基础，更重要的是，它产生了海量的、多维度的数据资源，这对于依赖数据驱动的人工智能等核心技术的发展至关重要，形成了独特的数据红利与数据网络效应。丰富的应用场景成为技术迭代与模式创新的“试验田”，使本土企业能够在实践中快速试错、积累经验、优化产品，形成适应本土市场需求的解决方案，并通过服务庞大的用户群体实现技术的快速成熟与规模化推广。这种市场拉动效应是推动中国数智技术应用创新走在全球前列的关键因素。

相对完整的产业生态体系为数智技术的发展提供了基础支撑。经过数十年的工业化积累，中国已形成全球规模最大、门类最齐全的制造业体系，这为工业互联网、智能制造等数智技术的应用提供了广阔的物理载体与产业基础。在数字经济领域，中国已培育出一批具有全球竞争力的平台型科技企业，它们在电子商务、移动支付、云计算、社交媒体等领域积累了强大的技术能力、用户基础与生态构建经验。这些大型平台企业通过开放接口、提供云服务、构建开发者社区等方式，带动了大量中小企业参与数智技术的创新与应用，形成了富有活力的数字产业生态。硬件制造（从终端设备到部分核心元器件)、软件开发、系统集成等产业链环节均有大量本土企业参与，尽管在基础理论、核心芯片、高端工业软件等关键领域仍存在“卡脖子”的短板，但整体生态的规模与韧性为数智技术的内循环发展提供了可能。

丰富的人力资本储备是中国发展数智技术的一项比较优势。庞大的人口规模与持续扩张的高等教育体系，每年为社会输送大量理工科毕业生，构成了规模可观的工程师红利。这为数智技术的研发、应用与普及提供了充足的人才基础，特别是在应用开发、系统集成、技术服务等环节。近年来，高校与研究机构在人工智能、大数据等前沿领域的研究投入持续增加，人才培养质量逐步提高，产学研合作日益紧密，复合型人才培养模式不断探索。职业教育体系也在积极调整，以满足产业对技能型人才的需求。尽管在顶尖基础研究人才、具备全球视野的领军人才方面仍存在差距，但整体人才供给的数量优势与持续改善的质量，为中国在全球数智技术竞争中提供了重要的人力资源保障。

审视中国在全球数智技术竞争中的地位，必须认识到优势与挑战并存。庞大市场虽是优势，但也可能导致企业由于过度关注国内市场而忽视国际标准与全球化布局。产业生态虽较完整，但在核心基础技术上的对外依赖构成重大战略风险，易受地缘政治与技术脱钩的影响。人才数量虽多，但顶尖创新人才与复合型人才的结构性短板依然突出。知识产权保护体系的完善程度、开放科学的文化氛围以及在全球技术治理体系中的话语权和规则制定能力，亦是亟待加强的关键环节。

面对日趋激烈的全球技术竞争和复杂多变的国际环境，中国的战略选择在于扬长避短，化挑战为机遇。持续强化国家战略科技力量，加大基础研究投入力度，力求在关键核心技术领域实现自主可控，突破“卡脖子”瓶颈。充分发挥超大规模市场优势与丰富应用场景优势，以应用为牵引，加速技术迭代与商业模式创新，形成具有中国特色的技术路径与产业生态。深化改革开放，优化营商环境，健全知识产权保护，激发各类市场主体的创新活力。

构建更加开放、协同、高效的国家创新体系，深化产学研用融合，完善人才培养、引进与激励机制。积极参与全球科技治理，在国际标准制定、伦理规范构建、数据跨境流动规则等方面贡献中国智慧，推动构建开放、公平、非歧视的全球数字发展环境。通过内强能力、外促合作，中国有望在全球数智技术竞争中巩固优势、弥补短板，实现从技术跟跑、并跑向部分领域领跑的战略跃升，为国家现代化建设与人类社会进步贡献更大力量。

9.3 未来发展方向与战略建议

9.3.1 构建全链条协同的技术创新体系

数智技术的迅猛发展及其对传统产业格局的颠覆性影响已成既定事实。要充分释放其赋能潜力，驱动传统产业实现深层次、高质量的转型升级，关键在于超越零散的技术应用与单点突破，构建一个覆盖从知识创造到价值实现全过程、各主体高效协同的技术创新体系。该体系并非各环节的简单加总，而是一个各组成部分有机互动、功能耦合、动态演进的复杂生态系统，其核心在于强化基础研究与应用开发的连接、加速技术扩散与产业采纳、优化人力资本供给结构，并辅以灵活适应的制度环境与治理机制，确保创新要素的顺畅流动与高效配置。

强化源头创新能力是构建该体系的基石。基础研究与前沿技术探索是数智技术持续迭代的源泉，需要国家层面进行长期、稳定的战略性投入，鼓励高校、科研机构开展探索性、颠覆性研究，突破底层算法、核心硬件、基础软件等关键瓶颈。企业作为技术创新的主体，应加大研发投入力度，建立市场导向的研发机制，积极将外部知识与内部能力相结合，推动应用技术与工程化能力的提升。构建有效的产学研协同机制至关重要，通过设立联合实验室、共建研发平台、实施重大科技专项等方式，促进知识在不同创新主体间的流动、共享与转化，缩短从基础研究到产业应用的距离。开放式创新理念的引入，鼓励企业利用全球创新资源，通过技术引进、合作研发、并购整合等多元化路径，加速技术能力的积累与跃升。

畅通技术扩散与应用推广的渠道是实现创新价值的关键环节。研发成果的产生并不必然转化为现实生产力，必须建立高效的技术转移转化机制，克服创新过程中的“死亡之谷”。这需要培育专业化的技术转移机构、技术评估体系与知识产权服务体系，促进技术成果的标准化、模块化与市场化。政府应搭建供需对接平台，特别是面向中小企业的技术服务平台与公共技术支持中心，降低其获取、采纳新技术的门槛与成本。示范工程与试点项目的实施，有助于验证新技术的成熟度与经济性，降低市场采纳风险，发挥标杆引领与扩散效应。建立从市场应用到技术研发的有效反馈机制，使用户需求、应用场景的实际问题能够及时反馈给研发端，驱动技术的持续改进与迭代创新。

动态优化的人力资本体系是支撑全链条创新的核心要素。数智技术的复杂性与快速演进特性，对人才的知识结构与能力素质提出了全新的要求，既懂技术又懂行业的复合型、创新型人才成为关键稀缺资源。人才体系的构建需超越传统的教育与培训模式，形成一个覆盖全生命周期的、多元主体参与的动态学习与发展生态。高等教育体系需深化改革，调整学科专业结构，强化跨学科培养，改革教学内容与方法，提升学生的数字素养、实践能力与创新思维。企业需将人才培养视为战略性投资，建立内部培训体系与知识管理系统，鼓励员工在职学习与技能更新。构建灵活的人才流动机制，促进人才在学术界、产业界及政府部门之间的合理流动与知识溢出。营造鼓励创新、宽容失败的文化氛围，激发人才的创造潜能。

构建敏捷适应的制度环境与治理框架是保障创新体系高效运行的外部条

件。政策法规体系需要与技术发展保持同步，既要通过财税激励、政府采购、金融支持等政策工具激发创新活力，也要通过完善知识产权保护、数据安全与隐私保护、反垄断与公平竞争等法律法规，规范市场秩序，防范技术滥用风险。探索“监管沙盒”等敏捷治理模式，为新技术、新业态的涌现提供包容性的制度空间。标准体系的建设对于确保技术互操作性、降低市场交易成本、促进产业协同至关重要，需要建立政府引导、市场驱动、多方参与的标准制定与推广机制，并积极参与国际标准制定，提升国际话语权。构建多元化、多层次的科技金融体系，涵盖政府引导基金、风险投资、资本市场、科技信贷等多种融资渠道，为创新活动提供全链条的资金支持。

全链条协同的技术创新体系的本质在于实现创新要素（知识、技术、资本、人才）的高效流动与优化配置，以及创新主体（政府、企业、高校、科研机构、金融机构、用户等）之间的有效互动与协同增效。这要求超越单一环节或单一主体的视角，从系统工程的角度进行顶层设计与机制构建。建立跨部门、跨领域的协调机制，打破行政壁垒与“信息孤岛”，促进政策协同。发挥行业协会、产业联盟等中间组织的作用，促进信息交流、标准协调与合作对接。构建开放、共享的创新平台与基础设施，降低创新创业门槛。最终形成一个自组织、自适应、持续演化的创新生态系统，为数智技术赋能传统产业提供源源不断的动力，驱动产业结构向高级化、智能化、绿色化方向迈进，实现经济社会的高质量发展。这是一项长期而艰巨的系统性工程，需要战略定力与持续投入。

9.3.2 加强数据治理与隐私保护的综合对策

数智技术的广泛渗透将数据推向了核心生产要素与战略资产的地位，其价值释放潜力巨大。数据规模的爆炸性增长、流动性的显著增强以及应用场景的日益复杂化，也伴生了前所未有的数据安全风险与个人隐私保护挑战。

数据泄露、滥用以及算法歧视等事件频发，不仅对个体权益构成直接威胁，更侵蚀社会信任基础，制约数字经济的健康可持续发展。有效应对这一系统性挑战，亟须构建一个多维度、全链条、动态适应的综合性数据治理与隐私保护对策体系。该体系并非单一措施的简单叠加，而是法律规制、技术保障、组织管理、社会共识与国际协调相互支撑、协同作用的有机整体。

法律法规体系的健全与动态演化是数据治理的基石。现代数据保护立法，如欧盟的《通用数据保护条例》（GDPR）及我国的《中华人民共和国网络安全法》《中华人民共和国数据安全法》《中华人民共和国个人信息保护法》等，确立了数据处理活动的基本法律框架。这些法律的核心在于界定数据处理者的责任与义务，明确数据主体的各项权利（如知情权、同意权、访问权、更正权、删除权、可携权等），并确立了合法、正当、必要、诚信、目的限制、最小化处理、公开透明、确保安全等基本原则。法律框架的有效性不仅在于其内容的完备性，更在于其适应技术快速发展的能力。需要持续细化实施细则与配套标准，明确新兴技术应用（如人工智能算法、生物识别）的合规要求。探索“敏捷治理”模式，如监管沙盒、原则性监管与具体规则相结合等方式，以应对技术创新的不确定性，在鼓励发展与规范秩序之间寻求动态平衡。强化执法监督与司法救济机制，确保法律的威慑力与实效性。

先进技术手段的应用是提升数据安全防护能力与实现隐私保护目标的关键支撑。传统的安全措施（如防火墙、访问控制、数据备份）依然重要，但面对日益复杂的威胁环境，必须引入更前沿的技术范式。密码学技术的深化应用，特别是同态加密、安全多方计算、零知识证明等隐私计算（Privacy-Enhancing Technologies, PETs）技术，能够在保障数据可用性的前提下最大限度地降低隐私泄露风险，实现“数据可用不可见”。区块链技术以其分布式、不可篡改的特性，可在数据确权、存证、溯源、共享等环节提升透明度与可信度。人工智能技术在安全领域的应用呈现双重性，既可用于驱动更智能的威胁检测、异常行为分析、自动化安全运维，也可能被用于更复杂的攻击或产生算法偏见，需要发展可信 AI、AI 安全等技术进行应对。构建“纵深防御”“零信任”等新型安全架构，强调身份认证、权限管理、行为审计的全方位、动态化管控。推广安全设计（Security by Design）与隐私设计（Privacy by Design）理念，将安全与隐私考量嵌入系统开发的全生命周期。

组织内部治理能力的建设是确保法规遵循与技术有效落地的核心环节。企业作为数据处理的主要责任主体，必须建立完善的数据治理体系。这包括明确数据治理的组织架构与职责分工（如设立数据保护官 DPO），制定清晰的数据全生命周期管理政策与流程（涵盖数据采集、存储、处理、共享、销毁等环节），建立数据分类分级标准与风险评估机制。强化员工的数据安全意识与合规培训，将数据责任文化融入企业日常运营。实施定期的内部审计与第三方合规评估，确保治理措施的有效性。建立透明的隐私政策与用户沟通机制，保障数据主体的知情权与选择权。有效的组织治理是连接法律要求与技术实践的桥梁，是企业构建数据信任、实现负责任创新的内在要求。

社会共识的凝聚与公众意识的提升是数据治理体系有效运行的社会基础。数据安全与隐私保护不仅是法律与技术问题，更是涉及社会伦理与公众信任的议题。需要通过持续的公众教育与宣传活动，提高全社会对数据价值、潜在风险以及个人权利的认知水平，培养负责任的数字公民意识。鼓励媒体、非政府组织等社会力量发挥监督作用，促进数据处理活动的公开透明。推动数据伦理规范的研究与制定，引导技术开发者与应用者在追求技术进步的同时，恪守伦理底线，关注算法公平性、避免数据歧视。只有形成政府、企业、社会组织与公众广泛参与、良性互动的多元治理格局，才能为数据要素的健康发展营造可持续的社会环境。

国际合作与规则协调在全球化背景下日益重要。数据跨境流动是数字经济的常态，但也带来了复杂的法律管辖冲突与安全监管挑战。各国在数据主权、国家安全、经济发展与个人权利保护之间寻求平衡，导致数据跨境流动规则呈现碎片化、差异化趋势。加强双边及多边对话与合作，推动在数据保护标准、监管互认、执法协助、网络犯罪打击等方面达成共识，探索建立平衡各方利益的数据跨境流动机制（如标准合同条款、具有约束力的公司规则、数据安全港协议等）至关重要。积极参与全球数据治理相关国际标准与规则的制定进程，贡献中国智慧与方案，争取与国家发展利益相适应的国际话语权与规则塑造权。

健全的应急响应与风险管理机制是应对安全事件发生的底线保障。尽管采取了全面的预防措施，数据泄露、网络攻击等安全事件仍有可能发生。必须建立覆盖事前预防、事中监测响应、事后恢复处置的全流程风险管理体系。这包括持续的威胁情报收集与脆弱性管理，部署实时安全监测与预警系统，制定清晰的事件上报与处置流程，组建专业的应急响应团队。定期进行安全演练，检验预案的有效性与团队的协同能力。建立有效的危机沟通机制，在事件发生后及时、透明地与受影响用户、监管机构及公众沟通，最大限度地降低声誉损害与信任危机。从每次事件中吸取教训，持续改进安全防护与治理体系，提升组织韧性。

加强数据治理与隐私保护是一项复杂的系统工程，绝非一蹴而就的。它要求将法律规制、技术创新、组织管理、社会共识与国际协调等多元手段进行战略性整合与协同推进。唯有构建起这样一个权责清晰、防护严密、运行高效、持续优化的综合治理体系，才能在最大化释放数智技术潜能、驱动经济社会发展的同时，有效维护国家安全、公共利益与个体合法权益，为数字时代的信任基石提供坚实保障。

9.3.3 推动数智技术与绿色发展的深度融合

推动数智技术与绿色发展目标的深度融合，是实现传统产业转型与构建生态文明的战略必然。数智技术体系并非仅作为提高生产效率的工具，其内在的信息处理、智能决策与系统优化能力，为解决资源约束趋紧、环境压力加大等根本性挑战提供了前所未有的技术可能性。实现这种深度融合，要求超越将数智技术简单应用于环保环节的表层逻辑，转向一种将绿色发展理念内嵌于数智技术架构设计、应用场景拓展与治理体系构建之中的系统性思维与战略部署。这构成了一场涉及技术范式、产业模式与社会形态协同演进的“孪生转型”（Twin Transitions）。

优化能源结构与提升系统能效是深度融合的关键着力点。传统能源管理模式面临效率低下、监测滞后、调控粗放等问题。数智技术通过部署智能传感器网络（IoT）、边缘计算与云计算平台，能够实现对能源生产、传输、存储、消费全链条的实时、精细化数据采集与分析。人工智能算法可基于海量数据进行负荷预测、设备状态评估、能耗模式识别，驱动能源系统的智能化调度与优化运行。智能电网技术与分布式能源（如光伏、风电）、储能系统、电动汽车充电设施以及智能楼宇 / 工厂能源管理系统（BEMS/FEMS）的集成，能够实现能源供需的动态平衡、削峰填谷、能量梯级利用，最大限度地提高整体能源效率，降低碳排放强度。开发和应用低功耗、高能效的数智技术本身（如绿色计算、节能算法），也是实现技术发展与环境目标协同的重要方向。

构建贯穿全生命周期的绿色制造体系是深度融合的核心实践场域。数智技术能够将环境考量从传统的末端治理前移至产品设计、工艺规划、供应链管理等源头环节。数字孪生技术支持在虚拟环境中对产品的材料选择、结构设计、制造工艺、使用阶段能耗乃至回收拆解方案进行多维度的环境绩效仿真与优化，实现生态设计（Eco-design）。在生产过程中，基于物联网的实时监控与 AI 驱动的过程控制，能够精确优化工艺参数，减少原材料消耗、水资源利用与污染物（废气、废水、固体废物）的产生。智能质量检测系统有助于降低不良品率，减少返工与废弃。这要求将环境因子作为关键变量，纳入生产运营的智能决策模型中，实现经济效益与环境效益的协同优化。

数智技术是支撑循环经济模式规模化、高效化运行的关键基础设施。循环经济旨在通过资源的持续循环利用，最大限度地减少原生资源开采与废弃物产生。数智技术通过提升信息透明度、优化物流效率、促进资源匹配，为实现这一目标提供了技术保障。基于区块链、物联网等技术的“数字产品护照”或材料溯源系统，能够记录产品从原材料到报废回收的全生命周期信息，为废旧产品的分类、拆解、再制造、材料回收提供可靠的数据基础。大数据平台与AI算法能够分析区域内废弃物与再生资源需求，智能匹配供需，促进工业共生网络的构建。数字化的共享平台、租赁平台、二手交易平台促进了产品使用权的共享，延长了产品生命周期，提高了资产利用率。数智赋能的循环经济体系，是打破传统线性模式、实现资源闭环管理与价值再生的核心支撑。

支撑国家“双碳”目标的实现，数智技术在碳排放监测、核算、管理与交易等环节发挥着不可或缺的作用。高精度的遥感技术、无人机监测、地面传感器网络结合AI图像识别与数据分析，能够实现对重点排放源、碳汇（如森林、湿地）状况的实时、精准监测与评估。构建国家、区域、行业乃至企业层面的碳排放大数据平台，支持碳排放清单编制、碳足迹核算、减排潜力分析以及政策效果评估。数智技术能够优化碳捕集、利用与封存（CCUS）等负排放技术的效率与安全性。基于区块链的碳排放权交易系统能够提升市场的透明度、流动性与公信力。数智技术为实现碳达峰、碳中和目标提供了关键的测量、报告、核查（MRV）能力与智能化管理工具。

推动数智技术与绿色发展的深度融合，还需要营造有利的政策环境、标准体系与社会氛围。政府制定协同性的数字政策与环境政策，如出台绿色数据中心标准、能效标识，将数智技术应用纳入环境影响评价与企业环境信用评价体系，利用绿色金融、碳定价等市场机制激励绿色数智技术的研发与应用。加快制定数智技术赋能绿色发展的相关标准，涵盖数据接口、通信协议、算法能效、环境绩效评估方法等，促进技术互操作性与应用规范化。加强公众教育与宣传，提升全社会对数智技术绿色潜力的认知，倡导绿色数字生活方式，鼓励公众利用数字平台参与环境监督与治理。培养兼具数字技能与绿色理念的复合型人才，为深度融合提供人力资本支撑。

深度融合战略的成功实施，依赖跨领域、跨部门、跨主体的协同努力。它要求打破“技术孤岛”与“行业壁垒”，促进数字技术开发者、传统产业企业、环保科技公司、能源供应商、政府监管部门、科研机构以及公众之间的紧密合作与知识共享。构建开放的创新平台与数据共享机制，鼓励开发面向特定行业绿色转型需求的数智解决方案。这是一项长期而复杂的系统工程，其最终目标是利用数智革命的强大动能，加速经济社会发展模式向全面绿色低碳转型，实现高质量发展与生态环境高水平保护的协同并进，为全球可持续发展贡献力量。

9.3.4 全球视野下的技术合作与本土化创新

在全球化与技术变革加速交织的时代背景下，数智技术的发展呈现出高度的跨国关联性与激烈的国际竞争态势。任何国家要在此领域实现持续发展并赋能传统产业升级，均无法脱离全球创新网络与市场体系。必须采取一种兼具全球视野与本土关怀的战略路径，既要积极融入并利用全球技术合作与交流的机遇，又要立足本国国情与产业基础，强化自主创新能力，实现技术的有效内化与适应性发展，最终服务于国家经济社会发展的整体战略目标。这种战略的实施涉及多个相互关联的层面。

积极参与并影响国际技术标准的制定过程是构筑未来竞争优势的关键一环。技术标准不仅是规范市场秩序、保障产品互操作性的技术基础，更是定义技术发展方向、构建产业生态、影响国际贸易格局的重要工具。深度参与国际标准化组织（如 ISO、IEC、ITU、3GPP 等）的工作，不仅能够及时掌握全球技术发展前沿动态，更能争取在关键领域主导或参与标准的制定，将自身的技术优势转化为规则优势，提升国家产业的国际话语权与影响力。需要鼓励国内企业、研究机构与行业协会提升标准化能力，加强国际合作，推动形成开放、公平、兼容的全球技术标准体系，打破技术壁垒，促进知识与技术的全球良性流动。

构建多元化、多层次的国际技术合作网络是获取外部知识、分摊研发风险、加速技术进步的有效途径。跨国公司作为全球技术创新的重要载体，与其开展战略合作，如建立联合研发中心、共同攻关关键技术、共享市场渠道等，有助于快速获取先进技术与管理经验。合作模式的选择需基于战略目标进行审慎评估，平衡知识获取与自主可控的关系。除了与大型跨国公司合作，还应积极拓宽与国外顶尖大学、公共研究机构、高科技中小企业乃至国际科技组织的合作渠道。通过参与国际重大科研计划、人员交流互访、共建海外研发机构等方式，深度融入全球创新网络，吸引全球顶尖人才，汇聚全球创新资源，提升本土的技术吸收能力与原始创新潜力。

战略性地引进国外先进技术并进行深度消化吸收再创新，是实现技术跨越、弥补关键短板的重要策略。技术引进并非终点，而是本土化创新的起点。需要建立完善的技术评估与筛选机制，精准识别符合国家战略需求与产业发展阶段的关键技术进行引进。同时，必须构建强大的技术吸收能力体系，这不仅包括对引进技术的工程化应用与生产适配，更涉及对其背后设计原理、知识体系、隐性知识的深度理解与掌握。在此基础上，结合本土市场需求、资源禀赋与产业配套条件，进行适应性改造与二次开发，形成具有自主知识产权的新技术、新产品、新工艺。完善的知识产权保护制度是保障技术引进与再创新良性循环的关键，既要尊重他人的知识产权，也要有效保护自身创新成果，营造激励创新的法治环境。

坚定不移地推动本土化自主创新是确保技术主权与产业安全、实现可持续发展的根本保障。引进技术可以缩短差距，但真正的核心竞争力源于内生的创新能力。必须强化国家创新体系建设，加大基础研究投入力度，鼓励原始创新与颠覆性技术突破。充分发挥中国超大规模市场和丰富应用场景的独特优势，以应用需求为牵引，驱动技术的迭代创新与商业模式的变革。鼓励企业根据本土用户的特定需求、文化习惯、使用环境进行产品与服务的定制化创新，形成差异化竞争优势。推动产学研用深度融合，构建协同创新平台与产业技术联盟，整合创新资源，共同解决制约产业发展的共性技术难题，加速本土技术生态的成熟与壮大。

搭建开放共享的全球技术合作与交流平台是促进国内外创新要素有效对接、提高创新效率的重要载体。可以构建线上与线下相结合的综合性平台，提供技术信息发布、项目需求对接、合作伙伴寻源、知识产权交易、国际人才招聘、跨境投融资等一站式服务。这种平台能够有效降低信息不对称，促进不同国家、不同类型创新主体之间的交流互动与资源共享。鼓励国内科技园区、孵化器、行业协会等机构拓展国际联系，组织国际技术交流会议、展览展示、创新竞赛等活动，营造开放包容的国际化创新氛围。利用数字化手段建设虚拟研发社区、开源平台等，促进分布式、协同化的全球研发模式发展。

全球视野下的技术合作与本地化创新并非相互排斥，而是相辅相成、辩证统一的战略整体。在全球技术加速迭代、地缘政治风险上升的背景下，既要坚持扩大开放，积极融入全球创新网络，利用好全球资源与市场，又要坚持自立自强，着力提升自主创新能力，确保关键核心技术的自主可控与产业链供应链的安全稳定。需要在开放合作中增强自身实力，在自主发展中借鉴全球智慧。这种动态平衡、内外联动的战略取向，是适应复杂国际环境、实现数智技术赋能传统产业高质量发展，最终在全球科技竞争中赢得主动地位的关键所在。

REFERENCE

参考文献

中文参考文献

[1] 陈晓红，任剑，余绍黔，等 . 区块链技术及应用发展 [M]. 北京：清华大学出版社，2020:280.

[2] 中国信息通信研究院 . 中国“5G+ 工业互联网”发展报告 [R]. 北京：中国信通院，2021.

[3] 陆剑峰 , 张浩 , 赵荣泳 . 数字孪生技术与工程实践 [M]. 北京：机械工业出版社，2022:288.

[4] 中国工业互联网研究院 . 中国工业互联网产业经济发展报告（2024）[R]. 北京，2024.

[5] 中国信息通信研究院 . 中国数字经济发展白皮书 [R]. 北京：信息通信研究院，2024.

[6] 张立国 , 王国华 . 在线教育的理论与实践 [M]. 北京：科学出版社，2018:229.

[7] 国务院 . 新一代人工智能发展规划 [EB/OL].(2017-07-20)[2025-03-20]. https://www.gov.cn/zhengce/content/2017-07/20/content_5211996.htm.

[8]“十三五”国家信息化规划 [N]. 人民邮电，2016-12-30(005).

[9] 国务院 . 国务院关于印发新一代人工智能发展规划的通知 .201707.https://www.gov.cn/zhengce/content/2017-07/20/content_5211996.htm.

[10] 上海市人民政府办公厅 . 上海市推进新一代信息基础设施建设助力提升城市能级和核心竞争力三年行动计划（2018—2020 年）[EB/OL].(2018-11-09)[2025-03-20].https://www.shanghai.gov.cn/nw12344/20200813/0001-12344_57317.html.

[11] 北京市科学技术委员会 . 北京人工智能创新发展行动计划 [R]. 北京：北京市科委，2019.

[12] 张启浩，谢力 .《中华人民共和国网络安全法》解读 [J]. 智能建筑，2017(9):12-16.

[13] 全国人民代表大会 . 中华人民共和国电子商务法 [EB/OL].(2018-08-31)[2025-03-20].https://www.gov.cn/xinwen/2018-08/31/content_5318220.htm.

[14]《中华人民共和国密码法》解读 [J]. 网信军民融合，2019(12):50-52.

[15] 浙江象山：绿色网箱助推生态富民 . [EB/OL].(2022-09-08)[2025-03-28].http://zj.people.com.cn/n2/2022/0908/c186327-40116566.html.

[16] 国家数据局 . 建设“百台万吨”深远海智慧养殖平台　推进渔业转型升级 [EB/OL].(2024-09-04)[2025-03-28].https://www.nda.gov.cn/sjj/ywpd/szjj/1213/20240906161600043455170_pc.html.

[17] 刘春华 . 人单合一 [M]. 浙江：浙江人民出版社，2022:276.

[18]Siemens Digital Industries Software. MindSphere 助力世界工业实现数字化转　型 [EB/OL].(2019)[2025-03-28]. https://www.plm.automation.siemens.com/media/global/zh/Siemens%20MindSphere%20Overview%20ZH%20wp_tcm60-29087.pdf.

[19] 宝山钢铁股份有限公司 .2022 可持续发展报告 [EB/OL].(2023-04-27)[2025-04-02].https://res.baowugroup.com/attach/2023/04/27/f7d363bf463443a0b0d311ce5b612cc0.pdf.

[20] 富士康科技集团 .2022 永续报告书 [EB/OL].(2023-07-31)[2025-04-02].https://image.honhai.com/reports/CSR/CN/2022/%E9%B4%BB%E6%B5%B7-2022ESG(CH)-20230731-%E5%AE%8C%E6%95%B4%E7%89%88.pdf.

[21] 王霞 , 邓欣玮 . 基金小镇推动金融业高质量发展的经验与启示：以北京基金小镇为例 [J]. 现代商业，2021(31):119-121.DOI:10.14097/j.cnki.5392/2021.31.038.

[22] 顾颖 , 张舰 , 杨晨茁 , 等 . 基金小镇基金机构服务标准体系研究：以北京基金小镇为例 [J]. 中国标准化，2023(22):48-52.

[23] 钟宁桦 . 钱一蕾 . 智能投顾前瞻 解析智能投顾的“前世今生”[M]. 北京：北京大学出版社，2020:288.

[24] 全国金融标准化技术委员会 (SAC/TC 180). 金融机构风险管理　术语 :GB/T 42339—2023[S]. 北京：中国标准出版社，2023.

[25] 全国金融标准化技术委员会 (SAC/TC 180). 金融机构风险管理　框架 :GB/T 42422—2023[S]. 北京：中国标准出版社，2023.

[26] 林庆 . 物流 3.0[M]. 北京：人民邮电出版社，2017:224.

[27] 董鲁皖龙 . 清华大学学堂在线平台学习者总数突破 1 亿 [EB/OL]. (2022-09-08)[2025-04-04].http://www.jyb.cn/rmtzcg/xwy/wzxw/202209/t20220908_2110944467.html.

[28] 中国信息通信研究院产业与规划研究所 . 智慧城市产业图谱研究报告（2020 年）[R]. 北京：中国信通院，2020.

[29] 孙超 . 根云平台工业互联网助力传统制造业改造升级 [J]. 中国中小企业，2022(11):53-55.

[30] 张兰，任杏，梁毕明 . 绿色创新政策赋能企业创新生态系统的构建：基于比亚迪汽车的案例研究 [J]. 科学学与科学技术管理，2023,44(11):111-128.

[31] 人力资源和社会保障部信息中心 .2024 数字化人才指数报告 [EB/OL]. (2024-07-24)[2025-04-07].https://www.hrssit.cn/info/3327.html.

[32] 中国信息通信研究院政策与经济研究所，中国人民大学智慧农业与数字乡村发展研究中心 . 中国智慧农业发展研究报告，新一代信息技术助力乡村振兴 [R]. 北京：中国信通院，2021.

[33] 荀桂枝 . 国际机器人联合会发布 2024 年世界机器人报告 [J]. 机器人技术与应用，2024(6):1-4,19.

英文参考文献

[1]ITU. Measuring Digital Development: Facts and Figures 2024[M/OL]. Geneva: International Telecommunication Union, 2024. ISBN 9789261398712.

[2]World Bank Group. Digital Economy for Africa: Diagnostic Assessment for the Republic of Sudan[M/OL]. Washington, DC: World Bank, 2022.

[3]IDC. Worldwide semiannual public cloud services spending guide[R]. [IDC], 2018.

[4]UNCTAD. Digital Economy Report 2021: Cross-border Data Flows and Development—For Whom the Data Flow[R]. New York: United Nations, 2021.

[5]CARVALHO G, TRONCOSO-PASTORIZA J R, CURADO M, et al. Edge computing: current trends, research challenges and future directions[J]. Computing, 2021, 103(5): 993-1023.

[6]YAKIMOVA E, ERSHOVA I. Analysis of global trends in the development of retail payment services in the global economy[C]//SHS Web of Conferences. Vol. 92. EDP Sciences, 2021.

[7]FAHEEM H, DUTTA S. Artificial intelligence failure at IBM 'Watson for Oncology' [J]. IUP Journal of Knowledge Management, 2023, 21(3): 47 - 75.

[8]SCHWAB K, ZAHIDI S. Global Competitiveness Report: Special Edition 2020[R]. Geneva: World Economic Forum, 2020.

EPILOGUE 后　记

本书的完成，源于笔者在北京市房山区委党校工作期间，对区域经济发展模式与生态文明建设路径长期追踪研究的理论凝练与深化。作为地方党校的教学科研人员，笔者的研究始终围绕区域性发展议题展开，致力于将理论探索与地方实践相结合。多年来，笔者主持或深度参与了一系列聚焦房山区发展实践的调研课题，包括主笔完成《央企和政府合作：山区小城镇建设新模式——关于河北镇推进小城镇建设的做法与启示》区级调研课题（2012）、主笔完成《新型城镇化进程中房山区特色小城镇建设研究》（2017，北京市党校系统重点课题，“良好”结项）、作为课题组主要成员完成课题《房山山区产业发展研究》（2022，北京市党校系统重点课题），以及主持完成《房山区生态产品价值实现投融资对策研究》智库项目（2023，北京市党校系统智库项目，获区主要领导批示）等，为本书系统阐述传统产业在数智化背景下的转型升级逻辑与发展范式，提供了必要的实证基础与问题意识。

数字经济作为一种具有高创新性、强渗透性、广覆盖性的新型经济形态，其对传统产业的改造提升作用及在构建现代化经济体系中的引擎地位，已成为重要的时代命题。2024 年启动的《践行新发展理念　助推高质量发展——北京基金小镇建设与发展案例》专题课程开发工作，为笔者提供了近距离观察与剖析特定区域金融服务业数字化转型的契机。通过与校领导、教研室同人等对北京基金小镇进行的系统性调研，其坚持科技创新驱动、以数智技术构建“云端”产业生态，并同步推进服务标准化体系建设形成国家级示范的独特实践模式，不仅验证了数智赋能的巨大潜力，亦为本书在理论层面探讨数字生态系统构建、标准化战略以及科技创新在产业升级中的作用机制，提供了案例支撑与理论启发。

本书最终成稿，得到了多方面的宝贵支持。房山区委党校各级领导的前瞻视野与战略部署，教研室与科研室同人在学术探讨中的砥砺与协作，以及北京市委党校经济学教研部、北京基金小镇所给予的专业洞见与资源支持，共同构成了本书得以完成的良好学术环境与支撑条件。对此，笔者深表感谢。

当然，任何学术探索都必然受限于研究者自身的认知边界与分析框架。本书虽然力求严谨，但在理论深度与实证广度上或有未逮之处，敬请学界同人与各位读者不吝批评与指教，以期未来研究得以持续改进与深化。

李玉军

2025 年 4 月 15 日